叢書主編
張海鷗

讀懂
當代中國

當代中國

孫宜學　等著

文化

中華書局

目 錄
Content

第一章

中華文明與中華優秀傳統文化

中華文明源於中國的文化和文明傳統。它是世界上最古老和最豐富的文化之一，其歷史可以追溯到五千年前。中華文明以其獨特的哲學、宗教、藝術、文學、科學、技術和社會制度而聞名，並通過其對世界文明做出的貢獻而對人類產生了深遠的影響，在未來仍將繼續影響人類文明的走向。

　　中華優秀傳統文化源於中國大陸及其周邊地區，經過長期發展和傳承而形成了獨特的文化體系，是中國歷史、哲學、文學、藝術、思想等各個方面的精華和積澱。它含有豐富內涵和深刻意義，具有重要的價值和意義。儒家文化、道家文化、佛家文化以及詩詞歌賦、書法、繪畫、戲曲等藝術形式，體現了中國人的傳統觀念和價值觀，而且還對其他國家和地區的文化、哲學、思想等產生了深遠的影響。中華優秀傳統文化的傳承和弘揚對於保持國家文化自信和推進文化多元化具有重要意義。

第一節　中華文明：當代中國文化的根基

　　中華文明是中國歷史和文化的精華、根基和重要組成部分，

它包括了許多方面的內容，如哲學、歷史、文學、藝術、音樂、舞蹈、建築、文化習俗、禮儀等等。2022 年 5 月 27 日，習近平在十九屆中央政治局第三十九次集體學習時指出：「中華文明源遠流長、博大精深，是中華民族獨特的精神標識，是當代中國文化的根基，是維繫全世界華人的精神紐帶，也是中國文化創新的寶藏。」從傳統文化到現代文化，中華文明始終保持着自己的獨特魅力，為世界貢獻了無數珍貴的文化資源。

一、中華文明的多種定義

中華文明不僅是中國歷史文化的代表，也是中國人民的精神家園，是一個豐富多彩、內涵深厚的文化概念。中華文明的定義是一個歷史悠久、淵源深厚的文化概念，在不同的歷史時期和不同的學科領域，有多種不同的定義。

地理範圍定義：中華文明是指以黃河流域和長江流域為中心的中國傳統文化和文明。

歷史傳承定義：中華文明是中國自古以來的各種文化、思想、制度的總和，是中國的歷史傳承和文化積澱。

文化思想定義：中華文明是中國獨特的哲學、道德、藝術等文化思想和人文精神的體現。

文字記載定義：中華文明是中國歷史上的文字、書法、篆刻等創造性的文化成就，是中國古代文獻的傳承和發展。

特色文化定義：中華文明是中國人特有的文化特色和文化傳統，如禮儀、音樂、戲劇、飲食等。

特定歷史文化定義：中華文明就是華夏文化。周王室嘗自稱

夏，霸政時期出現了「諸夏」，是文獻上第一次記錄華夏意義的族羣觀念。此後在《左傳》裏，「諸夏」「諸華」及「華夏」概念一再出現，同時出現了華夷之辨的觀念。後來，華夏就成為中國的代稱。

華夏文明經歷了有巢氏、燧人氏、伏羲氏、神農氏（炎帝）、黃帝（軒轅氏）、堯、舜、禹等時代。華夏文明也成為中華文明的代稱。自夏朝以後的約 4000 年間，分裂總計為 1200 餘年，而統一時間則為 2700 多年。秦代首創了大一統模式，漢王朝大氣磅礴，實現了疆土、經濟、政治乃至思想的大一統。後來經過隋唐宋元明清，一直到今天，中華文明成為世界大一統文化的典型代表。

二、中華文明的多元起源

中華文明的多元起源可以追溯到史前時期。在中國歷史上，各種族羣和文化交匯融合，為中華文明的形成和發展奠定了基礎。

（一）黃河文明

黃河流域是中華文明的主要發源地之一，早期的黃河文明代表了中國最早的一種文明。商朝和西周時期的舜帝傳說中，黃河被視為中國文化的重要象徵。

（二）長江文明

長江流域是另外一個重要的中華文明發源地。早在仰韶文化時期，長江流域地區就有了獨特的文明和社會形態。春秋時期吳越文化和楚文化的繁榮，更是為中國哲學文化的發展和演變注入

了新的動力。

（三）東夷文明

東夷文明是指中國古代東北地區的原住民文化，歷史上包括遼東、遼西、吉林、黑龍江以及內蒙古部分地區。這個地區曾經被稱為「東胡」「東瀛」「東夷」等，泛指東北和華北地區的多個古代文明，包括山東地區的龍山文化、海岱文化等，其主要特徵是以捕獵和漁獵為主要經濟活動，同時也逐漸出現了從事農業、畜牧業和手工業的現象。在東周時期，東夷地區逐漸進入中原文化的視野，成為中原文化和北方少數民族文化的重要交匯點。在秦漢時期，東夷地區成為匈奴和漢朝互相爭奪的重要戰場。

（四）北方遊牧文明

中國北方地區有許多遊牧民族，比如匈奴、鮮卑、蒙古等，這些民族的文化和社會形態對於中國的歷史進程也有重要影響。元朝時期的蒙古帝國就是一個典型的例子。還有紅山文化。紅山文化約始於公元前 5000 年到公元前 3000 年，主要分佈在今天的內蒙古、遼寧、河北等地。紅山文化的命名來自於它最先被發現的地點，也就是內蒙古自治區赤峰市附近的紅山。城址呈圓形或橢圓形，可以看出當時人類社會的組織形式和稠密程度。在城址中發現了大量的骨器、玉器和陶器等文物，其中最具代表性的是國王的陪葬品──玉琮。

（五）西方文明

中國西部的絲綢之路，連接了東方和西方的文明。西方文明通常指希臘、羅馬、波斯和印度文明，這些文明經過了長期的互

動和交流，對中華文明的發展產生了一定的影響。在宗教方面，佛教、道教和伊斯蘭教在絲綢之路上得到了廣泛傳播和發展。佛教起源於印度，然後通過中國，再傳到絲綢之路上的其他國家和地區。道教作為一種中國本土哲學和宗教，也通過絲綢之路傳播到了中亞和東歐地區。伊斯蘭教也通過絲綢之路傳播到了中國和其他地區，在很大程度上影響了中亞和中國的歷史和文化。

（六）三星堆文明

三星堆文明起源於四川省廣漢市三星堆遺址，約在公元前1600年至公元前1100年之間。它是古代中國黃河流域和長江流域文明的重要組成部分之一。三星堆文明最大的特點是其巨大的青銅製品和石器製品。在遺址中發現了大量的青銅器，如面具、動物形象、器皿、武器等，這些青銅器的製作水平非常高，有精細的紋飾。此外，在遺址中還出土了大量石器製品，如玉器、象牙器、石斧、石鉞等，還有大量的陶器，如陶罐、陶壺、陶盤等，這些陶器中描繪了一些神祕的圖案和符號。此外，還有兩個形似太陽的雙子星陵墓，在中國古代幾乎沒有出現過。

三、中華文明的發展

（一）原始社會時期

距今約7萬年至約5000年前。中國的原始社會主要指的是新石器時代晚期至青銅時代初期（約公元前6000年至公元前2000年）的中國社會階段。在這個時期，人們依靠狩獵、漁獵和採集食物為生，社會形態以部落為主，不存在私有制和階級分化。舊

石器時代人類生產力低下，只能依靠捕獵採集以維持生計。而新石器時代則出現了農業生產，使得人類可以在特定的土地上耕種，並因此形成氏族和部落。在中國新石器時代晚期，農業生產已經相當發達，人們開始養殖牲畜和種植糧食，進一步強化了族羣結構。同時，石器工具也得到了進一步的改良，出現了新石器時代晚期的彩陶文化和龍山文化等，並且部落之間存在着交流和往來，這也可能導致一些文化和技術上的相互影響。

（二）奴隸社會時期

中國的奴隸社會從公元前約 1600 年開始，一直持續到公元前 256 年，是中國歷史上的第二個社會形態。在此期間，勞動力和生產資料被奴隸主掌控，奴隸主可以隨意支配奴隸的身體和勞動，奴隸們沒有任何自由和權利。奴隸主階層主要由地主和貴族組成。他們通過戰爭、貿易等手段獲取奴隸，並將奴隸用於農業生產、礦業、手工業等領域。形成了璣璣、大汶口、良渚等重要文化，先後出現夏、商、西周、東周等文明王朝，以及「南蠻、北狄、東夷、西戎」等四方文明部落。東夷主要指古代山東地區人民，是先秦時期對黃河流域下游居民的總稱。西戎泛指西周對其邊界西方的部落，商代稱為羌或氐羌，後來「西戎」被漢族用來代指位於漢族以西的各個非漢民族。南蠻原是上古三代王朝或中原一帶的人對南部一些部落的稱呼。北狄是中國春秋時期，周朝諸侯國對居於漠以南的北方人羣稱呼，傳說北狄的祖先是黃帝的孫子始均，實際上是從華夏分裂出來的部族。這個時期是中華文明的起源，出現了中國最早的文字、甲骨文、青銅器、商業貿易等。

（三）封建社會時期

中國的封建社會作為一種社會制度，最晚始於西周初期（公元前 11 世紀中後期），是基於父系血緣的宗法制的分封體系構成的國家聯盟，所分封的是土地。封建社會一直到清王朝滅亡。

先秦時期出現了多個國家、學派和思想，如儒家、墨家、道家等。出現了諸如《道德經》《莊子》等偉大的文化經典。孔子、墨子、老子等思想家和政治家的思想影響了中國數千年的歷史進程。

秦漢時期的統一使得中國形成了一個中央集權制度。秦始皇統一中國後，促進了貨幣、文字、法律、度量衡等的統一化標準化，漢朝時期科技發展迅速，如造紙、指南針、火藥等的發明。

魏晉南北朝時期道教和佛教在這一時期興起，並成為了中國文化和思想的重要組成部分。

唐宋元時期中國經歷了文化和科學高峰期。唐代是中國文學和藝術的黃金時期，創作了很多著名的詩歌、小說和繪畫作品。宋代則發生了很多科技和經濟上的進步，包括發明了活字印刷術、合理利用水力和風力等。唐詩、宋詞、元曲、青花瓷享有盛名。

明清時期是中國歷史上的最後一個封建王朝時期。這個時期發生了很多著名的藝術和文化上的變革，包括中國畫、陶瓷等。洋務運動也是這一時期中國對外開放和現代化的重要標誌。

四、中華文明的內容

（一）精神思想文化

哲學思想。中華文明注重理性思考，強調禮儀、道德，崇尚仁愛、勇毅、智慧、溫和等品質，形成了諸多流派的哲學思

想，以儒家、道家、墨家、法家、釋家等為代表。這些思想在中國歷史發展中佔有着重要地位。儒家注重倫理道德的建設和人的修養，強調禮義廉恥等人文精神的樹立；強調品德、禮儀、道德、政治和教育的重要性。儒家思想以孔子為代表，提倡修身、齊家、治國、平天下，強調「仁愛」「道德」「道義」「忠誠」「尊敬」「誠信」等價值觀念。道家提倡無為而治和自然，倡導智慧來解決人類面臨的問題；主張「無為而治」「道法自然」，也就是尊重自然，追求自由、無為而治的境界。道家思想突出了心靈、身體、周圍環境之間的和諧關係，強調「清靜無為」「物我一體」「守真返璞」等理念。墨家則強調以理性解決社會問題，主張實踐共榮，提倡「兼愛」和「非攻」，反對戰爭。佛教思想和文化在公元 1 世紀已傳入中國。佛教強調超越世俗，突破輪迴，覺悟歸於真我、菩提等，鼓勵修行者追求內心與外在世界的平衡和和諧。

文學藝術。中華文明在文學和藝術方面同樣有着重要貢獻。中國古代文學和藝術作品極富創造力和表現力，不僅在中國，也在世界範圍內具有文化影響力。詩歌、書畫、音樂等藝術形式已經成為中國文化的傑出代表。中國古代的文人墨客常常用詩歌、書畫來表達自己的情感、思想和藝術理念，這些藝術形式在中國民間文化和文化傳統中佔據了重要地位。

音樂和舞蹈。中國的音樂、舞蹈和戲曲具有非常悠久的歷史和文化底蘊。中華文明傳承了千餘年的古音樂、古戲劇等，蘊含着豐富的表現形式和精神內涵，音樂和舞蹈也非常豐富和多樣，包括許多音樂樂器、歌曲和舞蹈。其中的古曲、古樂和古舞也為中國傳統音樂及舞蹈奠定了基礎。

中醫理論：中醫源於古代中國，是一種以中草藥、針灸、按

摩等為主要治療方式的醫學，強調治療疾病要綜合考慮人體的整體狀況而不是單個症狀，注重預防和調理健康，鼓勵個人自我照顧和養生。

（二）制度文化

姓氏文化。中華文明認為姓氏是祖宗留傳下來的文化基因，能夠代代相傳，保持家族文化的連續性和傳承性。

禮儀文化。中華民族是禮儀之邦，注重社會規範、個人行為的規範以及各種宗教儀式。中華文明的禮儀文化在很大程度上成為中國人道德行為和社會治理的重要標誌。

文字和語言。中華文明最早的象形文字發展至今已有三千多年的歷史，這也是中華文明非常重要的部分。漢字是中華文明最重要的特色之一，憑藉其豐富的內涵和優美的形態成為了中華文化獨一無二的標誌之一；古代漢字的另一重要方面是注重音韻，這為中國的詩歌和文學奠定了基礎。此外，中華文明也涵蓋了多種語言和方言，其中最為普遍的是漢語，但也有少數民族使用其他語言，如少數民族使用的藏語、蒙古語等。

傳統典籍文化。涵蓋哲學、政治、歷史、文學、藝術等多個領域。《易經》又稱周易，是一部古老的哲學文本，主要講述天地萬物的變化和運動規律，以及如何利用這些規律進行預測和決策的方法。《道德經》是中國古代哲學經典之一，主張「無為而治」，強調「道」的概念，對中國哲學、文學和藝術都產生了深遠的影響。《論語》是儒家經典之一，記錄了孔子及其門徒的言行，是中國傳統文化的重要組成部分，影響了中國幾千年的思想與文化。《史記》是中國第一部紀傳體通史，記載了從黃帝到漢武帝的歷

史，是古代史學研究的重要文獻。《詩經》是中國古代最早的文學作品之一，記錄了周代各地的民歌、雅樂等音樂文化，對中國古代文學和音樂有着極大的影響。《論衡》是中國古代縱橫家公孫龍所著的一部哲學辭書，主要介紹各種流派的學說和諸子百家的思想，被稱為「百家之書」。《資治通鑒》是中國歷史上第一部編年史，收錄了從公元前 403 年到公元 618 年間的中國歷史事件，被譽為「史學巨著」。《紅樓夢》是清代作家曹雪芹所著的中國古典小說，描寫了 18 世紀中國南方貴族社會的複雜生活和親王貴人的愛情悲劇，是中國文學史上的經典之作。

政治文化。可以追溯到早期的商朝和周朝時期。在這些時期，政治權力主要由君主掌握，他們被視為上天授予的統治者，擁有至高無上的權力和地位。在春秋戰國時期，中國進入了一個動盪的時期，各個城邦和諸侯國之間的爭鬥不斷。在秦朝統一中國後，官僚制度開始形成，在隨後的漢朝和唐朝時期，官僚制度更加完善，官員選拔考試制度也開始形成。中國古代的政治文化還包括了儒家思想和法家思想。儒家思想強調仁愛、誠實、孝順等價值觀念，認為君主應該以身作則，以仁愛之心治國。在法家思想中，君主被視為統治者和法律的制定者，他們應該採取嚴厲的手段來維持社會秩序和社會穩定。中國古代政治文化中另一個重要的方面是尊重和遵守傳統，包括崇拜祖先、尊重長輩等傳統價值觀念。這些價值被視為中國社會和政治生活的基石之一，對於中國古代政治文化的發展產生了深遠的影響。

封建制度。封建制度是中國封建社會的一個重要組成部分。在封建制度下，中國的社會被分成不同的階層，包括君主、貴族和平民。君主掌握着政治權力和土地資源，而貴族和平民則處於

各自的等級。在封建制度的制約下，中國的社會秩序得到了一定的穩定。

科舉制度。科舉制度是中國古代職官選拔制度。自唐朝初期開始，科舉成為了選拔官員的主要制度，直到清朝末年廢除科舉。科舉制度中分為鄉試、會試和殿試三個階段，最終通過殿試來選拔官員。科舉制度在中國社會具有很大的影響，促進了社會的發展和穩定。

家族制度。家族制度在中國古代是一種重要的社會組織形式。中國古代家族制度強調家族的傳承與延續，家族成員之間有共同利益，和睦相處，以及對家族和祖先的敬仰和紀念。

尊卑有序。在中國的禮儀文化中，尊卑有序是一個非常重要的概念。人們按照社會地位的高低，行使不同的禮儀和禮節，以維護社會秩序和穩定。這種行為體現在家庭、社會、政府等各個領域中，讓人們了解自己在家庭、社會、國家中的位置和責任。

禮崇天、地、君、親、師。在古代中國，人們非常崇拜天地和祖先，在祭祀和宗教活動中始終保持着一種恭敬的態度。無論是祭祀天神、地祇，還是祖先、孔子，都有非常嚴格的禮儀要求，例如要深鞠躬、叩首、獻上豬、牛、羊等祭品，燃香等——顯示了人們對神聖和歷史傳承的重視。

宗法制度。宗法制度是中國古代家族組織的重要組成部分，是一種基於血緣關係的社會秩序，通過親屬關係的力量來限制羣體內部成員的行為，並對社會行為進行規範。家族掌握着宗法秩序的絕對權力，強調對家族成員的自律和過勞。這也提高了家族的凝聚力，以及社會的穩定性。

禮德思想。中國古代非常注重道德倫理教育，着重強調可以

推導的行為準則和道德規範。禮德思想是中國禮儀文化的核心，強調禮與義、德與行，重視愛、恕、忠、誠、孝等優良品質，其目的在於構建和諧的社會關係。

文人雅士。在中國古代文化中，文人雅士是一類非常特殊的人。他們主要是書法家、詩人、畫家和學者。文人雅士的行為舉止、言談舉止和禮儀習慣等都是非常高雅和睿智的，他們以自己的行為示範來規範社會行為。

（三）物質文化

科技創新。中華文明在農業、手工業、商業、制度、科學技術等各個領域取得了很多發明和創新成果，在人類文明發展史上有着重要地位。從四大發明到「中國製造 2025」等，中國一直積極推動科技創新和現代化進程。這些定義都代表中華文明在不同方面的影響和貢獻。

美術和建築。中華文明的美術和建築有着悠久的歷史，精湛的技藝和獨特的藝術風格。其中，最著名的建築是萬里長城和故宮，而中華文明的美術涵蓋了繪畫、書法、雕塑、陶瓷等方面。中國建築和藝術內容非常豐富多彩，著名的建築包括長城、故宮等，氣勢恢宏，裝飾華美的建築風格被世界所矚目；中華文明的書畫、雕塑、陶瓷、漆器等方面也有着獨具特色的表現形式。

科技和發明。中華文明在科技和發明方面同樣具有輝煌的歷史傳統。中國古代的四大發明（指南針、火藥、造紙、印刷術），貢獻了獨具中國智慧的科技遺產，影響了世界文明發展進程。

瓷器。中國是瓷器的故鄉，早在新石器時代晚期就已經有了粗陶和灰陶器，到了唐代，中國瓷器的製造達到了頂峰，包括青

花、白瓷、汝窯等著名品種。

書法。中國的書法歷史悠久，可以追溯到古代甲骨文和金文時代。書法不僅是一種藝術形式，也是文化傳承的載體。著名的書法家有王羲之、顏真卿、柳公權等。

織錦、刺繡。織錦是一種古老的中國傳統手工藝品，它採用多彩的絲線和細心的製作方法，形成了華美的圖案，具有戲曲、神話、歷史和自然風景等種類。中國刺繡的風格多種多樣，其中蘇、蜀、粵、湘四地的繡品銷路尤廣，故有「四大名繡」之稱。

絲綢。包括蠶綢和柞綢。由於中國是蠶絲的故鄉，絲綢在中國的歷史和文化意義深遠。絲綢是一種非常精美、柔軟的面料，曾經被當作禮物和貿易商品傳播到世界各地。

古建築。中國古代建築具有獨特的風格和技術特點，如明清時期的宮殿、廟宇和園林等，這些亭台樓閣殿堂廟宇建築宏偉壯觀、精美絕倫，代表了中華文化的最高成就之一。

筆墨紙硯。中國文化中最受推崇的四寶之一，是指毛筆、墨、紙和硯石。毛筆是一種特製的筆，用來寫漢字和繪畫，著名的有江西進賢文港所產的文筆、安徽宣城涇縣的宣筆、四川境內的川筆蜀筆、浙江省湖州市南潯區善璉鎮的湖筆、河南孟津平樂鎮太倉村的太倉毛筆、河北省衡水市侯店村的蒙筆、侯筆；墨則是用來製造汁液的黑色顏料，主要產地在徽州的屯溪、績溪等地；紙是一種用於書寫和繪畫的纖維製品，安徽省宣城市涇縣的宣紙是國家地理標誌產品；硯石則是一種磨墨汁的工具，四大名硯指的是洮硯、端硯、歙硯和澄泥硯。

傢具。中國古代傢具擁有獨特的風格和傳統，以其精美的工藝和華麗的裝飾而聞名。主要有席、牀、屏風、鏡台、桌、椅、

櫃等。風格主要有蘇式（亦稱蘇作，蘇州製作）、廣式（亦稱廣作，廣州製作）、京式（亦稱京作，北京製作）等。宋代是傢具發展的成熟期，明清則製作精湛，更加精緻與美觀，達到了傢具的頂峰。

（四）民俗文化

中國民俗文化是中國歷史和文化的重要組成部分，不僅涵蓋了中國人的生產、生活、婚喪嫁娶、節慶活動等方面的習俗，還體現了人們對道德倫理、人生哲學、宗教信仰等方面的理解和表達。

尊老愛幼。中國自古倡導尊老愛幼、尊師重道，在日常生活和節日活動中，人們普遍尊敬長輩和尊師，也注重孝敬父母和照顧年幼的孩子。

崇尚節儉。中國人崇尚節儉，反對浪費。在日常生活中，人們重視節約用水、用電、用火，也不喜歡過度繁華和奢侈，追求簡樸的生活方式。

婚喪嫁娶。婚喪嫁娶是中國人生活中非常重要的儀式。婚禮上需要進行繁瑣的禮儀和過程，而喪禮則需要嚴格按照規矩進行，以示對逝者的尊重。在早期，女子的地位比較低，因此，除了一些地區的母系社會外，幾乎全國各地都存在着男尊女卑的婚姻制度。

節慶活動。中國節慶活動豐富多彩，有春節、元宵節、清明節、端午節、中秋節、重陽節等。這些節日都有自己獨特的內容和慶祝方式，傳統的遊戲、舞蹈、音樂等也一直伴隨着節日的慶祝。

宗教信仰。中國宗教信仰多樣化，其中最有代表性的包括儒

教、道教和佛教。這些宗教信仰都對中國文化和社會產生了深遠的影響。

（五）多民族文化

中國是一個多民族國家，有 56 個民族。每個民族都有獨特的傳統文化，每種民族文化都非常精彩。

藏族是中國西南部的一個少數民族，佛教、唐卡繪畫和民族舞蹈等都獨具特色。藏族還非常擅長製作手工藝品，如毛線帽和藏青石手鐲等。傳統服裝也很有特點，通常採用較為精美的刺繡和手工藝；同時，藏族的民間音樂也非常動聽。

傣族是中國雲南省的一個少數民族，熱愛娛樂、熱情好客、多說多唱、多舞多戲。傳統的文化節日包括潑水節、火把節和繡球節等。此外，傣族的傳統服裝通常比較鮮艷，表現了他們獨特的美感。

維吾爾族是中國新疆維吾爾自治區的主要民族，其文化含有濃郁的伊斯蘭教色彩。傳統文化包括了維吾爾宗教音樂和舞蹈、唐卡繪畫等藝術形式。傳統食品包括烤羊肉和拌麵等。而傳統服裝則充分體現了維吾爾族人們的美感和時尚感。

彝族是中國雲南省和四川省的一個少數民族，其文化包括了豐富的傳統習俗、音樂、舞蹈和手工藝等。傳統節日包括了火把節和潑水節等等。此外，彝族的傳統服裝以及七彩雲南公園的建築和風景區都充分表現了彝族人們的文化特點。

回族傳統文化具有鮮明的特色和豐富多彩的表現形式。回族主要信仰伊斯蘭教，有許多傳統節日，包括開齋節、古爾邦節、封齋節、雙節等，這些節日通常會有各種宗教儀式和慶祝活動。

「回民調」是一種以彈撥樂器和管樂器為主的音樂表現形式，常常用於宗教儀式和慶祝活動。回族的餐食以牛、羊、雞、鴨等為主。此外，回族人講究婚禮、葬禮等儀式，通常有一套嚴格的禮儀規範。回族建築大多採用紅、白相間的色彩，外觀簡潔大方，建築內部則常常裝飾着精美的木雕和磚雕。

蒙古族是中國較大的少數民族之一，其傳統文化源遠流長，涵蓋了許多方面，包括音樂、舞蹈、繪畫、建築、服飾等多種形式。傳統音樂和舞蹈通常以馬頭琴和呼麥為主要樂器，以及手鼓、馬蹄鐵等輔助樂器。蒙古族的雕塑作品通常表現動物和英雄人物，如神鷹、鐵木真等，採用青銅、石頭等材料，體現出魁梧、雄壯的風格特點。蒙古族的傳統建築為圓頂房屋，也稱為蒙古包或者遊牧帳篷。蒙古包具有良好的保暖性能和採光性能，內部傢具則通常以爐灶、牀舖、沙發等為主。蒙古族擁有豐富多彩的傳統節慶活動，如春節、端午節、中秋節等，其中最重要的節日是那達慕大會，是蒙古族羣眾性文化活動的代表。那達慕大會既是比賽、又是展示，包括馬術比賽、射箭比賽、摔跤比賽等，還有藏經唱經、商業交流、戀愛等活動。

壯族是我國少數民族人口最多的一個民族，其文化深厚而獨特，包括語言、宗教、節日、服飾、飲食、音樂、舞蹈、建築等，具有豐富的特色和魅力。壯語形成了豐富的文學、歷史和文化遺產，其傳統的口頭文學和民間傳說，包括長篇和短篇小說，詩歌等，是壯族文化的重要組成部分。壯族的傳統信仰是巫教，是一種原始宗教，主要宣揚祖先崇拜、自然崇拜和鬼神信仰。最有代表性的節慶是壯族的傳統節日 —— 壯族三月三。這是壯族最隆重的節日，活動內容包括龍舟比賽、踩高蹺、跳花燈等。

總之，中國少數民族文化廣泛多樣，每個民族都有獨特的文化寶藏。

五、中華文明的特點

中華文明歷史悠久，文化燦爛，在長期的歷史積澱和文化傳承中，形成了獨特的價值觀、信仰體系、禮儀制度和文學藝術等方面的特點。

（一）悠久性與傳承性

1. 悠久性

舊石器時代是打製石器為標誌的時代。時間範圍大致在 300 萬至 1 萬年前。目前我國已發現的舊石器時代文化遺存主要有雲南元謀人、北京人和山頂洞人。元謀人生活在中國舊石器時代早期，已能製造和使用石器，可能已會用火，生活的時代距今約有 170 萬年，是迄今中國發現的年代最早的猿人。北京人是北京周口店龍骨山的洞穴堆積中的化石，距今已有 70 萬—20 萬年。山頂洞人在北京房山周口店龍骨山發現，屬於舊石器時代晚期人類化石，距今約 1.8 萬年，為黃種人，已開始使用弓箭，磨製骨針縫製衣物並掌握了人工取火的方法。

新石器時代發現的沂源人遺址距今 9600 年到 10000 年稍多一點，屬新石器時代早期。有仰韶文化，距今 7000 年至 5000 年，其農業、畜牧業、製陶業都已有相當程度的發展，有陝西西安的半坡村遺址和臨潼的姜寨遺址。半坡遺址的彩陶花紋以動物形象為主，典型花紋有人面魚紋結合體、魚紋和鹿紋。

大汶口文化距今約 6300—4200 年，生產工具主要以磨製石器為主，還有部分骨器和蚌器、經濟以農業為主，家畜飼養業也特別發達，陶器早期以紅陶為主，中期灰陶和黑陶增加，出現薄胎灰白陶，晚期陶器似出現原始文字。

河姆渡文化距今 7000—5300 年，其稻作農業十分發達，家畜有豬、狗和水牛。齊家文化距今約 4200—3500 年，冶銅業開始出現，陶器以素陶為主，花紋以三角紋、菱格紋為主。四壩文化距今約 3900—3400 年，出土了大量青銅器物，金銀玉器也十分考究。石峁遺址距今 4300—3800 年，有石砌城牆、城門和角樓等。龍山文化距今約 5000—4000 年，其磨製石器十分精緻，經濟以農業為主，陶器以黑亮如玉，薄如蛋殼的蛋殼陶為主。紅山文化距今約 5000 年。其中出土了很多精緻的玉禮器。陶寺遺址距今約 4500—3900 年，遺址中發現了規模空前的城址，墓葬和世界最早的觀象台。石家河文化距今約 4600—4000 年，稻作農業、家庭飼養發達，出現了煉銅業。良渚文化距今約 5300—4200 年，主要分佈在長江中下游的太湖地區，以稻作農業為主，家庭飼養業發達，大體與埃及文明、蘇美爾文明、哈拉帕文明同處一個時代。另外還有良渚古城遺址，被列入世界遺產名錄。

5800 年至 5300 年前，中國大地上的文明燦若星斗。良渚古國遺失後，中原漸成史前東方文明中心，謂華夏文化。華夏先民分為大大小小許多部落，活躍於黃河中下游。其中比較著名的首領有燧人氏、太昊（伏羲）、少昊（白帝）、顓頊（黑帝）、黃帝、炎帝（赤帝）、帝嚳（高辛氏）、有巢氏、祝融、伯益、舜帝、堯帝、禹帝。

中華文明可以追溯到 5000 多年前的新石器時代，經歷了早期氏族時期、三皇五帝時期、各類朝代時期等；中華文明的誕生

也是在這段悠久的歷史長河中，多次文化與文明的融合疊加的結果。中華文明是所有世界古代文明中唯一沒有被隔斷而持續發展到今天的偉大文明。

2. 傳承性

首先，表現在人才培養上。自古以來，中華文化強調「以德為先」，尊重智慧和品德，注重培養有道德修養和文化素養的人才。中國的科舉制度和文化教育體系歷史悠久，為中華文化的傳承注入了不斷更新的活力。現代中國的教育體系也着眼於培養富有創新力和中華文化傳承意識的人才。

其次，表現在文化傳統的保存上。中華文化中包含了豐富的歷史、文學、哲學、藝術等諸多領域的文化傳統，這些傳統的保存可以通過書籍、博物館、宗教組織等途徑來實現。中國的文化遺產保護法和世界文化遺產名錄，幫助保護和弘揚中華文化傳統。

第三，體現在社會建設和價值觀上。中華文化強調「天人合一」「仁愛」等重大價值觀念，體現了人作為社會存在的思考和指導，對社會建設和社會變革具有重要意義。目前，中國正在推動文化自信和中華文化傳承意識，加強文化自主權，以更好地滿足人民羣眾對美好生活的嚮往，促進人類文明的繁榮發展。

（二）開放性與綜合性

1. 開放性

即包容性、融合性、多元化。中華文化是一種非常開放的文化，這是多方面因素的綜合結果。中華文化從未停止過與外界的交流與融合，這也為當代中國走向世界提供了重要的啟示。其原因主要在於以下幾個方面：一是中華文化注重人倫、道德和良

知，這是中華文化包容和開放性的重要支撐。與其他追求權力和金錢的文化相比，中華文化更多追求人類真正意義上的價值觀，這種開放性也體現在其恪守「和為貴」「同仁之心」「天下為公」等思想理念中。二是中華文化擁有悠久的歷史，從春秋戰國到漢唐宋元明清，不同的朝代都在這片土地上創造了自己的文化遺產。這些歷史積澱為中華文化的多元化奠定了基礎。三是古代中國在科技和哲學方面的發展也為其開放性提供了基礎。古代中國曾經發明了許多偉大的發明，如火藥、印刷術、指南針等。這些發明在推動中華文化與外來文化的交流和融合方面起到了重要的作用。

2. 綜合性

中華文化在長期的歷史演進中，不斷吸收外來文化元素，融合了中原地區各種族羣的文化，以及外來文化的影響，與不同文化實現了交融。從商周時期起，中華文化就開始接觸和吸收外來文化，如金屬冶煉、寫字、貨幣等等，並一直保持着吸收和融合各種外來文化的開放態度，如佛教、道教、伊斯蘭教、基督教等。文化融合進一步促進了中華文化的開放性和包容性。

第一，地域文化的交流與融合：中華大地上不同地區之間的地理邊界交錯縱橫，各自的文化在不斷地衍化和演變過程中，也不斷地與周邊地區的文化產生交流與融合。如中國拳術實現了南拳與北拳的融合，就是地域文化交流融合的一個典型案例。

第二，民族文化的交匯融合：中國的民族文化豐富多彩，不同民族文化之間也發生了交流與融合。例如，在西北地區的回族文化、蒙古族文化、藏族文化等都對中華文化做出了卓越的貢獻，同時也與漢族文化發生了深度交集與融合。

第三，政治文化的交融：中國歷史上，不同政治派別、宗

教信仰、思想派別的產生和發展，也促進了中華文化的交融與整合。例如，道教與儒家思想的交融，形成了人類哲學史上的重要思潮之一。

（三）秩序性與穩定性

1. 秩序性

中華文明注重社會秩序和穩定，尊重家族，推崇孝親敬老、以禮治國等傳統美德，形成了一套行之有效的社會規範和道德準則。中國社會之所以能歷經戰亂和動盪而又不斷恢復和發展，與這種穩定的社會規範有關。

第一，社會制度秩序。中華文化視「治國平天下」為最高理想，因此重視秩序。古代中國的社會秩序建立在家族和封建等級制度之上。家族制度強調對長輩尊敬，對子孫孝敬；而封建制度則強調下級對上級的尊重和忠誠。這種秩序意識也反映在古代的禮儀規範體系中。

第二，語言文字秩序。中華文化非常注重語言文字的秩序美。古代中國的漢字書寫系統和語言思維模式聯繫非常緊密，表現出高度邏輯性和連貫性。古代詩詞的律動、韻律規矩、文辭字句等都追求整齊劃一、安排有序。

第三，建築空間秩序。中國傳統建築中也表現着秩序美。傳統建築的設計，重視天人合一觀念，尊重自然規律與生命節律；同時，也注重對建築內部空間的安排、大小關係的處理以及各組成部分的對稱與協調等。

第四，人與自然秩序。中華文化中，人與自然、人與社會的秩序關聯互為表裏。古代中國的農業文化，重視四時五行，貫穿

於百姓生活中，追求人與自然間的一種和諧秩序。西周時期就有「天人合一」的思想，認為人類與自然是有機聯繫的整體，互為存在和發展。

2. 穩定性

中華民族作為一個龐大的、多元化的國家，能夠在各個方面維持和諧、安定、統一的狀態，這在世界上是獨一無二的。

一是文化傳統的穩定性。中華民族有着悠久的文化傳統，如儒家思想、道教、佛教等等，這些傳統思想體系的不斷傳承和繼承，使得中國能夠保持着自己獨特的文化傳統和精神特質，同時也提高了國民身份認同感和歸屬感，增強了社會凝聚力。

二是政治制度的穩定性。從古代的奴隸社會，到封建社會，都有幾千年穩定的發展。在今天，中國採取的是社會主義制度和人民代表大會制度，這種制度體系的穩定和有效運轉，可以保證中國政治方向的明確性、制度合法性和權威性，也保證了政治穩定和社會秩序。

三是經濟發展的穩定性。經濟發展是國家穩定的重要支撐之一。在今天，中國在不斷加強市場化改革，提高經濟發展水平，增強內生增長動力，推動經濟全球化進程等方面取得顯著成就，這為提高人民生活水平奠定了堅實基礎，同時也增強了中國的國際影響力和地位。

四是民族區域自治的穩定性。中華民族是一個多民族國家，保證各民族之間的平等、共存和融合，是維護國家穩定的關鍵。在今天，民族區域自治制度的堅定執行一方面使得各個民族能夠保持自己的文化傳統和基本權利，另一方面又充分體現了中央政府對各地方政府和民族自治地方的信任和扶持。

（四）自主性與創新性

中華文明在歷史上不斷吸收外來文化，但同時也在文學、哲學、科學和藝術等方面進行自我創新。傳統文化在當代仍具着強大的生命力和創新能力。

獨特的漢字文化：漢字文化，包括了文字的產生、演變和發展，形成了一種獨特的價值體系和文化符號系統，在中華文明的文化、哲學思想與再創作等領域都有着舉足輕重的地位。

藝術作品。中國歷史上有許多非常著名的文學、音樂、舞蹈、戲劇、繪畫、陶瓷、建築、雕塑、書法等藝術作品，這些藝術作品不僅是中華文化的重要組成部分，也向世界傳達了中國文化的精髓。同時，中國傳統的書法、繪畫、工藝品等藝術形式也擁有廣泛的影響力，是中華文化的重要體現。這些藝術形式高度體現了中國文化的博大和人文精神的精深。

哲學思想。中國偉大的哲學思想影響深遠，儒家、道家、佛家和倫理學等哲學思想和宗教傳統具有豐富的內涵和廣泛的影響。如儒家思想強調仁、義、禮等價值觀；道家主張無為而治、順應自然；而墨家則提倡兼愛、非攻等理念。這些思想體系建構起中國文化發展和傳承的基本框架。

孔子思想的創新。孔子思想被譽為中國文化的核心，是中華文化思想的重要組成部分。在古代，孔子思想被廣泛傳播，並在後世持續發展。而在現代，隨着時代的變遷和社會的不斷發展，孔子思想也在不斷傳承和創新，如「和而不同」「人文主義」等思想，這些創新為中華文化的發展增添了新的動力。

科學技術。中國古代的科學技術在世界上有着重要的地位，如造紙、火藥、指南針等發明一度領先全球，成為人類文明進步

的重要推動力。中國的古人發明了許多農具和農作物，如犁、耕牛、水稻、稻米和茶葉等，這些發明極大地改善了中國人的食品供應和生活水平。中國古代的數學家提出了很多獨特的數學理論和技術，如二元一次方程、九九乘法口訣、算盤等，這些數學方法和工具對世界數學的發展產生了很大的影響。中國的製造工藝很出色，絲綢、瓷器、青銅器等工藝製品受到世界範圍內的歡迎。中國的傳統醫學已經發展了幾千年，中醫理論和實踐在世界範圍內有着廣泛的應用。在今天，中國進一步加強了科學技術的發展，中國的科技創新取得了許多重大的科技成果和創新成就。

中華文明的傳統文化具有長期歷史沉澱與流傳，始終呈現出很強的生命力。在新時代中國，中華文明精神然繼承發展着並獲得新的發展動力，在不斷與世界文化接觸中實現着時代進步與變革。

六、中華文明與其他文明的比較

第一，文明的起源時間。中華文明的歷史可以追溯到 5000 年以前，發展經歷了黃河流域的部落聯盟、封建王國、帝制中央集權、半殖民地半封建社會等不同的歷史階段，形成了獨特的歷史文化傳承，並且一直延續至今。中華文明比歐洲文明更加悠久和持續。

第二，文化傳承和發展。中華文明歷經了長期輾轉與變化，經過深層次的積澱，凝聚出了豐富的文化、哲學和藝術思想。與之相類似，印度文明也經歷了幾千年的歷史，有着獨特的文化遺產和精神風貌。

第三，社會與文化固有的特徵。中華文明強調道德、倫理精神的培養與道家哲學的無為而治；西方文明強調個人主義和自由精神，強調個體權利的保障與重視科學技術的推動。

第四，智慧儲備和生產力。中華文明源源不斷地創造出了種種智慧，包括四大發明，且形成了獨特的知識體系，與之相比，印度文明也有變革先鋒的稱號，歐洲文明也形成了特有的思想體系和科學技術發展模式。

第五，強調家族和社會團體。中華文明強調家族和社會團體的聯繫與凝聚力，講究家族倫理、家庭親情和社會友誼。這與西方文明強調個人主義和自由主義有所不同。

第六，表現形式獨特多樣。中華文明的表現形式包括詩詞歌賦、書畫篆刻、劇場器樂、武術民間藝術等多種形式，這些形式對整個國家的文化影響深遠。而中華文明的哲學思想更加獨特，它以儒家、道家、墨家、法家、兵家等為代表，對人類思想、智慧和精神成長產生了重要影響，形成了獨特的核心價值觀，比如強調尊重和平、尊重自然、重視精神生活等。

七、中華文明的廣泛影響

中華文明對世界文明的影響是巨大的，也是多方面的，至今仍對世界進步發揮着重要作用。

文化傳統的影響。中華文化豐富多彩，包括詩歌、書法、繪畫、戲曲、音樂、舞蹈、服飾、建築、傳統醫藥等。這些文化元素不僅影響了東亞地區，也影響了西方國家和其他亞洲國家。

藝術的影響。中國的傳統藝術獨具特點，如山水畫、人物

畫、剪紙、京劇等都是國際上公認的文化瑰寶。

文學的影響。中國文學是世界文學史上獨具特色的一部分，詩詞、散文、小說等文學形式都深受世界讀者的喜愛。《紅樓夢》《水滸傳》《西遊記》等作品都在世界範圍內產生了深遠的影響。

哲學思想的影響。中華文明創造了許多哲學思想，如儒家、道家、墨家、法家、心學等。這些哲學思想對於塑造東亞地區的文化和社會價值觀產生了深遠影響。其中儒家和道家影響力最廣泛。儒家強調的是家庭和社會秩序的重要性，而道家則強調個體自我實現和悟性的力量。

宗教的影響。中國的道教、佛教和基督教等宗教也在全球範圍內發揮了積極的作用，吸引了很多外國人學習和信仰。

道德倫理的影響。中華文明注重道德倫理和家庭觀念，如孝順父母、尊重師長等。這些觀念不僅影響了東亞地區，也被世界各國所借鑒。

科技創新的影響。中國古代的科學和技術在數學、天文學、醫學等領域有着顯著的貢獻，如二十四節氣、火藥、造紙術、指南針等。中華文明的科技創新對世界科技進步產生了巨大的貢獻。

第二節　中華優秀傳統文化的當代轉型

中華傳統文化在當代社會背景下進行重新理解、演繹、創新和傳承，不斷煥發新的活力。通過不斷轉化和創新，中華傳統文化得到了更好的保護、傳承和發揚。這對促進中華文化的繁榮和發展以及促進人類文化多樣性的發展，都具有重要意義。

一、中華優秀傳統文化當代轉型的原因

傳統文化是一國民族的靈魂和精神的集中體現，是歷史的標誌和文化的象徵。在當代社會背景下，中華傳統文化不斷經歷着挑戰，也不斷有新的發展機遇。全球化和信息化使得不同文化之間的互動變得更加頻繁和緊密。互聯網的匿名性也使得文化交流變得更容易。這種趨勢使中國傳統文化在國際上得到了更大的關注和認可，同時也使得中國傳統文化的傳承面臨更為廣泛和複雜的挑戰。

（一）全球化的影響

在全球化時代，不同文化之間的交流和融合日益加強，人們對於傳統文化的認知和傳承方式也產生了變化。比如，中華傳統文化中的詩詞、武術、宗教等元素，通過電影、音樂、舞蹈等形式被全球範圍內傳揚，從而讓更多人感受到了中華文化的獨特魅力。

從經濟全球一體化、人類命運共同體建設方面來看，全球化進程不斷加速，為中華傳統文化的擴大和轉型提供了機會，同時也對文化本身帶來了更大的機遇和挑戰，進一步促進中華文化走向世界。

（二）信息技術的普及

隨着信息技術的不斷發展，人們可以通過互聯網上的各種媒介獲取傳統文化知識，促進了傳統文化知識的傳承和推廣。同時，互聯網也提供了更多的展示平台，讓傳統文化更容易被發現

和傳播。

當前社交網絡、自媒體、短視頻等新技術被廣泛應用，造成了傳播方式和傳播對象的變化，進一步推動了中華文化轉型。

（三）社會需求的變化

社會在發展過程中，人們的生活方式和價值觀念不斷變化。傳統文化為人們提供了更深刻的思考和生活方式，這也是人們接近傳統文化的渠道。

目前，中國已經就入了新時代，進入了新的中國式現代化建設發展新階段，中國經濟、科技和社會快速發展，社會現代化進程在推動中華傳統文化的當代轉型。

中國社會進入了一個價值多元化的時代。隨着普及教育、社會意識覺醒和全球化互動的加速，中國社會的價值體系逐漸多元化和多樣化，各種新的、國際化的文化元素和美學觀點開始融入中華傳統文化體系。

（四）文化建設的需求

中國共產黨先進文化建設、中國特色社會主義文化建設促進了中國傳統文化的當代轉型。中國共產黨的先進文化是指中國共產黨所倡導、所堅持的一種優秀的文化價值觀，包括正確的政治方向、人民利益至上、科學發展觀、以及尊重人權、推崇民主、崇尚法治等。這些價值觀是中國共產黨指導思想的重要組成部分，是在長期革命實踐中形成和積累的，是中國特色社會主義事業健康發展的思想基礎和精神支柱。

中國特色社會主義文化建設同經濟建設、政治建設和社會

建設、生態文明建設構成了中國五位一體的發展格局。中國特色社會主義文化建設的重點是弘揚中華優秀傳統文化、傳承革命文化、培育社會主義先進文化、推動文化創新和時代精神表達。在實踐中，中國特色社會主義文化建設不斷推動中國的文化大發展、文化大繁榮，弘揚愛國主義精神、民族精神、和平精神、以及團結奮進精神，促進了中國文化軟實力和國家形象的提升。

　　中國特色社會主義文化建設的實踐不僅是一種文化表達，更是一種文化自信，是對中華文明和人類文明的尊重。同時，它也為國際社會提供了一個比較清晰的中國特色社會主義的文化視角，為中華民族和世界文化的多樣性貢獻了中國智慧和力量。

二、中華優秀傳統文化當代轉型的內容

　　傳統文化的當代轉型已成為中國文化發展的重要組成部分，傳承下來的中華傳統文化在當代以更新、更為多元化、更加創新化的方式出現，這種發展的方向對中華傳統文化的崛起和推廣具有重要意義，並能夠充分彰顯中華優秀傳統文化的魅力和靈氣。

（一）傳統文化的再生產和創新

　　中華傳統文化在當代通過國家和社會的推動進行了新的再生產和創新，包括對傳統文化的認識、傳承、開發和推廣等方面，實現了對傳統文化的再審視和重構。如推廣中國書法、民間文化、傳統音樂等，讓傳統文化更好地融入當代社會。

　　一是通過創新和融合，將傳統文化與現代文化相結合，製造出與時俱進、具有現代感的文化藝術品和文化產品。

二是以民為本，中華優秀傳統文化具有人文關懷和民本精神，因此在當代轉型中注重強化社會關懷、以人民為中心的價值觀。

三是引領潮流，與現代文化相比，中華優秀傳統文化具有獨特的魅力和影響力。通過不斷引領潮流，傳承並發揚中華優秀傳統文化。

四是創造性思維，傳統文化具有豐富的意象和象徵，需要創造性思維進行更新和注入新的文化元素。例如，在進行文藝表現時，可以採用現代表現方式，將中華優秀傳統文化與現代文化相結合。

（二）傳統文化的現代科技融合

傳統文化與現代科技的結合已成為當代傳統文化轉型的重要方向之一，也是一個充滿潛力的領域。例如，以傳統戲劇的形式為基礎的電影、電視劇等，已經成為當代傳統文化與現代科技相結合的重要體現。

傳統文化與現代科技融合的意義在於創造出有利於社會發展的新型文化形態。傳統文化是一個國家或民族的文化遺產，傳承與發展了幾百年或上千年。而現代科技則是在工業革命以來快速發展的產物，是人們在不斷追求更高生產力、更多便利的生活方式中創造出來的。

將傳統文化融合到現代科技中，可以在新的領域中創造出更有利於社會發展的文化產品，如數字化的傳統文化藝術表演，文化產業的數字化轉型、文博會展設計與數字技術的相結合，以及文化遺產的保護與數字化展示等。融合傳統文化與現代科技不僅

有利於保護與弘揚傳統文化，也有利於推動文化產業的發展，促進社會進步與經濟繁榮。

此外，將傳統文化與現代科技相融合，也可以在新的領域中探索出新的價值、新的生命力。傳統文化和現代科技分別從不同的角度強調人的創造力和發展潛力，結合起來可能會產生協同效應，產生出新的文化創新和新的經濟增長點。

（三）文化產業的發展

傳統文化的重要價值應該是經濟價值、文化價值和社會價值的有機結合，傳統文化的當代轉型還包括文化產業的發展。如漢服、茶文化等產業化的推廣，使傳統文化以一種創新的方式呈現給當代的消費者。

傳統文化是一個民族的獨特文化資源，包括文化、藝術、文學、習俗、歷史等方面的遺產。它們是一個民族文化認同的重要標誌，反映了歷史的延續和社會發展的脈絡。在當今文化產業飛速發展的時代，傳統文化不僅是一個重要的經濟產業，也是文化身份認同、精神尋求、社會團結等方面的重要資源。因此，用傳統文化推動文化產業的發展是非常必要的。

傳統文化是文化產業不可替代的重要資源。傳統文化作為一種獨特的歷史紀念物，它具有高度的歷史性、文化性、藝術性和象徵性，能夠體現民族文化的獨特特徵和文化傳承的重要價值，具有非常高的文化價值和經濟價值。在文化產業的發展過程中，傳統文化可以作為各種文化產品的靈魂、原創力和吸引力的來源，為文化產業的發展注入更多的文化魅力和內涵。

傳統文化是推廣國家文化軟實力的重要手段。隨着全球化的

不斷發展，其他國家的文化資源和文化產品在國際市場上越來越受到重視，文化產業的競爭日益激烈。而傳統文化是一個國家的獨有資源，具有不可替代性。通過傳統文化的創新與開發，能夠更有效地推廣國家文化軟實力，最終增強國家在國際市場的影響力，提升國家的文化話語權。

此外，文化產業的持續發展需要靠傳統文化的不斷積澱和創新。無論是產業結構的優化升級，還是產業創新與發展，都離不開傳統文化的影響和支撐。通過傳統文化的深入挖掘與創新，能夠增強文化產業的創造力、競爭力與可持續發展能力，構建更加具有文化特色的國家形象和文化品牌，培育具有國際影響力的文化企業和文化產品。

（四）傳統文化的國際交流

隨着中國的不斷崛起和國際文化交流的發展，中華傳統文化也需要通過與世界上不同國家文化之間的交流和融合，進一步走向世界舞台。例如，中國與其他國家開展文化交流與合作，讓中國文化與世界文化深入互通，弘揚我們中華優秀傳統文化的影響力和吸引力。

中國傳統文化是一個國家或一個民族的精神財富，是一個民族歷史、文化、信仰、價值觀等方方面面的綜合體現。在不同的文化交流活動中，了解和尊重彼此的傳統文化，可以加深相互友好，達到民心相通的目的。

中國傳統文化在國際交流中承擔着不可低估的作用和責任。傳統文化是一個國家或民族的獨特標誌，對於維護和弘揚民族文化的傳統非常重要。在國際交流中，傳統文化的介紹和傳播，可

以對民族文化實施保護和提高其影響力。

中國傳統文化反映出國家和民族的多元性和生動性。通過傳遞和介紹傳統文化，可以促進不同民族之間的了解和尊重，增強國際友誼，促進經濟發展，維護和弘揚民族文化，增強國際合作，為世界的和平與繁榮發展做出貢獻。

三、中華優秀傳統文化當代轉型的特點

隨着中國的快速發展，中華優秀傳統文化逐步向當代轉型，體現了其歷史延續性、文化融合性、文化魅力性、跨界化發展和創新性發展等特點。

（一）延續性特點

中華優秀傳統文化是中國歷史文化的重要組成部分，它的歷史延續性非常強。在當代，人們對中華優秀傳統文化的傳承和發揚，也是再現歷史的一種延續。

（二）融合性特點

中華優秀傳統文化具有濃厚的文化融合性。在傳統文化中，有許多來自不同地區、不同民族、不同宗教的文化元素，這些元素在經歷千百年的磨合和發展後，形成了較為完整的傳統文化。

中華傳統文化在當代轉型中更加開放和包容。傳統文化也在新的背景下向外界不斷開放自己，吸收外來元素，整合國內的多元文化，推陳出新，昇華傳統文化的核心價值，向社會傳達其自身的真諦和精髓。

（三）魅力性特點

中華優秀傳統文化有着極強的文化魅力，對外國人來說也是一種魅力體驗。中華優秀傳統文化的文化魅力正日益受到外國人的認可。

（四）跨界化特點

在當代，中華優秀傳統文化逐漸向跨界化發展的方向發展。它不僅出現在文學、藝術、哲學等領域，還涉及到科學技術、商業、教育等多個領域。

傳統文化的產業化和商業化趨勢日益明顯，傳統文化成為知識經濟中的一個領域，與經濟發展相結合，促進傳統文化的保護和傳承。

（五）創新性特點

中國傳統文化在當代轉型中呈現出了更為創新的一面。人們不再像過去那樣對中華優秀傳統文化進行單純的複製和模仿，而是將其與現代社會需求相結合，與現代科技、工藝等相結合，通過不同的載體，如文化創意產業、互聯網、數字技術等，以創新的姿態呈現傳統文化，創造出更加富有時代感和現代感的作品。

（六）國際性特點

中華傳統文化在當代轉型中越來越具有國際性。隨着全球化的發展和國際聯繫的加強，中華傳統文化在世界上的傳播和影響力得以提升。越來越多的華人或對中華文化感興趣的人士，也越來越積極低學習和分享中華傳統文化。

四、中華優秀傳統文化當代轉型的方式方法

中華傳統文化的當代轉型必須充分保持傳統文化本身的特徵和魅力，同時也要考慮到當代社會的需求和現實問題，尋求傳統文化與現代社會的有機結合。中華優秀傳統文化在當代轉型需要採用多種方式方法，以更好地進行傳承、創新、推廣和應用。

（一）研究和傳承傳統

要保護和研究傳統文化。一方面，要嚴格保護和研究傳統文化遺產，防止其被遺忘和失傳；另一方面，要將傳統文化融入現代文化中，通過創新和更新使其得到更好的發展。要研究和傳承傳統文化的技藝、傳統技術和物質文化遺產。例如，中華傳統文化中的書畫、音樂、舞蹈、戲曲、茶道、書法等技藝都得到了當代社會的發揚和傳承。

要全方位推廣傳統文化。傳統文化在當代推廣需要採用多種渠道，不僅要通過傳統的書法、繪畫、音樂、戲曲等形式進行推廣，也可以通過新的媒介，如社交媒體、數字內容等方式進行推廣。在中國的歷史長河中，傳統文化留下了許多珍貴寶藏，如孔子的「仁愛」「和諧」等道德觀念，這些道德觀念在現代社會中同樣具有重要價值。每一位中國人都應該弘揚這些價值觀，讓更多的人認識到中國傳統文化的尊嚴和價值。

要營造中華優秀傳統文化的氛圍。讓更多的年輕人接觸到傳統文化，了解傳統文化，學習傳統文化。通過各種展覽、課堂、文藝演出等形式，讓傳統文化得到更多的宣傳和推廣。只有通過廣泛的傳播和宣傳，傳統文化才能更好地被繼承和發展。

（二）重新解讀和創新

要對傳統文化進行重新解讀和創新。例如，傳統文化中的思想、道德和價值觀念在當代社會中得到了新的理解和創造性的應用，例如「和諧、中庸、忍讓、敬天尊祖」等中華傳統文化的核心價值觀都特別受重視並得到創造性發展。

中華傳統文化的當代轉型需要在傳承中進行創新，既要尊重和傳承傳統文化，也要根據當代社會需求和創新思維，對傳統文化進行改進和發展。

要利用文化創意產業進行轉型，傳統文化的當代轉型可以通過文化創意產業的發展來實現。例如，對傳統文化的再創作和創新，可以為文化創意產業提供更多的原材料與素材。

要鼓勵學術研究和創新實踐，中華傳統文化的當代轉型需要有更多的學術研究和實踐創新，不僅要通過文化交流和國際合作，汲取更多的外來文化元素，在此基礎上進行創新，還可以企業和社會組織進行創新實踐，來推動傳統文化的轉型和發展。

（三）深度融合和交流

要將傳統文化與現代科技、商業、文化產業等結合起來，開拓新的文化市場和商業市場。例如，傳統文化結合互聯網技術進行的演出和展覽，以及文創產品的創作和銷售等都成為了新的文化經濟增長點。要多學科融合，中華優秀傳統文化當代轉型需要跨越多個領域的學科開展工作，包括文學、藝術、哲學、歷史、社會學等學科的融合，推進跨學科研究與交流，創造出新的文化形式和新的文化模式。要加強文化交流與互通，讓世界更多地了解中華優秀傳統文化，豐富世界文化的多樣性。

要特別重視傳統文化與科技的融合。傳統文化與現代科技的融合是一個新時代的重要問題，這涉及到如何在保護傳統文化的同時，將其與現代科技結合，創造出具有時代特色的新文化形態。

　　一是數字化傳統文化資源。將傳統文化資源數字化，包括音樂、繪畫、戲曲、建築等。數字化使這些資源更容易被保護、傳承和分享。今天，數字技術為蒐集、編目、存儲和呈現傳統文化資源提供了更加完善的平台，例如互聯網、數據庫、電子圖書館等。

　　二是虛擬現實技術在傳統文化體驗中的應用。在傳統文化藝術領域，特別是近年來隨着虛擬現實技術的逐漸成熟，對傳統文化藝術的體驗方式進行了創新。例如，文化遺產的數字重建和虛擬駐足技術，使遊客可以在不離家就能親臨遠古文化遺址，讓人們在體驗現代科技帶來的便利的同時發現了更多傳統文化的魅力。

　　三是語音技術在語言學習中的應用。語音識別技術可以幫助語言學生更快地掌握和理解中文或方言。通過語音交互回答問題，學生能夠精準地發音和模仿口音，並獲得即時反饋和語音分析。

　　四是 AI 技術在文化遺產保護中的應用。文物保護是一個需要大量技術手段的領域。AI 可以進行物體識別、圖像識別、圖像處理、文本理解等，這些技術可以被用來輔助文物修復、保護、數字化以及文化遺產的文本解讀等。

　　五是網絡平台傳播傳統文化：現代科技為傳統文化的傳播創造了更多的機會。在互聯網時代，大型社交媒體平台對於民間藝術的傳播起到了至關重要的作用，同時，網絡音樂、網絡繪畫、網絡遊戲等，為年輕人提供了更為容易接受和深入參與的傳統文

化形式。

（四）強化體驗和感受

中華優秀傳統文化當代轉型應該重視文化體驗和感受，讓人們在感受中享受文化的魅力，這也是推廣中華優秀傳統文化、提高大眾文化素質的一種方法。

第三節　中華優秀傳統文化的當代創新

一、中華優秀傳統文化當代創新思想

習近平重視中華優秀傳統文化在當代的創新和發展，強調傳承、創新和發展中華傳統文化的重要性，倡導將傳統文化與時代相結合，讓中華文化成為新時代建設美好中國的有力紐帶，同時也為保護和發展中華優秀傳統文化提供了強有力的思想指導。

「傳承中華文脈，弘揚中華文化」。傳統文化是中華文脈的重要組成部分，要繼承好、創新好、弘揚好中華文化。

「把中華文化深深植根於人們內心深處」。優秀傳統文化是最豐富的精神財富，在現代社會中應該讓其得到更廣泛的傳播和應用，進而深深植根於人們內心深處。

「發揚中華民族精神，推動中華文化創新發展」。要發揚中華民族精神，推進中華傳統文化創新和發展，增強民族自信。

「讓中華文化更好地為現代化、科技化服務」。中華傳統文化可以與現代科技相結合，探索中華文化在現代化、科技化、信息化大背景下的發展，讓中華文化更好地為現代化、科技化服務。

「新時代的文化創新使命」。新時代中華傳統文化的轉型和創新工作具有重要使命，既要傳承好，也要創新好，要緊密結合新的時代條件，推進中華傳統文化在新時代中的發展和創新。

二、 中華優秀傳統文化當代創新的要求

中華優秀傳統文化的當代創新，旨在通過創新、更新、拓展等方式，讓中華優秀傳統文化更好地適應當代社會的需求，從而促進中華文化在世界各地的傳播和發展。

多種形式融合創新。中華文化融合了散文、詩詞、歌曲、戲曲、繪畫等多種不同的藝術形式，而當代的創新正是在這些藝術形式的基礎上進行的。由於時代的變遷和社會需求的不斷增加，當代創新已經不再局限於單一的傳統藝術形式，而是嘗試將多種藝術形式進行融合創新，切實體現了傳統文化與當代社會的結合。

多元素多學科研究和創新。中華文化在很多方面蘊含着倫理道德、哲學思想的元素，這些元素為當代的創新提供了更為深入而廣泛的思考視角。在這種背景下，諸如心理學、社會學、管理學等學科與傳統文化相結合而產生了新的解釋和理解，致力於構建更為現代的人文學科。同時，在對當代社會問題的研究中，許多學者也更加關注中華傳統文化中所蘊含的制度、道德與文化因素，以推動創新的文化形態的同步進步。

多形態多業態傳承和創新。需把傳承和創新有機結合，既要傳承傳統文化的內核，也要通過創新為其注入新的元素和活力，進一步豐富其內涵和價值。古代文化中的精神內核與當代社會的經濟、科技和文化發展有着深刻的相互關聯性。數字經濟、智慧

城市等新興產業和發展方向對於中華文化的當代創新具有重要的意義，而一些創新型企業正是以傳統文化的元素為切入點，打造出獨具魅力的產品和服務，對於傳統文化的保護和傳承起到了積極而重要的作用。

拓寬傳承和創新的渠道。在文化產業以及知識經濟快速發展的情況下，應該積極拓寬傳承和創新的渠道，讓中華優秀傳統文化更好地融入現代社會的各個領域，推動中華優秀傳統文化更深入更廣泛地走向國際舞台。在當代社會中，新媒體平台和博物館成為了最有效的文化傳播渠道，同時也能促進文化的跨界融合。在這些平台上，通過網友發表的作品、博物館舉辦的展覽等方式，可以加強對中華優秀傳統文化的傳播，擴大其受眾，並增強其傳承和影響力。

要通過現代科技手段進行創新。現代有許多先進科技手段，如 3D 打印、虛擬現實、人工智能等，可以有助於將中華優秀傳統文化更生動、形象化地呈現出來。比如，利用 3D 打印技術將古代器物復原，讓人們更好地了解古代文化；運用人工智能技術，創造趣味性強、更具氛圍感的文化體驗項目等。

三、中華優秀傳統文化當代創新的路徑

中華優秀傳統文化是中國文化的瑰寶，具有悠久的歷史和深厚的文化底蘊。然而，隨着時代的變遷和社會的發展，傳統文化在一定程度上面臨着挑戰和困境。為了更好地傳承和創新傳統文化，需要尋找當代的創新途徑。中華優秀傳統文化的當代創新需要依託多種途徑，涉及到技術、文化交流、教育以及市場等方

面。只有通過不斷的探索與實踐，才能夠真正實現中華優秀傳統文化的創新與傳承。

宣傳和推廣。這是中華優秀傳統文化傳承和發展的基礎。當前，隨着互聯網和數字化媒體技術的發展，傳統文化的宣傳和推廣也更加便利。通過製作優秀傳統文化的紀錄片，電視節目，音樂會等形式，讓更多的人了解和認識傳統文化。同時，也可以通過在社交平台以及短視頻平台上發佈傳統文化的內容，增強人們的文化自信心。

創新技術手段。中華傳統文化可以以新的方式來創新，通過數字化技術、3D 雕塑、虛擬現實等技術手段，讓傳統文化元素變得更加生動、具有現代感。一些科技公司和文化創意企業，通過數字化等技術手段，將傳統文化融入到當代產品中，如通過 VR 技術還原歷史古跡，將傳統文化元素加入到遊戲、動漫、影視等新媒體產品中。

弘揚文化自信。中華傳統文化應弘揚文化自信，增強文化自信，以更積極的態度與國際接軌、互流互鑒與交流。並借鑒和吸納外來文化元素，以開放和包容的姿態，吸收全球視野和智慧。

發揮文化產業的作用。大量的文化企業已經逐漸興起。例如劇場、展覽館、藝術品商店等。這使得中華文化在市場經濟中得到更好的發展，同時也為傳統文化創新提供了保障。中華優秀傳統文化和當代文化元素相結合，可以推陳出新，又不失傳統文化的特點。例如，古代的詩詞和音樂可以通過現代的樂器和演繹方式進行再創作；傳統的戲曲可以進行現代改編等。這些創新方式，可以使古老的文化更有現代氣息，吸引更多的新生代。藝術家們通過各種方式和形式，將傳統文化注入自己的作品中，創

造出了一批融合傳統文化與現代意識的作品，如李小龍的電影作品、音樂人周杰倫的歌曲等。傳統文化也要與現代商業結合，如功夫茶、民族服飾品牌等，將中國千年的傳統文化元素融入到商業品牌中，推動中華文化的國際傳播和推廣。

創新教育理念。中華文化創新需要有創新的教育理念，致力於將中華優秀傳統文化融入現代教育中，如通過講座、演講、研究等方式將傳統文化融合到課程和教材中，還應將傳統文化與現代教育相結合，比如通過網絡教育和移動教育等方式，讓更多的學生能夠了解到傳統文化，獲得更廣泛和更深入的文化背景知識，掌握豐富的傳統文化元素，成為新時代的優秀繼承者和載體。

四、中華優秀傳統文化當代創新的成就

在新時代中國，中華傳統文化越來越獲得大家的關注與喜愛，並通過更加豐富多彩的形式，在新時代文化建設中持續地發揮價值。通過傳承、弘揚並創新優秀傳統文化，新時代中華文化能夠不斷獲得新動能，促進創新和發展。

文化產品和文化產業的創新成就。以傳統文化元素為主題，以現代化的技術手段和商業模式為載體，新時代中國創造了以傳統文化為核心的文化產品和文化產業。如國家文創實驗區建設，已經在全國範圍內建成許多具有不同文化特色的文創園區，開闢了傳統文化創新的新路。在科技、電子商務等領域，傳統文化已經成為了模板和創意的取材來源。例如，京劇臉譜的圖案和顏色、中國古畫的主題等等，都被成功地應用與現代的產品設計中，成為了中國創意藝術產業的重要創新源。

文化教育的創新成就。在教育領域，傳統文化已經逐漸被認識到它的重要性，許多學校和教育機構引入了傳統文化課程，培養了一批具有傳統文化素養和高素質綜合素養的學生。例如「國學小鎮」等文化品牌教育項目。

　　文化交流的創新成就。隨着對中華文化的深入了解，中華文化在世界範圍內得到越來越多的關注。例如，孔子學院等文化交流機構讓更多的國家和人民了解和認識了中華文化。

　　傳統藝術的創新成就。傳統藝術的創新是當代創新的重要方面。通過借鑒現代舞台藝術的手法與語言，讓傳統藝術得到更多的現代審美元素和彩色，形成新的藝術形態和表現手法。在文學藝術方面，許多創作者將中華優秀傳統文化與現代生活相結合，創作了一批富有當代氣息的文學作品，如莫言的《蛙》、路遙的《平凡的世界》等。這些作品既表達了傳統文化的精神內涵，又傳達了現代社會的人文關懷和思想意蘊。

　　文化生活的創新成就。中國的傳統文化已經逐漸演變成為新興的文化娛樂行業。民族音樂、京劇、雜技等火熱的表演，以及民俗、傳統美食等都成為了大家追逐的新興文化。這些文化已經集聚了大批的粉絲，許多的電視節目、電影、話劇以及音樂會，都基於文化中的經典元素，採用新的形式製作而成。這樣一來，傳統文化成為了新的時尚，潮流文化中的重要元素。傳統文化正對當代人的生活帶來極大的影響，例如，中醫、養生、太極拳等傳統文化都已成為當代中國人的生活日常。

第二章

當代中國文化事業

中華人民共和國成立以來，中國文化事業不斷發展，逐漸向現代化、多元化、國際化、智能化和數字化發展，文化產業不斷升級發展，促進中國文化事業的壯大。隨着改革開放的不斷深入，當代中國文化事業正在迅速發展，在文化藝術、文化產業、文化教育、文化交流等多個方面都取得了很大的成就。

第一節　當代中國文化事業發展的歷史進程

當代中國的文化事業，是在傳統文化傳承基礎上，經歷了新中國成立前期、社會主義建設時期、改革開放時期漫長的發展歷程，到 21 世紀初特別是新時代當代社會建設而成的。從最初的文化教育、文藝創作到如今的文化強國建設、文化產業和文化創意產業發展，形成了公共文化服務、實體經濟向數字經濟轉型、數字化移動化和智能化轉變的發展格局。

一、中國文化事業定義

中國文化事業指的是中國政府和社會各界在傳承和發展中國

傳統文化、推動文化產業發展、促進文化創意產業經濟增長和社會發展方面的相關工作和活動。它包括文化遺產保護、文化產業的培育和發展、文化資源的整合和利用、文化傳播等方面。

中國文化事業是一個綜合體系，是綜合性事業。它旨在傳承和發展中國傳統文化，推動文化傳承與創新，文化藝術普及與推廣，文化產業經濟發展與文化軟實力提升，通過文化產業和文化創意產業的發展，推動社會和經濟的進步和發展。

中國文化事業具體包括以下幾個方面的工作：第一，文化遺產保護，繼承和發揚中國傳統文化，加強對中國文化遺產的保護、管理和利用；第二，文化產業的培育和發展，建立中國的文化產業體系，培育和發展文化產業，從而推動相關行業的發展；第三，文化資源的整合和利用，整合和利用各種文化資源，推動文化事業的發展；第四，文化創意產業經濟增長，加強文化創意產業的開發和發展，創造文化創意產業的經濟價值和社會貢獻；第五，文化的傳播，推動中國文化走向世界，增強中國文化的影響力和競爭力。

中國文化事業在歷史長河中經歷了多個階段的發展，逐漸形成了獨具特色和豐富多彩的中國傳統文化。隨着中國的現代化進程，中國的文化事業也進入了新的發展階段，大力發展文化創意、文化科技、文化產業等領域，以更為多元化、創新化和互動化的方式推動中國文化的傳承、創新和發展。

二、當代中國文化事業的範疇

當代中國的文化事業涵蓋了非常廣泛的領域，它包括了傳

統文化、現代文藝、文化教育、文化科技、文化旅遊和文化產業、文化創意、數字文化經濟等各個領域的工作。它既包括傳統與現代文化的傳承，文化遺產保護、文藝創作、文化普及等傳統範疇，同時也融入了新媒體、文化產業、文旅融合、文創等新興領域。

第一，文化藝術。是中國文化事業的一大範疇。在這個方面，一是文藝創作，對文藝作品的創作、出版、發行、上映等進行規範管理，如文學、音樂、戲劇、電影等；二是中國藝術品市場，這個市場需求正在不斷增加，越來越多的人開始關注中國傳統文化和當代藝術，收藏和欣賞各種藝術品成為一種時尚，中國的書法、繪畫、雕塑、戲曲等文化藝術形式廣受歡迎。而當代藝術也在不斷發展，新型的媒介和語言讓藝術作品更加多元化，也讓更多的年輕人開始接觸藝術，推動文化事業的發展。

第二，文化產業。文化產業是指以文化創意和知識產權為核心的文化領域的產業化生產與經營。在當代中國，文化產業已經成為國民經濟發展的重要支柱之一，其範圍涵蓋了電影、音樂、出版、廣播電視、互聯網及文化旅遊等。影視產業、出版產業、數字媒體產業、演出產業等，是中國文化事業的另一個重要方面。目前，電影、音樂、文學、設計、漫畫等文化產品市場、文化旅遊市場規模不斷擴大，成為推動中國經濟增長的新動力。

第三，文化服務。包括文化基礎設施建設、文化公共服務提供。例如文化普及，開展各種普及活動，如文化講座、展覽，建設博物館、圖書館、農家書屋、城市書房等。文化教育，也是中國文化事業的一個重要方面，文化教育是指通過學校和社會教育等途徑，引導青少年和大眾了解中華傳統文化和口碑傳承立場的

重要性，提高文化素養、提升文化品位，是中國文化事業的重要組成部分；要推廣國學，推動地方文化民俗文化非遺文化進教材進課堂進校園；利用互聯網、電視、廣播、手機等新媒體開展在線文化展覽、數字藝術、網遊手遊等活動。在文化廣場舉辦多種文化娛樂活動；做好文化三下鄉活動。

第四，傳統文化。包括傳統文化的挖掘、保護、開發、利用。文化遺產保護。中華傳統文化是中國文化的重要組成部分，涉及到諸多領域，如文學、藝術、歷史、哲學、宗教等。在當代，傳統文化的保護、傳承和創新成為一項重要任務。要做好博物文物工作，對古代建築、文物、藝術品等傳統文化遺產進行保護和修繕；要做好各類文化遺產、該物質文化遺產的申報與傳承工作。

第五，文化交流與學術研究。一是與國際間進行文化交流，如文化節、藝術展、演出、交流訪問等。文化交流是中國文化事業對外的重要組成部分。中國不斷加強與世界各國的文化交流，以更好的方式表達中國文化的魅力和價值。二是對中華文化的歷史和發展進行研究，推出中華文化理論體系，通過學術研究來推動文化事業的發展。

第六，現代文化與時尚文化。隨着科技、信息、經濟、文化等領域的快速發展，現代文化也開始在中國得到迅猛發展。包括了數字文化、網絡文化、影視文化、美容美體、健康保健、康養休閒、各種選秀、模特表演、三星崇拜、網紅粉絲、旅遊打卡、直播帶貨等，也成為了中國文化事業的熱門領域。

三、當代中國文化事業的機制體制

任何工作都需要一定的規定和制度。機制是怎麼幹、怎麼管；體制是叫誰幹、叫誰管。文化事業的機制體制，既包括對文藝工作者的激勵機制，也包括對文化事業的資源配置、管理機制、市場化運作方式等的規定。

首先，文化事業的機制體制應該關注文藝工作者的權益。在國家層面，應該加大對文化領域的經費投入，並建立科學有效的激勵機制，對優秀的文藝工作者給予好的薪酬待遇。此外，應該建立健全版權保護體系，讓創作者能夠享有自己的知識產權，有利於激勵文化領域創作的積極性和創造力。

其次，文化事業的機制體制還應該強調市場化運作模式。應該建立文化市場和文藝評價標準，讓文化事業能夠自由流通，同時也建立健全文化事業的融資、投資、保險等制度，使文化產業能夠獲得更多豐厚的紅利，有利於文藝生產的持續發展。

最後，文化事業的機制體制還應該強調文化事業的資源配置和管理機制。應該建立文化產業資源整合機制，打造一支高素質的文化事業幹部隊伍，面向社會引導文化事業流向市場化物流和協作共贏，以促進文藝事業的蓬勃發展。

文化事業機制體制的良性健全對於文化事業的蓬勃發展至關重要。只有不斷加強投入、完善制度、強化市場化流通，提高文化事業的核心競爭力，才能進一步實現文化事業的轉型升級以及可持續高質量的發展。

在多年的文化事業發展實踐中，中國探索出了一條中國特色的文化事業機制體制，即政府主導、行政機關和文化專業機構相

結合、社會組織、市場主體。

政府主導。當代中國的文化事業由中央和地方政府主導，涉及政策制定、資源配置、項目審批和監管等各方面。

行政機關。文化部、國家文物局、國家圖書館、國家博物館等行政機關以及地方行政機關負責具體執行政府的文化政策和管理文化事業的各個重點領域。其中包括出版、電影、電視、音樂、舞蹈、美術、文物、博物館等諸多領域。

文化專業機構。中國文學藝術界聯合會、中國藝術研究院、中國作家協會等文化專業機構主要負責組織文藝創作、推進文化產業的發展以及開展學術研究等。

地方文化機構。各省市文化局、文化館、圖書館等地方文化機構負責本地區文化事業的發展。例如，北京市的文化機構包括北京市文化局、北京市文化創意產業促進中心等。

社會組織。社會組織包括非營利機構、民間文化組織、文化傳承團體等。其中，非營利機構包括文化基金會、文化協會、文化促進會等；民間文化組織包括文藝團體、戲曲、曲藝、雜技、民間器樂等；文化傳承團體包括傳統國畫、傳統建築、傳統樂器等。

市場主體。隨着文化產業的發展，市場機制也成為推動文化事業發展的重要因素。文化企業、文化機構可以依靠市場化的方式進行經營。文化企業主要包括電影公司、動畫公司、音樂公司、舞蹈公司、美術公司、藝術品公司、出版公司等等。這些企業承擔着文化產品的製作和營銷的職責，成為中國文化事業中不可或缺的一部分。市場主體還包括個人。個人是當代中國文化事業中不可或缺的一部分，他們包括了藝術家、文化工作者、學

者、業餘愛好者等，這些人都是中華文化傳承和創新的重要力量。

當代中國文化事業的機制體制逐漸完善，政府、社會組織、企業和個人都承擔着不同的角色和責任。在這些不同的力量的支持下，中國的文化事業得以快速發展，並已經在國際上擁有了廣泛的影響力和地位。

四、當代中國文化事業的發展階段

中國文化事業的歷史可以追溯到古代，但當代中國文化事業的歷史發展是從 1949 年中華人民共和國成立開始算起的。新中國成立後，在中國特色社會主義的奠基、開創和發展過程中，中國共產黨也在探索社會主義文化事業的發展道路和發展規律。

1. 紅色文化階段（1949—1965）。新中國成立後，中國的文化事業經歷了一個全新的起點。這個時期，是從新民主主義文化向社會主義文化轉變的過程。中國政府確立了新中國文化發展的馬克思主義的指導地位，批判掃除了資產階級學術思想的權威，開展了廣泛的文藝整風運動和戲劇改革，提出「為工農兵服務」「為社會主義服務」的方向和「百花齊放、百家爭鳴」「古為今用」「洋為中用」的基本方針，採取了一系列文化政策，如推廣漢字、發揚民族文化，發展文化事業等，羣眾性藝術表演團體達 3458 個，文化館 2598 個，公共圖書館 577 座，博物館到 214 座，廣播電台 87 座，790 種 343 種。同時進行大規模的文化改造運動，這使得中國的文化事業逐漸走上了健康的發展軌道。

2. 嚴重破壞階段（1966—1976）。即「文化大革命」時期。以破「四舊」（即所謂舊思想、舊文化、舊風俗、舊習慣）為名，

在「左」的錯誤的影響下，全盤否定新中國 17 年的文化建設成就。大批文藝界著名人士被劃入「文藝黑線」的圈子。大批傳統劇種、劇目被勒令禁演。

3. 恢復發展階段（1977—1992）。20 世紀 80 年代初，經歷了「文化大革命」十年浩劫，中國文化傳統遭受了破壞和質疑。因此，人們重新審視傳統文化，將傳統節日上升為法定節日，大力弘揚中華文化、漢字文化成為時代的主旋律。並試圖恢復和保護中華文化遺產。到了 20 世紀 90 年代初，中國政府加強了對文化遺產保護和傳承的投入，設立了相關機構和專業院校，加強了傳統文化研究與教育，加速了傳統文化保護與傳承的進程。

在這一階段，精神文明建設受到重視。1986 年 9 月，中共十二屆六中全會通過《關於社會主義精神文明建設指導方針的決議》，這是關於文化建設的綱領性文獻。到 1991 年，江澤民在中國共產黨成立 70 周年大會上闡述了文化建設基本綱領，為發展社會主義文化提供了指導思想。同時，這一階段還引進和借鑒外來文化。20 世紀 90 年代是中國文化事業高速發展的階段，國內開始流行搖滾、流行、爵士等各種流行音樂，文藝創作中不再局限於傳統文化元素，而是吸收各種外來文化因素。

4. 體制改革階段（1992—2002）。從 1992 年鄧小平「南方談話」到 2002 年，是體制改革和探索社會主義市場經濟條件下文化建設新路子的時期。這個時期堅持「兩個文明一起抓」「兩手都要硬」，加快推進文化體制改革。1992 年 10 月，十四大系統闡述了「建設有中國特色社會主義理論」，到黨的十五大把這一理論概括為鄧小平理論，十四屆六中全會通過了《關於加強社會主義精神文明建設若干重要問題的決議》，大文化建設當作精神文明建設，

對文化的認識提高到了深刻的高度。

與社會主義市場經濟體制的建立相適應，文化體制改革積極推進，文化事業的有關經濟政策不斷完善，社會主義文化日益繁榮。十五屆五中全會通過《關於制定國民經濟和社會發展第十個五年計劃的建議》，正式提出「完善文化產業政策，加強文化市場建設和管理，推動有關文化產業發展」，文化產業第一次在黨的文件中出現，表明體制改革的方向已經很明確，就是一手抓社會主義文化事業，一手發展文化產業。從此，迅速形成以公有制為主體、其他所有制形式為補充的格局，個體文化經營單位飛速發展，合資文化企業大量湧現。

對文化市場的監管也納入文化建設的視野，進一步建立健全了文化市場稽查機構和稽查隊伍。此後，國務院頒佈音像、電影、營業性演出、娛樂場所等方面的管理條例，文化部頒佈《營業性歌舞娛樂場所管理辦法》和《文化市場稽查暫行辦法》等，規範文化市場管理。

5. 創新發展階段（2002—2017）。中共的十六大以來，在科學發展觀的指導下，黨和政府開始重視文化創意產業的發展，提出了「文化強國」「文化強省」「文化強市」「文化創新」「文化產業」的發展戰略，逐漸轉變傳統文化保護和傳承為創新與發展的基礎。中國特色社會主義文化事業迎來了文化大發展、大繁榮時期。

2006 年，國家「十一五」時期文化發展規劃綱要系統規定了文化建設的指導思想、方針原則和發展目標、理論和思想道德建設、公共文化服務、新聞事業、文化產業、文化創新、民族文化保護、對外文化交流、人才隊伍、保障措施和重要政策等十個方面的內容，成為推動中國文化事業大發展大繁榮的基本綱領。

2009 年 9 月，國家頒佈《文化產業振興規劃》，對文化產業的指導思想、基本原則、規劃目標和主要任務等作出部署，並出台了一系列文化政策，鼓勵各種文化創意產業的發展，文化創意產業逐漸成為國家重點扶持的領域。對於文化事業的重點領域，則進行企業化改革，成立了眾多的出版集團、報業集團、影視集團、傳媒集團，使它們成為文化產業的主力大軍。

　　2012 年是中國文化事業發展的重要年份。一是加大對於文化產業的扶持，鼓勵和支持文化創意產業的發展。加大對文化企業的融資支持力度、優化文化產業稅收政策、加強知識產權保護等。二是鼓勵文化事業全球化，高度重視「走出去」戰略，積極推進文化領域的國際合作。這一年，中國參加了多個國際文化藝術交流活動，包括在法國的「中國文化節」、在意大利的「中國當代藝術展」等。三是加大對文化遺產保護的力度，在這一年成功申報了「麗江古城」和「禹州龍門石窟」兩處世界遺產。四是打造文化強國。2012 年十八大提出了「文化供給側結構性改革」的概念，旨在優化文化事業的供給結構，提升文化供給的品質和效益，推進全民文化創新。

　　2012 年 11 月 8 日，中國共產黨第 18 次全國代表大會召開，此後五年間，中國的文化事業取得了空前顯著進展。一是改善版權保護，出版、音樂、電影、電視、網絡等領域的版權保護得到了改善，侵權行為受到了更嚴格的打擊；制定了一系列法律，規定對違反知識產權的行為予以嚴厲懲罰，以及推進數字版權管理系統的建設，促進版權保護和市場規範化。二是國內文化市場僅次於美國，成為世界第二大文化經濟體，中國的電影、音樂、出版等文化產業規模逐年擴大，市場需求量增長迅速。三是積極推

廣中華文化，保護和傳承傳統文化遺產，包括文化遺址、文物和非物質文化遺產。例如，2014 年，中國政府宣佈實施國家級非物質文化遺產保護工程，記錄和保護了許多傳統工藝和民俗文化。四是推廣文化軟實力：文化作為一種軟實力，對國家形象和國家利益有着舉足輕重的作用。中國積極推廣海外文化交流，展示中國傳統文化和現代文化成就。例如，中國的「文化走出去」計劃已經在全球範圍內展開，包括設立孔子學院、支持對外文化交流項目、組織海外文化推廣活動等。這些成就也有力地推動了中國文化在國際舞台上的影響力和競爭力的提升。

6. 文化自信階段（2017—至今）。從中共的十九大開始，中國開啟了中國特色社會主義建設的新時代、新階段、新征程，中國的文化事業也進入了一個文化自信的新時代。。

文化自信是指一種對本國文化傳承和發展的信心和自豪感，具有強烈的認同感和歸屬感，是國家樹立自主文化意識，增強文化軟實力的重要舉措。文化自信是一項具有重大意義的工程，需要全社會的共同參與和努力推進。只有不斷弘揚文化自信才能加強國家的文化軟實力和實現民族復興的目標。

2012 年，習近平就提出了「文化自信」的重要性和必要性，強調「一個民族沒有文化自信，就沒有民族復興」。十九大報告中，文化自信是一個重要的議題，表明了中國對於自己的文化傳統和價值觀的確信和肯定。一是強調中國特色社會主義事業需要有文化自信。十九大報告指出，中國特色社會主義事業需要有強大的文化支撐和自信。中國社會主義的偉大實踐需要依託自身獨特的文化傳統和精神價值基礎，這種文化自信將是實現全面建設社會主義現代化國家、建設富強、民主、文明、和諧的中國現代

化事業的不竭動力。二是指明文化自信是中華民族偉大復興的精神支柱。十九大報告指出，文化自信是中華民族偉大復興的重要精神支柱。在經濟、政治、外交、國防等各個方面，中國需要有對自己的文化傳統和精神文化價值的深刻認識和信仰，才能逐步實現「中華民族偉大復興」的目標。三是強調了加強文化自信建設的重要性：十九大報告明確指出，加強文化自信建設是必要的，因為文化自信是國家軟實力的核心要素之一。加強文化自信建設，需要推動文化創新、文化強國建設，提高全民族文化素質和自覺性，通過國際文化交流合作，增強中國文化的國際影響力和吸引力。四是提出了文化多樣性的發展的要求。十九大報告強調了文化多樣性的重要性。中國需要在全球化進程中大力弘揚民族文化特色和優秀傳統文化，並需要與世界各國分享互相了解和尊重各種不同文化的認知和體驗。在這樣的基礎上，中國可以加強與世界各國之間的文化交流。

文化自信是多元共生的文化思想。文化自信不是排他性的自信，而是要在開放、交流、融合的基礎上發展，注重多元共生和文化交融。要摒棄以往形式主義的教條思想，創造更多具有時代特徵和文化底蘊的作品，讓更多的人對本國文化產生認同感和歸屬感。文化自信是以人民為中心的文化發展觀。文化自信必須以人民為中心，把人民對美好生活的需求作為文化發展的出發點和落腳點。文化自信要緊緊圍繞人民群眾的需要，營造廣泛的文化氛圍和人文環境，讓人們真正享受到文化的紅利和福祉。文化自信要通過整合國內外的文化力量，充分利用先進的文化技術和傳播手段，以創新的思維和務實的舉措推進本國文化建設。要注重與世界先進文化的對話和交流，推動中國文化與其他文化的融

合和發展，提升國家文化軟實力和國際文化影響力。文化自信不僅是國家的需要，也是每個人的需要。要結合實際場合，通過文字、圖像、音頻等多種形式，向公眾宣傳文化自信的重要性和價值。同時要加強文化教育，提高人民整體素質和文化素養，讓每個人都在文化自信中得到自我價值的認同和發展。

五、當代中國文化事業的改革與發展

改革開放 45 年來，中國文化事業的改革進程經歷了從改革初期的試驗與摸索，到中期化的規模擴大，再到後期的深入推進。在這個過程中，中國政府不斷加強對文化產業的領導以及政策引導作用，逐步形成了一套適應中國國情的、具有可持續性的文化體制。

1. 二十世紀八十年代初期至九十年代初期，是中國文化事業改革的最初時期。改革的主要目標是探索文化市場化，擴大文化市場、推動文化產業的發展、促進民間文藝創作和推進文化體制的改革。在這個階段，中國主要採取了取消社團單位、扶持民族文化、鼓勵新銳編劇、發展個體創作、推出文藝家協會制度等一系列創新舉措。1992 年，中國成立了第一個文化產業規劃研究機構——中國文化產業發展研究中心，隨後相繼出台了相關法律法規，完善文化市場體系。

2. 二十世紀九十年代中期至二十一世紀初期，是推動文化體制改革和文化市場化加快發展時期。重視文化產業的整體發展以及文化經濟的力量，積極引入國外先進的文化理念和產業模式，推進文化行業的市場化改革和國際化發展。這個時期出現了大量

文化企業、文化產業和文化創意產業。

　　3. 二十一世紀初以來，在「數字文化時代」的背景下，中國文化事業改革進入了一個新的發展階段。政府大力推進數字文化建設和互聯網文化發展，促進文化的數字轉型升級，特別是在傳媒、文藝、出版和影視等領域實現盈利與公益的有機融合，與市場深度融合、創新融合，推動新文創大繁榮、多元文化產生、多平台滲透。一是推動文化產業向數字化和創新發展：中國政府將文化創意產業發展定位為推動經濟轉型升級的關鍵領域，鼓勵互聯網、移動通信、Big data 等科技創新，推動文化創意領域向「智能 + 聯網 + 便捷」方向發展。2016 年發佈的《互聯網 + 行動計劃》中，也將文化創意產業作為發展重點之一。二是推出文化企業上市併購政策：隨着文化產業規模的不斷擴大，文化企業的數量和規模也在不斷增加。政府逐步放寬文化企業上市和併購政策，促進文化藏品、文化數字化、文化旅遊等領域的創新，為文化產業提供了更多的資本支持。三是改革文化行政體制：隨着文化市場的不斷擴大和文化產業的發展，中國政府逐漸深化文化行政體制改革。通過設立和調整文化機構的功能、架構、人員等，面向新形勢，逐步形成了較為完整的機制。在此過程中，注重加強文化行政機構的服務能力，打破行政單一的局面，為企業和創作提供更加具有成本效益的服務體系，並完善法規制度，相繼頒佈了《文化產業促進法》《新聞出版法》《電影產業促進法》等法規，為中國文化事業的發展提供制度保障。四是提高文化創意人才培養質量，加強對文化人才的培養。文化創意產業的發展需要高素質的文化創意人才。為此，中國政府加大了對文化人才培養的投入，鼓勵大學和職業教育機構創新人才培養機制，加強對文

化人才的培訓，加強與創意產業的合作，並為創意產業培養符合市場需求的人才，為文化事業的發展提供了人才支撐。

六、當代中國文化事業的成就

當代中國文化事業已經發展成為一個龐大的體系，這個體系由傳統文化保護傳承、文化服務、文化產業和文化創意產業四大部分構成。其中，傳統文化保護傳承有文博、遺產保護、非遺傳承，文化服務有公共文化基礎設施建設、文化新基建、公共文化服務、基層公共文化服務，文化產業包括影視、音樂、戲劇、美術、書法、民間文化、出版等方面，文化創意產業涵蓋設計、時尚、文化旅遊、數字文化等方面。逐步建立完整的文化產業鏈和文化市場體系，文化經濟逐漸成為國民經濟發展的新引擎、新動能，發展的數字文化和網絡文化也為文化產業帶來了更廣闊的發展空間。

1. 文化市場規模不斷擴大。中國文化市場的規模持續增長，文化產業已然成為國民經濟新的支柱產業之一。據國家統計局數據顯示，我國文化產業營收不斷攀升，2018 年為 82 341 億，2019 年為 259 650 億元，2020 年為 295 546 億元，2021 為 357 192 億元。文化產業成為中國經濟增長的重要支柱之一。從 2005 年到 2019 年，中國文化產業從 7185.6 億元增長到 6.2 萬億元，增長近 9 倍，成為支撐國家有力的產業之一。2021 年全國文化及相關產業增加值為 52 385 億元，旅遊演藝行業市場規模已經超過 4 萬億元，成為中國最大的文化產業。國家統計局 29 日公佈數據，根據對全國 7.1 萬家規模以上文化及相關產業企業調查，2023 年一季

度，中國文化企業實現營業收入 28 816 億元，同比增長 4.0%，增速比 2022 年全年快 3.1 個百分點。

2. 原創力量增強。中國的文化事業進行了內部改革和創新，引進新的技術和理念，提高文化產業的競爭力和創新能力，中國原創文化力量逐步增強，影視、音樂、文學、美術等方面湧現了一批優秀的作品和藝術家，代表着中國文化創意的高水平和新亮點。新興文化產業的發展與成長，比如，數字文化、音樂、電影、電視、網絡文學、動漫等領域發展迅速。從全國一級到三級的文化創意園、傳媒和文化數字等嶄新產業蓬勃興起。

3. 技術創新帶來新變革。新技術的出現，如虛擬現實技術、增強現實技術、人臉識別等，推動文化產業朝着數字化和智能化的方向轉型升級，這也為文化創意公司增長新的營收契機。

4. 傳統文化得到保護和傳承。中國政府大力倡導傳統文化的保護和傳承，出台了一系列政策與措施，提高了大眾對於中華傳統文化的認識和保護程度。首先加大了文化遺產保護的力度，重視古建築、古書畫、古鐘錶、古陶瓷等文化遺產的保護和修繕工作，注重非遺保護與傳承。同時，文化機構和社會組織也積極參與了傳承工作，例如，故宮博物院、國家博物館、中國國家大劇院等，他們推出了許多具有傳統文化特色的活動和展覽。中國優秀傳統文化在當代得到保護、傳承和創新，如國家品牌項目、文化遺產保護、家風故事、冬奧會等等。

5. 文化事業多元化發展。中國的文化事業不再局限於傳統的藝術、文化展覽和體育等領域，逐漸涵蓋文藝、新媒體、科技、教育等多個領域。文化基礎設施建設如北京故宮宮廷建築的保護、瀋陽故宮博物院建築的修繕重建，以及各大圖書館、博物

館、體育場館等文化設施的建設；在社區和農村，大力發展農家書屋、城市書房、公園與廣場文化，用政府購買文化服務的方式，提供電影、戲劇、藝術表演服務。

6. 海外影響力提升。中國的文化事業與國際文化交流越來越多，中國越來越多地擴大了對外文化交流的力度和範圍，參與各種國際展覽、文化節、藝術交流活動；舉辦越來越多的文化交流活動，講好中國故事；此外，「文化中國‧中國文化走出去」國際交流活動、孔子學院在全球範圍內頒發漢語教學證書，讓世界更多人了解和喜歡中國文化，將中國文化帶到了世界各地。春節晚會、中國的電影、作家、藝術家、音樂和服飾等文化產品已經逐漸走向世界舞台，並獲得了廣泛的認可。中國文化的海外影響力逐步得到提升，中國文化軟實力也逐步鞏固。

中國共產黨第十八次全國代表大會以來，特別是進入新時代以來，當代中國文化事業取得了巨大的成就，主要體現在以下幾個方面：一是文化事業持續健康發展。據文化和旅遊部統計，中國文藝、圖書、影視、博物館等文化產業不斷發展，文化交流活動不斷豐富，文化產業年均增長率保持在 16% 以上。截至 2021 年底，全國博物館機構數為 5772 個，全國美術館展覽個數達到 7526 個。全國重點文化單位接待觀眾和參觀量達到 1.53 億人次，同比增長 14.5%。二是文化軟實力不斷提升。中國建設了一批文化品牌，比如「絲綢之路」「傳統民居」等，它們不僅代表了中華文化的獨特魅力，也增強了中國文化的國際影響力。同時，中國的文藝作品、電影、音樂等文化產品也在海外贏得了廣泛的讚譽，越來越多的人認識、了解中國文化。三是文化創新深度融合發展。中國高度重視科技與文化的深度融合，不斷推進文化智能化、數

字化、互聯網化、大數據化。比如，中國推出的「國家大劇院在線」以及「中國美術館數字化展覽」等項目，有效推動了文化的數字化發展，大大提高了文化參與度和傳播力。四是文化主流價值得到貫徹落實。新時代中國文化建設，推崇中華傳統文化、倡導社會主義核心價值觀，弘揚時代精神，引導人們樹立正確的文化價值觀和人生觀。同時，中國政府也積極形成了以公共文化服務為主導的文化生態，提高了人民羣眾的文化獲得感和幸福感。

第二節　當代中國文化事業的內容與形態

當代中國文化事業是一項具有重要戰略意義的事業，它不僅是中國精神文化和國家軟實力建設的重要載體，而且涉及到人民羣眾的文化生活和精神需求，內容豐富，形態多元化，組織有序。

一、當代中國文化事業的內容

當代中國文化事業的內容非常豐富，涉及傳統文化、現代文化、數字文化、文化旅遊、文化教育等多個領域，這些內容豐富多彩，反映了當代中國文化的多元特點。

（一）傳統文化的保護和傳承

古代中國文化是中國文化的重要組成部分。傳統文化包括制度的、物質的、精神的。如四大發明、中國古代文學、古代音樂、戲曲、書法、繪畫、雕塑、建築、文化典籍、非物質文化遺產等。文化遺產的保護和傳承是中國文化事業的重要部分。

1. 文博事業。一是文化遺產保護。對歷史古跡、文物、文化景觀、民間藝術等進行保護與傳承。文物保護作為中華文化事業中的一個重要組成部分，佔據着重要地位。中國政府大力投入，加強對故宮、兵馬俑等重要文化遺產的保護與修繕。文化保護有歷史文化名城、歷史文化村鎮街道、名人故居、古建築古村落、文化遺址等。二是博物館建設與管理。包括博物館文物藏品展示、展覽策劃、科普教育、數字化文化等。

2. 中國的傳統文化。中華民族傳統文化是指在中國歷史文化發展過程中形成的一系列精神文化遺產。這些遺產是社會、歷史、文化等多方面力量的交匯，反映出中華民族的價值觀、哲學思想、倫理道德、藝術審美、科技知識等方面的豐富內涵，深深地影響了中國人民的思想、生活和行為方式，具有獨特的價值和意義。一是哲學思想。儒家思想是中國傳統文化的核心，儒家思想的重要內容包括仁愛、誠信、孝順、禮儀、忠誠等，對中國人的思想和行為方式產生了深遠的影響。道家思想是中國哲學思想的一個重要分支，強調自然和生命力的重要性，對宇宙觀、倫理道德以及人的修養和養生方面的理論做出了獨特的貢獻。佛教文化是中國傳統文化的重要組成部分，強調菩提心、慈悲、善良、自我超越等理念，對中國文化的塑造產生了深遠的影響。二是國學經典四書五經。四書《論語》《孟子》《大學》《中庸》和五經《易經》《書經》《禮記》《春秋》《尚書》是中國傳統文化的經典著作，對中國人的思想和文化發展產生了深遠的影響。三是詩詞文學。中國詩詞、文學作品是中華民族傳統文化中重要的藝術形式，涵蓋了愛國、思鄉、愛情、傷感等各種主題，代表了中華民族優秀的文學傳統。四是經典音樂。古代中國音樂的一部分被稱為「古

琴曲」，這是指以古琴為代表的古代中國傳統音樂作品，它們以獨特的旋律和和聲，反映了中華民族的音樂傳統和審美情趣。五是書法國畫。國畫是中國傳統文化的重要組成部分，在歷史上有着悠久的傳承，其中包括山水畫、花鳥畫、人物畫等。其他還有語言文字、民族民間風俗、民間文學等。

總之，中華民族傳統文化是中國歷史文化中豐富而深厚的遺產，是中華民族價值觀、哲學思想、藝術審美等方面的精神瑰寶，對中華民族的身份認同、文化自覺和精神追求有着巨大的推動作用。是其文化底蘊和傳承的重要特徵，這部分內容包括中華傳統文化的哲學、歷史和文學作品的傳承和發揚。

3. 申遺工作。申遺工作指的是將具有重要文化遺產價值的城市、遺址、建築、文化表演形式、文學藝術作品等，按照聯合國教科文組織的相關標準和程序，申請列入世界文化遺產名錄的工作。要確定申遺對象、組建申遺工作機構、制定申遺計劃、開展現場調研等工作；然後根據聯合國教科文組織的要求，編制詳盡的申遺文件，包括申遺表、照片、視頻材料等，以證明申遺對象的文化價值和保護措施；再將申遺文件提交給聯合國教科文組織，接受專家評審。

4. 支持傳承人工作。傳承人指的是非遺（非物質文化遺產）傳承者。非遺是指人類口傳、表演、社會實踐、儀式、節慶等非物質文化活動和表現形式。非遺保護的重點是保護非物質文化遺產的傳承，傳承人在非遺保護中發揮着非常重要的作用。他們是傳承非遺技藝、知識和文化的重要人才，擔負着將非遺傳統技藝傳承給下一代的重要責任。非遺傳承人在非遺保護中的地位非常重要，是傳承非遺技藝的關鍵人物。為了保護和傳承非遺文化，

政府和社會團體採取了各種措施來支持非遺傳承人。例如，政府設立了非遺傳承人項目，給予傳承人經濟支持和社會認可；團體則開設非遺傳承人培訓計劃，幫助有意願傳承非遺文化的人獲得相關技能和知識。此外，非遺傳承人也應該積極參與非遺保護工作，將自己所掌握的技藝傳授給更多的人，以保護和傳承非遺文化。非遺傳承人還應該積極倡導非遺文化，使更多的人認識到非遺文化的重要價值，並為非遺文化保護盡自己的一份力。

（二）現代文學藝術創作

當代中國文學藝術包括了多種形式和流派的文學和藝術作品。有小說，當代中國小說包括了很多不同的流派和風格，如神怪現實主義、城市小說、歷史小說等。一些知名的當代中國小說家包括莫言、余華、嚴歌苓等。有詩歌，當代中國的詩歌也很豐富多樣，如自由詩、新實驗詩、響應時代的詩歌等。一些著名的當代中國詩人包括海子、北島、舒婷等。還有文化批評，文化批評在當代中國也有很高的地位，許多文化批評家關注文學、電影、音樂等領域的作品，並對其進行評價和分析。

現代中國藝術非常豐富多彩，包括電影、音樂、繪畫、書法、舞蹈、話劇、歌劇、雜技、魔術等不同門類的表演形式。近年來，隨着與時俱進的創作風格和創新思想的不斷湧現，中國現代文藝向更加多元化和綜合化的方向發展。當代中國電影業在近年來發展迅速，獲得了國際認可和讚譽。一些著名的當代中國導演包括張藝謀、陳凱歌、王家衛等，許多優秀的文化產品，像《流浪地球》《三體》等作品，大受歡迎。當代中國繪畫和雕塑也有很高的藝術價值和創作成就。有一些具有代表性的藝術家，如

徐冰、李禹、曾梵志等。

（三）文化產業文化商品的生產

文化產業是指以文化創意產品或服務為基礎的產業，主要涉及藝術、設計、傳媒、信息技術等領域。國家統計局頒佈了新修訂的《文化及相關產業分類（2012）》標準，文化及相關產業被分為 10 個大類，其中「文化創意和設計服務」分類首次在《分類》中被提出。

報業集團、出版集團與廣電集團、傳媒集團。這是我國文化產業的主力軍。出版集團是指中央和地方政府出資或扶持的大型出版社團體，它們主要從事圖書、期刊、報紙等出版業務，包括編輯、印刷、發行和銷售等相關服務，同時也涉及數字媒體、影音製作、廣告營銷等方面。報業集團是由國務院國資委管理的大型國有企業，這些報業集團在整合全國各地報業資源的基礎上，通過跨地區、跨媒體的聯合，提高了報紙的發行量和影響力。我國的報業集團主要有以下幾家：人民日報社、新華社、中央廣播電視總台、中國日報集團、中國新聞社和經濟日報社，以及各省市自治區黨報報業集團等。這些集團在報業領域擁有非常強大的影響力和話語權，是中國報業的重要力量。廣電集團是指中國廣播電視網絡有限公司，它是中國國有企業，負責廣播電視網絡傳輸和轉播。中國廣電集團是國務院直接管理的大型國有文化企業集團之一，其下轄多家子公司，包括電視台、廣播電台、新媒體公司等；中國廣電還擁有多個廣播電視媒體平台，如中國中央電視台（CCTV）、中國廣播電視總台（CRRTV）等。傳媒集團有中國中央廣播電視總台、中國國際廣播電視台、新華社、人民日報

社、中國廣播電影電視集團、鳳凰衞視、南方報業傳媒集團、廣州日報傳媒集團、北京日報傳媒集團、上海報業集團等。

文化商品設計與生產。包括文化衫、文創產品、手工藝品、藝術品等文化商品的設計、生產和銷售。

文化娛樂產業。主要包括影視、音樂、遊戲、動漫等文化娛樂產品和服務的開發、製作、銷售和傳播，可以涵蓋電影製片、電視製作、音樂製作、遊戲開發、動漫製作、演藝經紀、主題樂園等領域。包括音樂會、話劇、舞蹈、戲劇、藝術展覽等文藝表演和製作活動。舞台演出。中國擁有豐富多彩的藝術形式，如繪畫、音樂、戲劇和舞蹈等。中國藝術已逐漸在全球舞台上展現其獨特的魅力。電影、電視等傳媒產業包括電影製作、影視劇拍攝、後期製作、發行放映等。

文化旅遊。以文化為核心、景觀、人文、歷史等共同體現的旅遊方式，涉及歷史文化遺產、自然景觀、休閒度假等旅遊資源的保護、開發和利用，以及旅遊文化產品的設計、推廣和服務。文化旅遊是結合文化資源和旅遊資產發展形成的產業，是中國文化事業的重要方面。中國擁有悠久的歷史、濃郁的文化內涵和廣泛的旅遊資源，文化旅遊的發展不僅帶動了整個旅遊產業，而且促進了文化事業的發展。

數字文化產業。包括數字內容製作、數字媒體技術、數字文化產品和服務的開發、推廣和銷售等。隨着互聯網和數字技術的發展，數字文化已成為中國文化事業的重要組成部分。包括網絡文學、遊戲、動漫、影視等方面。數字文化的發展不僅拓寬了文化層次和規模，而且創造了巨大的市場和經濟價值。

文化創意和設計服務。涉及文化創意產品和服務的創新、設

計、製造、推廣等環節。如文創產品、文創衍生品等，包括文藝作品（小說、音樂、影視作品、美術品等）的創作、製造和推廣等活動，以及藝術設計、工業設計、時尚設計等方面的創意活動。

媒體融合、融媒體、新媒體產業。媒體融合、融媒體、新媒體是近年來隨着新技術的發展而出現的。媒體融合指在技術上對傳統媒體（如報紙、電視、廣播等）和新媒體的整合，形成新的媒體形態，打破傳統媒體之間的壁壘，將它們融合在一起，產生新的媒介形態，進行交叉傳播。融媒體也稱作全媒體，是指媒體的發展向全方位、全媒介、全過程、全覆蓋的方向發展，是一種內容與技術的融合模式，在傳播方式、內容呈現等多個方面實現融合發展。新媒體：是指通過互聯網等新的數字技術構建起來的媒體平台和媒體形態，包括網絡新聞媒體、微信、微博、短視頻等，它們所形成的傳播平台具有互動性、及時性、非線性等特點。

三者推動了傳媒行業的發展，給傳媒提供了未來增長空間。

文化教育產業。圍繞教育和培訓開發涉及文化產品和服務的領域，如文化培訓、文化藝術教育、職業教育培訓、辦公室自動化系統等。文化教育是中國文化事業的重要組成部分。文化事業和教育事業聯繫緊密，文化原本是教育的內容和目的，這樣文化的傳承和推廣有利於推動教育和知識傳播。

（四）獎項和基金

五個一工程獎。中華人民共和國政府設立的一項文化獎勵制度，旨在表彰在文藝、出版、電影、電視、音像製品等領域做出突出貢獻、受到廣大羣眾歡迎的創作人才和作品。

毛澤東文學藝術獎。以毛澤東的文學藝術思想為指導，表彰

在文學、美術、音樂、戲劇和電影等方面對社會主義文藝作出突出貢獻的人。

文學獎項。有中國文學獎、茅盾文學獎、魯迅文學獎、沈從文文學獎、老舍文學獎、錢鍾書文學獎、銀河文學獎、麥田文學獎、中國作家協會文學獎、駱駝文學獎、山花獎、劉勰獎等。

藝術獎項。中國金雞百花電影節是中國電影界最具規模和影響力的綜合性電影節之一，包括「金雞獎」和「百花獎」等多個獎項，設有最佳電影、最佳導演、最佳編劇、最佳男女主角等多個獎項。金鳳文藝獎表彰在文學、音樂、美術和戲劇等領域做出傑出貢獻的藝術家和文化工作者。中國曲藝文化名家獎旨在表彰曲藝文化領域的傑出人才和藝術成就。中國京劇表演藝術「梅花獎」旨在表彰京劇表演藝術中的傑出成就。中國戲劇「荷花獎」旨在表彰在戲劇創作和演出方面做出傑出貢獻的組織和個人。還有許多其他藝術領域的獎項。音樂、美術等等。

中華人民共和國國家藝術基金。該基金成立於 2005 年，是中國政府設立的重要的藝術專項基金，旨在資助和推廣文化藝術事業的發展。

（五）文化設施建設與公共文化服務

1. 文化基礎設施，是指為人們提供文化服務的機構或場所，包括各種文化設施和文化場館。

三館。圖書館，提供各種類型的書籍和其他資料的借閱和參考服務，為人們提供學習和閱讀的場所。博物館，收藏、保存和展示各種文物、藝術品和歷史物品，使人們能夠欣賞和學習歷史文化知識。美術館，收集、展示和展示各種藝術作品，包括繪

畫、雕塑、攝影、影像等。

演藝場所。劇院是提供演出和表演的場所，包括音樂、戲劇、舞蹈等各種藝術形式。還有大量的室內或室外的場所，用於各種音樂、電影、體育和娛樂表演。電影院，提供電影放映服務的場所，使人們能夠欣賞最新的電影作品。

遊藝場所。遊戲中心，其中包括各種互動和電子遊戲，為娛樂和放鬆提供場所。公園和公共花園，供人們休息、散步、欣賞自然和文化景觀。娛樂中心，各地方與單位和機關建設的大眾娛樂場合。

市場和集市。為人們提供購物和社交的場所，也是展示地方文化、傳統手工藝和食品的地方。如圖書展、文博會等。

運動中心。提供各種體育活動和健身設施的場所，包括游泳池、健身房、球場等。

2. 文化公共服務是指由政府機構或社會機構提供的與文化相關的服務，目的是滿足公眾對文化的需求，提高人們的文化素質和道德水平，促進國民文化自覺和文化自信，推進文化多樣性和文化創新，促進文化產業發展，弘揚民族文化，促進中國特色社會主義文化的繁榮發展。這些服務可以包括文化教育、文化創意、文化表演、文化遺產保護等方面。

圖書館和閱讀推廣。中國的公共圖書館系統已經建立起來了，藉助互聯網技術，許多讀者可以通過網絡或者手機 APP 閱讀新聞、書籍等，借書也越來越便利。

博物館和文化遺產保護。中國擁有極其豐富的文化遺產，許多博物館和文物保護機構為人們展示了這些珍貴的文物和古跡，並致力於保護其完整性。

文藝演出和展覽。政府和社會各界經常組織文藝表演和展覽，包括音樂會、話劇、藝術展等，讓人民羣眾有機會接觸到高水平的文藝作品和展覽。

電影和電視。政府投資了大量的資金，發展了中國電影業和電視行業，並且鼓勵優秀的國內影片和電視劇在國內和國際上獲獎和推廣。

文化創意產業。政府鼓勵文化創意產業的發展，支持製造優秀的文化產品，如影視劇、音樂、服裝、傢具等。在這個方面，中國的動漫、遊戲、音樂、舞蹈等產業發展迅速，為中國的經濟增長貢獻了巨大的力量。

3. 農村基層文化服務。為了豐富農村居民的文化生活和提高文化素養，增強文化認同感而提供的各種文化活動和文化知識傳播。中國農村基層文化服務發展很快。

農村文化館。各級文化主管部門設立的農村鄉鎮街道文化館，旨在為農村居民提供包括文藝演出、讀書角、文化知識普及等形式的文化服務。農村文化館是農村文化服務的重要陣地，也是社區文化服務的一個重要環節。

農村電影放映。農村電影放映是現在一個受歡迎的文化服務項目。通過組織農村電影放映，可以使廣大農村居民享受到優秀電影作品帶來的文化精神愉悅，並且從中獲取製作電影的知識與技術。

農村圖書館。為了加強農村居民的文化素養，各級文化主管部門設立了農村圖書館，為廣大農村居民提供豐富的文化信息資源。農村圖書館收集了各類書籍，包括文化、歷史、醫學、法律、工農業技術等方面的書籍，以便農村居民隨時查閱和借閱。

農家書屋更是農村文化教育的創新事物。

農村文化大院。旨在傳承發揚傳統文化，將傳統文化融入現代社會生活中。它通常以文化展覽、文藝演出、民間技藝展示等形式開展，使農村居民有機會接觸到傳統文化，並以娛樂、學習、教育為一體的文化大院，也可以作為農村文化活動的重要場所，發揮其在農村文化服務中的重要作用。

農村廣播電視。農村廣播電視是為農村居民提供文化服務的另一個重要形式。它可以通過電台和電視台播出文藝節目、文化新聞、文化講座等形式傳達信息，使農村居民了解國家的政策法規、文化知識等內容。同時，通過互聯網等新媒體，也可以為農村居民提供更為便捷的文化服務。

文化下鄉。旨在將文化活動和服務帶到農村地區，提高農村社區居民文化意識和素養、促進文化交流和傳承，幫助保護和增強地方文化遺產的意識，促進地方非物質文化遺產的傳承和保護，使這些文化遺產能夠延續和蓬勃發展。文化下鄉通常包括一系列文化活動、演出和展覽，例如音樂會、舞台劇、電影放映、美術展覽、才藝表演和文化講座。這些活動通常由政府、藝術、文化組織或社團主辦，並面向農村社區居民提供免費或低收費的文化服務。

4. 政府購買文化服務。是指政府以市場化方式向社會公開徵求、採購文化機構和企業提供的文化產品和服務。政府購買文化服務主要是為了促進文化產業的發展，擴大文化消費市場，提升文化服務水平和公共文化服務的普及程度。

文藝演出。政府可以定期組織各種文化活動和演出，以推廣當地文化、傳揚正能量、提高羣眾文化素養等為目的，購買演出

服務，扶植莊戶劇團。包括歌舞、戲曲、音樂等。

文化展覽。政府組織各種文化展覽，展示當地文化、歷史和發展成果。政府可以購買展覽場地租金，展覽設計和製作等服務。

文化交流。政府可以邀請國內外各種文化機構和人士來進行文化交流，以推動文化多樣性和文化交流互鑒，政府可以購買會務服務、場地租賃等。

書畫藝術品收藏。政府可以購買書畫藝術品收藏，以豐富公共文化資源。

文化創意活動。政府可以通過購買文化創意活動的服務，帶動文化產業的發展和創新，如漫畫展、文博展、街頭藝術節等。

數字文化產品。政府可以購買數字文化產品服務，如文化電影、文學作品等數字化服務，以提高數字文化產業的發展。

（六）文化監管與執法

1. 文化領域裏的重要法規。法規是文化執法的依據，也是規範文化市場秩序的重要手段。法規的頒佈和實施不僅保障了公民的文化權利和利益，同時也促進了文化事業的發展和繁榮。

中華人民共和國憲法。中國最高的法律法規，國家的其他法律、法規都要遵守憲法。憲法中規定了保護文化遺產等文化權利。

中華人民共和國文化產業促進法。中國文化產業發展的基本法律，核心內容是為了促進文化產業的發展，加強文化市場的管理和監管，維護文化產業的生態環境。

中華人民共和國著作權法。是保護知識產權的重要法律，其中包括文化領域的版權保護，包括作品的原創性、投入勞動、變化或改編、公開發表等多個方面。

中華人民共和國民間文藝條例。規定了公民、法人、非法人組織的依法創作、發表、傳播、表演各類民間文藝作品的權利和義務，推動民間文藝的繁榮發展。

中華人民共和國文化遺產保護法。針對文化遺產的保護、傳承、利用等問題，進行了全面規定和制定，並在全國範圍內嚴格保護和管理各類文化遺產。

中華人民共和國博物館法。旨在規範博物館的管理、運營和開放，強化博物館的職責，促進博物館業的健康發展。

其他還有《微博客信息服務管理規定》《文化市場黑名單管理辦法》《關於對文化市場領域嚴重違法失信市場主體及其人員開展聯合懲戒的合作備忘錄》等。

2. 文化執法。是指根據國家法律法規和相關規定，對文化市場、文化活動等領域進行監督、管理、執法的一項工作。

對文化市場的監督執法。文化市場指文化產品和服務的生產、流通和接受的場所。文化執法部門對文化市場的經營者及其商品進行監督，包括拍賣、文物經營、文化藝術品交易等活動。

對文化活動的監管。文化活動包括各種文藝演出、展覽、交流、比賽等活動。文化執法部門對文化活動進行管理和監管，確保文化活動的合法性、規範性和安全性。

對文化設施的檢查。文化設施是指文化場館、博物館、圖書館、檔案館、文化中心等文化場所。文化執法部門對文化設施進行檢查，確保文化設施的安全、衛生、環保等方面符合要求。

對文化領域的知識產權保護。文化執法部門負責對文化領域的知識產權進行保護，包括對版權、商標、專利、著作權等方面的監督和執法。

對文化違法行為的查處。文化執法部門對文化違法行為進行調查、處理和處罰,包括對非法文物交易、侵權盜版、非法出版等行為進行查處,同時開展文化市場秩序整治。

3. 專項整治。對文化市場出現的嚴重問題,進行嚴厲的打擊、懲處和治理。最重要的長期整治的任務有掃黃打非和淨網行動。

淨網行動。是為了打擊有害信息、維護網絡安全和網絡文明而展開的一系列行動。這個行動開始於 2006 年,主要任務是清理互聯網上的低俗色情、暴力恐怖、謠言傳播等有害信息,維護公民的合法權益。淨網行動除了清理不良信息之外,還包括推廣文明上網、提高網民素質、營造和諧網絡環境等方面的工作。淨網行動通常採取的方式包括網站關閉、內容刪除、相關賬戶封禁等,通過依法規範網絡行為來維護網絡安全。此外,政府也鼓勵廣大網民積極參加淨網行動,共同建設和諧網絡環境。

掃黃打非。指清除淫穢色情,對違法犯罪等非法活動進行打擊。包括打擊制售假冒偽劣商品,打擊侵犯知識產權和版權的行為,打擊網絡賭博和詐騙,打擊網絡色情等非法行為。掃黃打非行動始於 20 世紀 90 年代,當時動機是為了保護青少年的身心健康,遏制社會道德淪喪。該行動一直持續至今,成為中國政府一項重要的法治之舉,深受廣大民眾的支持。隨着互聯網技術的快速發展,網絡空間日益成為了非法活動的新渠道,如網絡色情、網絡賭博等。國家加強了對於網絡領域的打擊力度,維護了網絡空間的純潔和安全。同時,「掃黃打非」已經不再僅是對社會倫理道德的維護,它也成為了保護知識產權、打擊市場亂象以及維護

公共秩序的重要手段之一。

（七）建設推動文化發展的政策體系

中國是一個擁有悠久歷史和豐富文化遺產的國家。為了保護、傳承和弘揚中國文化，中國政府實施了一系列相關政策。

文化產業政策。自 1990 年代後期開始出台，旨在推動文化產業的發展。文化產業政策包括文化產業促進法、文化產業發展十二五規劃、十四五文化發展規劃等。

文物保護政策。自 1950 年代開始，政府就開始重視文物保護工作。文物保護政策包括《中華人民共和國文物保護法》《中國文化遺產保護法》《中華人民共和國國家級文化生態保護區管理辦法》等。

文化教育政策。政府非常注重文化教育，為此出台了一系列相關政策，如《普及全民閱讀條例》《關於在中小學開展美育教育的意見》等。

文化交流政策。中國政府積極推動與其他國家的文化交流，包括推廣中國文化和學習外國文化。其中，推廣中國文化的政策包括《中華文化發展行動計劃》《「國際漢語推廣規劃」實施綱要》等；學習外國文化的政策包括《外國文化交流條例》等。

文化創新政策。文化創新是政府近年來推動文化發展的重點之一，如《中國文化創新十二條》《關於推進文藝創作繁榮發展的意見》《關於支持電視劇繁榮發展若干政策的通知》等。

文化服務政策。《公共文化服務保障法》《公共圖書館法》等，推進基本公共文化服務標準化建設，加快推進基層綜合性文化服

務中心和縣級圖書館、文化館總分館制建設。

二、中國當代文化事業的形態

當今中國的文化事業發展日益壯大，呈現出多元的形態，既有傳統文化形態，也有現代文化形態，還有大量的「文化＋」融合形態。

（一）文化＋產業形態繁榮發展

中國當代文化產業在經濟和社會發展中得到了廣泛的關注和支持。文化產業包括：文藝創作、文化傳媒、文化旅遊等領域，與 GDP 的比重不斷增長，成為排名第二的產業之一。

（二）藝術表現形式多樣

當代中國的藝術領域包括：音樂、電影、戲劇、舞蹈、美術、動漫、遊戲等多種表現形式，其中一些藝術家和作品已在國際舞台上獲得了廣泛的認知和讚譽。

（三）文化傳媒多重渠道

當代中國的文化傳媒主要通過多種渠道傳播，如廣播、電視、報紙、雜誌、互聯網、大數據、智能化等，便於信息傳播、互動和共享。

（四）科學技術和創意的結合

隨着信息技術和互聯網的日益普及和發展，文化創意產業開始科學技術的跨界融合，例如 3d 打印、AR／VR 和數字化平台

等，有力推動了當代中國文化事業的發展。

（五）傳統文化的傳承和創新

中國歷史悠久、文化源遠流長。當代中國不僅重視傳統文化的保護和傳承，同時也倡導傳統文化的創新，打造新的文化符號和文化品牌。

（六）以人為本的文化服務

中國政府致力於提供更優質、更多元、更普惠的文化服務，把人民群眾的文化需求放在首位。例如，通過加強文化設施的建設和文化活動的推廣等，促進公眾獲得更多好處和精神享受。

總之，當代中國文化事業的形態多樣化、富有活力。政府與社會各界在不斷推動文化創意產業的發展、保護傳統文化、提升文化服務質量，為推動中華文化的傳承和創新做出了重要貢獻。

三、當代中國文化事業的組織與領導

當代中國文化事業的組織和領導體系具有多樣性和複雜性，包括政府機構、文化團體、文化企業、文化個人等多種形式。

（一）政府機構

政府機構是文化事業的主要領導和管理機構，包括中央和地方文化部門、文化管理部門、文化產業發展部門等，它們牽頭制定文化政策，加強文化法律法規的制定和執行，推動文化事業的發展和進步。

中國的文化事業領導機構是文化和旅遊部，負責文化產業、

文化保護、文化交流等相關工作，同時各省市自治區和地方政府也設立了文化機構，負責本地區文化事業的發展和管理。

1. 宣傳部門。宣傳部門是中國文化事業的一個重要組成部分之一，它是中國政府在文化、傳媒、文藝和宣傳教育等領域的重要執政部門之一。宣傳部門的主要職責，一是指導和管理宣傳方針和政策，在憲法、國家安全、民族團結等方面制定了一系列的宣傳方針和政策，並由宣傳部門指導各部門的工作，確保政策的貫徹和執行；二是監督和管理國有媒體，對國家級媒體如中央電視台、人民日報、新華社等媒體進行管理和監督，確保它們對外發佈國家形象、形塑社會風氣、引導公眾思想等方面的工作；三是組織和協調宣傳教育活動，負責組織和指導各級政府推動的國內外重大文化活動、展覽、賽事等，同時也負責組織和協調國家宣傳教育工作，包括普及文化知識、推介文化精品等；四是反饋宣傳效果和民意，關注公眾輿論，提出適應時代和發展的宣傳策略，促使宣傳工作的不斷創新和優化。

2. 文化部門。文化部門是中國文化事業的主要管理機構，它承擔着對國家文化事業的統籌策劃、管理和服務工作，它的職責是通過施行政策、監管、指導和協調等手段，推進文化事業的繁榮和發展。

當代中國的文化部門主要包括國家文化和旅遊部、地方文化部門等。國家文化和旅遊部是中央政府的部門，它負責領導和管理全國範圍內的文化和旅遊工作，包括文化政策、文化市場監管、文化產業發展、旅遊業發展等方面。地方文化部門則主要扶持和管理各地文化產業，推進文化事業的發展。

文化部門的主要工作包括：制定和實施文化政策，規劃和

推動文化產業發展；管理文物保護、博物館和藝術團體等文化機構；監管和指導文化市場，打擊非法經營和侵權行為；加強文化國際交流，促進中國文化在國際上的傳播和認可。

作為地方文化部門，文化部門一直爭取更多的資金，來推進城市的文化事業，支持當地的文化活動；精心策劃一些文化教育活動，如展覽、講座和工作坊等，吸引許多市民參與。還會組織一些大型的文化活動，比如文化節、演出和比賽等，增加城市的文化氛圍，同帶動周邊商業的發展。重視城市文化的傳承。他們與各大媒體和文化機構合作，共同推出一些文化類節目。

3. 文聯。中國文聯是中國作家協會、中國美術家協會、中國音樂家協會、中國戲劇家協會等 17 個全國性文藝家協會的聯合組織，也是中國文化部門之一。各地文聯部門不僅提供了各種文化活動和表演，還為當地藝術家和文學人士提供了一個平台展示和分享自己的作品。一是組織和協調各類文藝活動，如國內外文藝展覽、文藝作品評選、國內外藝術節；二是組織和推廣文藝作品，推廣優秀的文藝作品，發掘和培育優秀的文藝人才；三是組織和開展文藝理論研究，促進文藝理論的創新和發展；四是維護藝術家權益，提高其社會地位，推動文藝工作者的創作氛圍和創作條件不斷優化；五是加強國際文化交流，提高中國文藝家和作品在國際上的知名度和影響力，促進中國文化的傳播和交流。

4. 民協。民協是指中國民間組織的全國性羣眾團體 —— 中國民間文藝家協會，其職責是團結、聯繫和服務廣大民間文藝家，促進中國民間藝術的繁榮和發展。中國民協下設各省、市、自治區等地方性組織，其會員主要是從事民間文藝創作、傳承演出和研究的各級民間文藝家。其主要職責包括：一是團

結、聯繫民間文藝家，為他們創作、傳承、交流提供平台和服務；二是發揮民間文藝的獨特作用，為中國文藝事業的發展提供廣闊的文化空間；三是弘揚民族文化、傳統文化，推動中華民族文化的繁榮和發展；四是加強交流與合作，與其他國內外的文藝組織和機構開展交流合作，互派文藝代表團和藝術家赴國外訪問演出，推動民間文化和民間藝術在國際上的傳播和交流；五是促進民間文藝人才培養，民協通過舉辦各種培訓班、講座、比賽等活動，為廣大民間文藝愛好者提供平台和機會，鼓勵和培養新一代民間文藝人才；六是發揮社會教育和文化服務作用，通過開展各種文化活動、義演、送戲下鄉等形式，發揮社會教育和文化服務作用。

5. 文化站。文化站是由文化部門設立的、面向民眾的文化服務機構。其主要職責是聯絡和調動社會資源，如文藝團體和文化志願者，組織和開展各類文化活動，為社區居民提供豐富多彩的文化活動；傳承和弘揚民族文化，促進文化的傳播和交流；加強文化普及教育，增強社區居民的文化素質；滿足大眾文化需要，豐富廣大羣眾的精神文化生活，促進社區文化建設。

文化站通常設在社區文化活動中心或圖書館等公共場所，管理由文化部門或社區委員會負責，專業支持由文化藝術從業人員提供。其主要的服務項目包括藝術展覽、文化講座、書法繪畫、文學迎新、電影和音樂會等。

（二）文化團體

在中國，文化事業的推進不僅僅是政府和企業的責任，同時廣大的社會組織也扮演着重要角色。文化團體是文化事業的重要

組成部分，包括文化界協會、文藝團體、文化研究機構、藝術團體、出版社等，它們通過自身的組織和行動，來推動中國文化事業的發展和進步。

1. 文化協會。文化協會是是一種非營利性組織，由志同道合的文化愛好者自發組建的文化團體，致力於傳承和發揚本地區或本民族的優秀文化，推廣文化藝術，促進社區文化建設，提高社區居民的文化素質。

文化協會的工作內容十分豐富多彩，如中國書法、民族樂器演奏、美術鑒賞、詩歌朗誦、戲曲表演等等。在社區的文化活動中，文化協會也扮演了很重要的角色，不僅能夠豐富文化活動的內容和形式，還可以通過各種途徑推動和促進社區文化建設，增強民族文化自信。

2. 文藝團體。文藝團體通常是由文藝愛好者自發組建的，致力於推廣和發展文學、音樂、舞蹈、戲劇、電影等各種藝術形式，同時也是一個為文藝愛好者提供交流、合作、展示才華的平台。

文藝團體可以分為專業性和非專業性兩種。專業性的文藝團體通常由一些具有專業水準的藝術家或文藝工作者組成，更注重表演質量和專業性；而非專業性的文藝團體則更注重文化交流、業餘愛好和社交活動，由廣泛的羣眾參與。

文藝團體的活動內容十分豐富多樣，如音樂會、朗誦、話劇、舞蹈、寫作、影視製作等等。除了在社區演出和文化活動中扮演了重要角色，文藝團體還可以通過各種渠道，如文學報刊、音樂會、文藝展覽、公益活動、網絡等，展示文化、傳遞價值觀念、宣傳文化使命。同時，文藝團體還能夠促進文化交流和文化

融合，為社會和諧穩定做出貢獻。

演藝團體。演藝團體以表演為主要活動形式，包括戲劇、舞蹈、音樂、曲藝、評書等各類藝術門類。演藝團體通過各類演出，向觀眾傳遞優秀文化，提高人們的藝術鑒賞能力。

創作團體。創作團體主要從事文學、美術、攝影等藝術門類的創作與推廣、評論。創作團體致力於發掘新的文藝作品和人才，推動文藝風格的多元化和創新。

3. 出版社。出版社以出版圖書、期刊為主要經營活動，屬於文化企業，具有出版、發行、銷售圖書、期刊的資格。

出版社的主要職能是對作者的文稿進行篩選、編輯、設計、印刷和發行，以達到出版暢銷書、受人尊敬和自身發展的目標。出版社要選拔優秀的作者或編者，只有好的作者或編者，才能出版好的圖書或期刊。同時，出版社還要把握市場需求，推出符合市場需求、質量優良的出版物，滿足廣大讀者的需求。

出版社的分類主要分為綜合性出版社和專業性出版社。綜合性出版社通常涵蓋的圖書範圍廣泛，如文學、人文、社科、科技、藝術等；而專業性出版社則更側重於某些領域的圖書出版，如醫學、教育、法律、金融等。

出版社除了傳播知識文化、推動社會進步的重要角色外，也是一個社會責任重大的文化企業。一個好的出版社應該秉承正確的價值觀，推出符合讀者需要的圖書，同時也要通過圖書的傳播，承擔起推動社會進步、文化傳承的使命。

4. 新聞媒體。指的是新聞報道和信息傳播的媒介，包括報紙、電視、廣播、互聯網、智能手機等各種類型的媒體。這些媒體通過不同的形式和渠道，傳播各種信息，包括政治、經濟、社

會、文化、科技等方面的新聞報道，同時也包括娛樂、體育、時尚等方面的內容。

新聞媒體在社會公共輿論的引導和形成中扮演着重要的角色。它們在報道和傳播新聞事件的過程中，不僅可以引導公眾的思想和輿論，也可以在某種程度上影響政府政策的制定和執行。

新聞媒體的種類和形式多樣。在傳媒時代，新聞媒體的崛起使得信息傳播的範圍和速度得到了極大的拓展，同時也帶來了一系列挑戰和問題，例如信息真實性的核驗、言論自由與社會道德的平衡、信息惡性競爭等等。

5. 報刊雜誌。報刊雜誌是一種重要的印刷媒體，多數以紙質形式出版發行。其主要職責是向公眾傳遞最新的新聞、信息和觀點，反映社會、經濟、文化和科技等各個領域最新的動態和趨勢。

採訪和報道新聞。報刊雜誌以新聞報道為主要內容，新聞記者進行採訪，編輯會對消息進行加工、分析、整合、記者出具的稿件，最後根據新聞的重要性、性質、閱讀受眾和版面的需求，進行過編輯、排版處理之後進行發行。

傳遞各種信息。除了報道新聞之外，報刊雜誌還傳遞各種生活服務信息、政策法規、專業知識等各種信息，吸引讀者關注和學習。

分類出版和發行。報刊雜誌根據不同讀者羣體和需要，進行分類出版和發行，例如兒童雜誌、一般新聞周刊、政論雜誌等各種品種，滿足公眾不同需求。

媒體融合。隨着信息技術的高速發展，報刊雜誌也在不斷地實現媒體融合，例如外媒推出網站和電子雜誌，在線訂閱等，也有報刊雜誌逐漸強調微信公眾號、微博、抖音等手機客戶端的信

息展示。

文化傳承。有一些文藝類、文化類、歷史類雜誌，也扮演着傳承中華傳統文化、弘揚中國精神的重要職責，幫助人們了解中華文化底蘊。

6. 融媒體。融媒體是指多個媒體形態的融合，旨在為讀者或觀眾提供更加多元化、全面化、立體化的信息產品，包括文字、圖片、視頻、音頻等多種媒體形式。融媒體是一種全新的媒體業務模式，強調不同媒體之間的融合，以精準的用戶定位、創新的運營模式和多元化的內容形式，進一步為讀者提供更好的閱讀體驗。

近年來，融媒體在新聞傳播、廣告營銷、文化傳承、教育研究等領域都出現了廣泛的應用。通過融合文字、圖片、音頻和視頻等多種媒體形式，使得信息傳播更加多樣化、立體化和生動化，也為媒體從業者和讀者帶來了更大的互動性。

在媒體行業中，通過融媒體打造全媒體新聞、面向社交平台的新型信息傳播渠道、精準廣告投放等，使得傳統媒體得以在互聯網時代下實現新的轉型升級和創新發展。融媒體未來還將面對許多挑戰，例如技術創新、跨界合作、平台規範等，需要不斷創新和適應市場需求的變化。

融媒體有多元化的媒體形式，整合了文字、圖片、音頻、視頻等多種媒體形式，形成全方位、多層次的信息傳播形式，能夠更好地滿足用戶需求。融媒體具有互動性和個性化，通過用戶數據分析、人工智能和推薦算法等技術手段，提供更加個性化、精準的信息和服務，更好地滿足用戶需求。融媒體平台採取全媒體採編，即多媒體採編團隊合作，提供更加豐富多彩

的內容形式，吸引並留住用戶。融媒體採用多種傳播渠道，包括網站、手機app、微信公眾號、短視頻平台等，實現多平台傳播，擴大信息傳播範圍。融媒體提供各種跨媒介、多元化的商業模式，如原創內容運營、廣告代理、社交媒體營銷等，進一步拓展了市場。

（三）文化企業

中國的文化企業涉及電影、音樂、動漫、遊戲等領域，擁有豐富的創意和實踐經驗，推動了文化產業的發展。這些企業包括中國電影集團、中國廣播電視集團、文旅融合集團、網易遊戲等。

中國的文化企業是文化事業發展的新生力量，在近年來逐漸崛起，主要包括文化旅遊企業、影視企業、藝術品投資企業等，在市場化經濟環境下，致力於為受眾提供更為優質的文化產品和服務。

（四）個人和社會力量

個人和社會力量是文化事業的主要參與者和受益者。個人可以通過參加文化活動、製作文化作品、傳承文化，成為文化事業的推動力量。社會力量例如贊助商等，通過資金支持等方式促進文化事業的發展。如民營文化企業、民營博物館、莊戶劇團、經紀公司等。

總的來說，當代中國文化事業的組織與領導是多層次的，有政府機構、文化企業、社會組織和個人社會力量等。政府主導，文化團體、文化企業等多元主體共同推進，是當代中國文化事業的核心組織和領導方式。這些組織和力量都在為中華文化的傳

承、創新和發展做出積極的貢獻。

第三節　當代中國文化事業的需求與策略

一、當代中國文化事業的需求

中國文化事業的需求，也就是當代中國的文化事業的主要任務和擔當的使命。文化事業是支撐和推動中國文化大發展的重要力量，包括促進社會文化素質、促進文化創造力、保護傳統文化遺產、加強文化交流與互鑒、推動數字化、智能化發展等方面，需要各級政府和文化機構進行有效的協作和推動。

（一）增進社會文化素質

隨着經濟的全面發展，社會公眾對文化和藝術的追求也越來越高，對各種文藝活動、文化傳統、歷史文化傳承等方面的需求也在不斷增加，因此，文化部門應該加大對公眾教育的力度，提高人們的文化素質水平。

隨着社會的發展，人們對精神文化娛樂的需求也在不斷增加。因此，需要豐富羣眾的文化娛樂活動、改善文化場館設施、提高文化藝術表現水平。

增強公共文化設施建設，完善公共文化設施，建設各類圖書館、文化活動場館、博物館等，方便人民羣眾的文化生活需求。

推進教育與文化融合，在教育領域推進文化教育、民族認同感、文化自信培養等，提高人民整體素質。

（二）促進文化創造力

文化的繁榮發展需要創造力的支持，而文化創造力又需要相應的資源和環境，文化產業、文化市場等發展也要進一步推動，為文化創造力的釋放和發展創造更好條件。

需要加強文化市場建設，完善文化產業體系、提高文化內容的創新和市場競爭力、加強相關法律法規的制訂和實施等，推動文化市場的健康發展。

（三）保護傳統文化遺產

中國有悠久的歷史和文化傳統，要保護好這些傳統文化、文化遺產，以保持中國文化的獨特性和吸引力。在傳統文化保護方面，國家政策、文化機構等要起到重要作用。

中國有獨特的民族文化，需要不斷加強文化挖掘、保護、傳承和弘揚工作，推廣和傳承像太極拳、京劇、茶文化等中國傳統文化。

（四）加強文化交流與互鑒

隨着中國的崛起和國際影響的不斷擴大，加強文化交流與互鑒尤為重要。文化機構應積極開展與各國文化交流，推動中國文化走向世界，同時也要借鑒各國文化的優秀之處，為中國文化發展提供更多參考。

（五）推動數字化、智能化發展

隨着信息技術的快速發展，數字化和智能化將成為文化產業和文化市場的重要趨勢，文化機構也應積極參與數字化、智能化發展，提高文化傳播效率和服務質量。

二、當代中國文化產品的消費

　　隨着中國經濟的快速發展和人民生活水平的不斷提高，越來越多的消費者開始關注文化產品，文化消費市場也在不斷擴大。中國消費者對文化產品的需求不斷增長。當代中國文化產品消費呈現出多元化、精品化、個性化、碎片化和跨界合作等特點。

（一）消費特點

　　大眾化和多元化。當代中國文化產品消費具有大眾化和多元化的特點，在文化產品類別和價值取向上呈現出多樣性，適應了不同消費者的需求。

　　數字化和智能化。隨着網絡技術的發展，越來越多的文化產品開始數字化和智能化，例如網絡文學、網絡遊戲、在線音樂等，這些數字化和智能化的文化產品讓消費者更加方便地獲得文化娛樂體驗。

　　消費場所多樣化。當代文化產品消費不僅限於傳統的文化場館或書店等，也包括電影院、視頻平台、線上直播等多種消費場所，消費者選擇更多樣化。

　　外國文化產品消費的增加。近年來，隨着中國經濟水平的提高，消費者的消費觀念也漸漸轉變，越來越多的外國文藝作品進入中國市場，外國文化產品消費的增長也呈現出明顯的趨勢。

　　體驗式消費。當代文化產品消費的趨勢是向體驗式消費轉變，消費者越來越注重買家體驗，這使得文化產品消費更加注重文化場館、設施和服務等方面的提升。

（二）消費類型

多元化的文化產品。當代中國的文化產品種類多樣，涉及傳統文化、流行文化、藝術品、文學作品、電影等多個領域，在不同消費羣體之間呈現出巨大的多樣性。

精品化的文化產品。在消費者對文化產品質量的要求逐年提高的背景下，文化市場正在向精品化不斷發展。許多文化企業和機構致力於打造高品質的文化產品，同時也在細分市場中尋求利潤增長。

個性化的文化產品。消費者個性化需求的持續增長促使文化企業研發出符合不同消費者需求的文化產品，如面向不同年齡、性別、地域和文化背景的文化產品等。

碎片化的文化消費。社交媒體、短視頻等新媒體的興起，改變了文化消費的形式和方式，碎片化、多樣化的媒體內容讓人們更容易接受和產生興趣。

跨界合作的文化產品。在當代文化產業的發展中，越來越多的企業、機構、個人開始跨界合作，整合資源，共同打造文化產品，並進一步豐富和拓展文化產品的形式和載體。

三、當代中國文化市場的建立

當代中國文化市場的建立是一個長期的過程，需要政府、社會、企業等各個層面的努力。培育文化消費市場，推動文化產業發展，加強文化市場監管，推廣文化創意和引導文化消費潮流等，這些措施將有助於建立一個繁榮、發展、創新、公平的當代中國文化市場。

（一）培育文化消費市場

政府應該鼓勵文化消費，提高文化產品的質量和品位，開拓文化市場。此外，文化機構和文化企業應該積極創新產品和服務，滿足消費者需求。

（二）推動文化產業發展

文化產業是文化市場的核心，政府應該通過投資和扶持政策，鼓勵文化產業的發展。文化企業應該提高產品質量，加強自身品牌意識和宣傳力度。

（三）加強文化市場監管

政府應該建立健全的法規體系，營造公平競爭的市場環境，加強文化市場監管，打擊文化市場非法活動。

（四）推廣文化創意

文化創意是推動文化市場發展的重要因素，政府應該加大對創意文化產業的支持，推動文化創意產品的開發和推廣。

（五）引導文化消費潮流。

政府、社會機構應該加強文化產品宣傳和推廣，形成良好的文化消費潮流，引導人民羣眾積極參與文化市場活動，提高人們的文化素養和消費品位。

三、當代中國文化事業的策略

當代中國文化事業的發展需要一系列策略，使其具有可持續

性和創新性。當代中國的文化事業需要加強文化產業發展，強化傳統文化和現代文藝的創新，加大對文化外交工作的投入，加強與民間文藝的互動，這些措施將有助於推動中國文化事業的發展和繁榮。

（一）加強文化產業發展，推動文化產業的市場化和專業化

文化產業是當代文化事業的重要支柱，政府應該加大對文化產業的扶持力度，鼓勵企業提高產品質量和創意性，增加投資，並支持建設文化產業園區。

中國文化產業目前仍面臨着諸多問題，如產業鏈不完善、人才短缺、融資難等。因此，文化產業需要進一步推動市場化和專業化，建立完善的產業生態，提高產業鏈整體效益和創新能力，吸引更多資本和人才投入其中。

（二）增強文化自信，加強文化保護和傳承

中國擁有悠久的歷史和文化底蘊，但是受現代社會發展的影響，許多傳統文化正在瀕臨失傳。因此，文化事業應該加強文化的保存、保護和傳承，傳承和發展好中華優秀傳統文化，在重大文化節日和歷史紀念日設立傳統文化宣傳日等方式，推動傳統文化精髓得到廣泛傳播和深入研究。還要通過數字化手段和新技術的應用，推動文化資源的數字化和傳播。

在傳承中華傳統文化的同時，也要注重發掘現代文藝創新成果，縮小與國際文藝的差距，開發創新文藝產品，並加大在文藝教育領域的投入。

（三）加強文化產品的國際化

文化產品是中國文化事業的核心要素之一，因此需要加強文化產品的國際流傳，相應文化企業需要管理好自己的知識產權，研發出符合國際市場需求的文化產品，展現出中國自己的軟實力。要加大文化外交力度，加強和各國間的文化交流與互鑒，以文化為紐帶加強與外國的戰略合作夥伴關係，提升我國在國際文化領域中的影響力和話語權。

（四）提高文化事業的投入力度

雖然政府在文化事業上已經投入了巨大的資金，但是仍需要進一步加大投入力度，扶持和培育優秀文化企業和項目，以提高文化產業的國際競爭力。要引導和支持民間文藝創作，政府應該加強對民間文藝團體及愛好者的培養和支持，引導更多人積極參與文藝創作和文化傳承，並建立完善的民間文藝活動扶持政策。

（五）加強文化事業與科技的結合

科技是推動社會前進的重要力量，文化事業應當與科技結合，利用新技術和平台，創新推出符合時代需求和市場需求的文化產品和服務，提高其活力和競爭力。

第三章

當代中國文化形態

第一節　語言文字的變革

一、語言文字概況及演變歷程

語言和文字是人們生活和交際中不可或缺的基本工具。語言和文字屬於兩種不同的符號系統，文字是記錄語言的書寫符號，是語言的輔助性交際工具。語言文字是一個國家文化傳承和文明發展、繁榮的重要載體。

在文字出現前，人類基本上是通過肢體動作或者特定的發聲方式來進行溝通交流的。居住在不同地區的人們使用着各自羣體所熟知的發聲符號，久而久之不同的區域就形成了各自不同的語言符號。再後來就發展成為各地的方言了。

中國有 56 個民族，是一個多民族、多語言、多方言、多文種的國家，有 130 餘種語言，約 30 種文字。國家通用語言文字是普通話和規範漢字。

漢語是漢民族的語言，是中國使用人數最多的語言，也是世界主要語言之一，是聯合國六種正式工作語言之一。中國除佔總人口 91.51% 的漢族使用漢語外，其他少數民族也都不同程度的兼

用漢語，有的民族還轉用漢語。根據 2020 年人口普查數據，中國 55 個少數民族佔全國人口總數的 8.89%。而這 55 個少數民族中，回族、滿族大部分轉用漢語，其他 53 個民族都有自己的語言。從語言的繫屬來看，中國 56 個民族使用的語言分別屬於五大語系：漢藏語系、阿爾泰語系、南島語系、南亞語系和印歐語系。

現代漢語有標準語（普通話）和方言之分。

普通話以北京語音為標準音、以北方話為基礎方言、以典範的現代白話文著作為語法規範。《中華人民共和國憲法》規定：「國家推廣全國通用的普通話。」2000 年 10 月 31 日頒佈的《中華人民共和國國家通用語言文字法》確定普通話為國家通用語言，現在也稱之為國語，也就是說，普通話即國語。

漢語方言通常分為七大方言區：北方方言、吳方言、湘方言、贛方言、客家方言、粵方言、閩方言。各方言區內又分佈着若干次方言和多種「土語」。其中使用人數最多的北方方言分為北方官話、西北官話、西南官話、下江官話四個次方言。

漢字是記錄漢語的文字，是中國各民族通用的文字，一些少數民族，特別是只有自己語言沒有文字的少數民族，如回族、滿族，已經完全使用漢字。漢字在公元前 3000 年以前的新石器時代就已經產生，現在使用的漢字是由古漢字逐漸發展演變而成的。《中華人民共和國國家通用語言文字法》確定規範漢字為國家通用文字。

自 20 世紀 50 年代以來，國家對現行漢字進行整理和簡化，制定公佈了《第一批異體字整理表》《簡化字總表》《現代漢語常用字表》《現代漢語通用字表》《印刷通用漢字形表》《GB13000.1 字符集漢字字序（筆劃序）規範》等標準。2013 年 6 月 5 日，《國務院關於公佈〈通用規範漢字表〉的通知》（國發〔2013〕23 號）

發佈。《通用規範漢字表》是貫徹《中華人民共和國國家通用語言文字法》，適應新形勢下社會各領域漢字應用需要的重要漢字規範標準。《通用規範漢字表》公佈後，社會一般應用領域的漢字使用應以《通用規範漢字表》為準，原有相關字表停止使用。

中華人民共和國成立前，有 21 個少數民族有自己的文字。中華人民共和國成立後，政府為壯、布依、彝、苗、哈尼、傈僳、納西、侗、佤、黎等民族制訂了文字方案。

中國的文字從文字類型上看有意音文字、音節文字、表意文字，從字母文字體系上看有古印度字母、回鶻文字母、阿拉伯字母、方塊形字母、拉丁字母、斯拉伕字母形式等。

二、 語言文字發展的三大革命

（一）第一次革命：倉頡造字

今天的中國漢字經歷了漫長的演變過程，經過了古人和先輩們一次次摸索、實踐、探究，一次次的總結經驗，不斷自我完善、變革、演造、修訂，最終才形成我們今天所使用的漢字。

漢字是如何一步步誕生的呢？

相傳，在遠古時期，那時還沒有出現「國家」，只有部落。部落聯盟首領黃帝統一各部落後，就讓史官倉頡負責管理部落的糧食和牲畜。起初，糧食和牲畜數量比較少，倉頡還可以記在腦子裏，但隨着部落一天天壯大，糧食和牲畜等的數量越來越多，僅憑記憶已經無法準確記清楚了。於是，倉頡想到了祖先曾使用過的繩結計數法。但倉頡很快又發現，使用繩結計數時通常打的都是死結，所以當數量減少時，要及時快速做減法處理就有一定

的難度。倉頡就又想到了一種新辦法，即在每個繩結打結時都掛上一隻貝殼，每當物品數量減少，就去掉繩結上的貝殼，這樣就解決了死結難解的問題。

不久，黃帝讓倉頡統管部落裏所有內務事宜，倉頡很快意識到，他的繩結法和貝殼計數法又不夠用了。倉頡一籌莫展之際，部落去狩獵，途中得到啟示，就用各種各樣不同的符號來表示所管理的事物。果然，這樣一來，部落裏大大小小的事務都被倉頡打理得井井有條。再後來，這些符號不斷演變，就漸漸形成了文字。

當然，倉頡造字只是傳說。但可以肯定的是，漢字是中國古人為了達到交際目的，共同創造出來的。如果古代確有倉頡其人，那他也一定是為蒐集和整理漢字做出過傑出貢獻的人。

隨着古文字不斷演變，商朝出現了刻在龜甲獸骨上的甲骨文；商周時期刻在鐘鼎上的金文；西周晚期的大篆，而大篆的出現不僅為中國文字走向進一步規範奠定了基礎，使得人們不再常用圖案來記錄事物、事件，而且也為中國方正形漢字的形成奠定

了堅實的基礎。秦始皇統一六國後，實行「同文同種」，推行了一種新的字體 —— 小篆。西漢時期，又出現了隸書，自此以後，中國的文字就稱為「漢字」了；隸書之後又出現了草書；從南北朝到唐朝時期又形成了楷書，這時的楷書就和我們現在所使用的漢字筆劃結構基本保持一致了。漢代末年出現的行書則是介於楷書和草書之間的一種書體。從此以後，漢字的結構基本穩定，因為每個字都形似方塊，所以被稱為「方塊字」。字如其人，中國的漢字蘊含着中國的智慧，就是要人行得正站得直。

部分漢字演變過程示例圖

甲骨文				
金　文				
小　篆				
隸　書				
楷　書				
草　書				
行　書				

　　為了方便書寫、記憶以及使用，新中國成立後，將繁體漢字進行了簡化，成為現在使用的簡體字。

　　漢字出現後，古人開始推廣和學習，會將這些漢字編排在一起，整理成冊，如司馬相如的《凡將篇》，揚雄的《訓纂篇》等，但這些只是識字課本，並沒對字義進行解釋，更沒有對字形、字

音加以分析，所以算不上是真正意義上的字典辭書。

　　東漢時，許慎在前人成果基礎上對漢字進行了整理和總結，用了至少 21 年編撰了世界上第一部字典《說文解字》，內容豐富，有系統、有體例，便於查找。自此，漢字的形、音、義趨於規範。

　　在編撰《說文解字》時，許慎認識到，漢字內部構造具有明顯的系統性，這個系統就是「六書」。許慎對「六書」做出了具體的說明。「六書」分別指：象形字、指事字、會意字、形聲字、轉注和假借。其中，象形、指事、會意三種造字方法主要是根據事物的形態和意義演變而來；形聲是根據事物的形態和聲音造出來的字體；轉注、假借則是根據現有文字使用借代和同音的方法造出的新字。《說文解字》收字豐富，保存了大量小篆及其以前的古文字資料，為後人研究先秦古文字提供了依據。它收錄了漢代所能見到的字體，若非如此，甲骨文、金文估計現在都難以辨認了。部分字體如下圖所示：

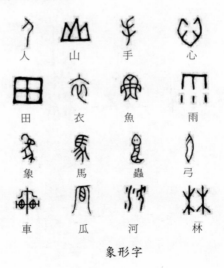

象形字

指事字

會意字

除了許慎的《說文解字》外，北宋陳彭年、丘雍的語言學著作《廣韻》也是研究中古漢語語音的重要資料。現存的《廣韻》版本很多，較受肯定的是清代黎庶昌《古逸叢書》複宋刊本。

（二）第二次革命：白話文運動

清末民初，文言文開始向白話文轉化，新詞彙開始大量湧現。所謂文言文，是指「以先秦口語為基礎而形成的上古漢語書面語言以及後來歷代作家仿古的作品中的語言」；所謂白話文，是相對於文言文而言的另一種書面語，即以現代漢語口語為基礎，經過加工的書面語。

清末民初的白話文運動起因於政治改革。晚清時期，由於政府腐敗無能，中華民族處於水深火熱、亡國滅種的生死存亡狀態。正是在救亡啟蒙的時代背景下，一些西方先進思想傳入中國，最先接觸到這些先進思想的知識分子和仁人志士們希望救國於危難，倡導破除中國落後和守舊的思想，宣傳民主及自我解放思想，促使儘可能多的民眾擺脫家庭、地緣、信仰與君臣關係等社羣和共同體的束縛，使中國從封建走向文明。毋庸置疑，這在一定程度上取得了成效。

但是，救國救民，時間緊迫，刻不容緩，如何才能在短時間內取得更大、更快的成效？

一些思想開明的晚清官僚士紳開始認識到語言變革的必要性。先進思想要得到迅速傳播，一定需要傳播媒介，藉助報刊。但如何才能讓民眾看得懂報刊？當時書面語以文言文為主，而只有少部分上層人士和知識分子才有接受教育的機會，才能讀會寫。除此之外，西方新事物、新的科學和思想文化知識用文言文無法表達或者說無法準確表達。基於這種現實需要，清末民初開始出現從發文言文向白話文的轉變，白話的使用越來越廣泛，包括文學翻譯也越來越趨向用白話文，同時也擁有了越來越多的讀者。

清末民初的白話文運動是中國語言現代變革的起始階段，亦是彼時先覺的知識分子自覺推動建立現代國語即民族共同語的過程。雖然白話文更傾向於口語、民間語和大眾語且使用也越來越廣泛，但還不能構成完整的書面語體系，不能獨立表達思想與文化。所以，當時正統的、通用的、居於主導地位的漢語語言體系仍然是文言文，白話文實際上只是補文言文之不足，即彌補文言文在表達民間新事物以及西方新思想方面的不足，具有從屬性。

　　晚清文字改革的對象雖然是文言文，但所關注的問題僅僅在於言文不一致上，其目的是初級教育的普及化，其改革宗旨雖然包含了國民啟蒙，但啟蒙層面僅限於滿足國民日常生活應用，對文言文的改革只處於初級改良階段，即用拼音簡字作為漢字的另一套補充性教育和應用工具，改革的力度只觸及文字形式層面。

　　總的來說，作為一場思想啟蒙運動，晚清白話文運動不僅提高了國民覺悟，而且作為語言文字改革運動，在推動言文合一方面也產生了切實效用，為文學轉型和社會教育的普及做了很好的鋪墊，做出了巨大的貢獻。

（三）第三次革命：科技興起與中西結合

　　21 世紀，隨着科技的發展與互聯網時代的到來，各類新鮮事物如雨後春筍般紛紛涌出，其中自然不乏外來詞語、網絡熱詞新語的出現。

　　所謂外來詞，就是指從外族語言裏借來的詞。比如：互聯網、模特兒、摩托、咖啡、撲克、奧林匹克、芭蕾、5D、B 超、

T 恤衫等。外來詞的出現為傳統中國文字賦予了新時代的生命意義。

漢語言文字歷經千年發展，所沉澱的文化和內涵美感深厚沉雄，而網絡語言則重構新的語言形式和內涵，消解傳統常規，對漢字的發展產生了很大影響，有積極的一面，也有消極的一面。網絡作為匯集大眾思想和創新意識的語言文化交流平台，詼諧生動的網絡語言可以營造出一種輕鬆幽默的氛圍，為受眾所喜聞樂見，符合大眾娛樂的審美意識。從某種意義上來說，網絡語言具有一定的優勢和魅力，也是順應時代發展的產物。網絡語言在一定程度上豐富了漢語言的內涵，為漢語言注入了新的活力。比如，「如果你有鴨梨（壓力），把它放冰箱裏，它就會變成凍梨（動力）」「騎白馬的不一定是王子，也有可能是唐僧」這類網絡語言，利用假借和形聲，實現了漢字的再創造。網絡語言可以改造現有的語言材料並進行重組，從語音、詞彙到語法，乃至文言、方言和外語，都成為網絡語言改造的建築材料。網絡語言自由解構與重構傳統漢語言的特點為漢語言的不斷裂變提供了永恆動能和無限可能。

第二節　文學影視的繁榮

一、文學影視的產生與繁榮發展

文學與影視，如同語言與文字，提及彼必會談論此。當今世界，科技發展迅速，人們的生活節奏加快，五花八門的新媒體層

出不窮，電影、電視等娛樂方式爭奇鬥艷，傳統的紙質文學閱讀日趨邊緣化。影視是現代科技與傳統藝術相結合的產物，它以畫面、音響等為媒介，在熒幕上創造五光十色的視覺形象，以其故事性、審美性、娛樂性吸引着人們的眼球。同樣都是講故事，相比文學作品中靜止不變的文字符號，豐富多彩、靈動跳躍的影視畫面更容易讓人產生身臨其境的感覺，更容易吸引人們的興趣。

文學的豐碩成果為影視改編提供了極為豐富的素材。優秀的文學作品憑藉豐富的精神內蘊和深厚的文化底蘊，成為影視賴以生存的「枴杖」，是影視不可或缺的素材庫與不可多得的靈感之源。正因此，文學作品的影視改編才成為常態。歷屆奧斯卡最佳影片、金雞獎最佳故事片、康城電影節金棕櫚獎等電影作品中，80% 源自對文學、傳記、新聞、歷史等的改編再創作。

文學作品之所以成為影視改編的源文本，源自文學與影視內在的相通性。從形式上看，文學與影視都是敘事藝術，都是情感表達的藝術。二者都是以講故事的方式成為大眾喜聞樂見的藝術形式，但隨着生活節奏的日趨緊張，人們越來越沒有精力和時間靜下心去閱讀文學作品，而好的影視作品則可以將整本書的精華濃縮成幾個小時呈現在觀眾面前，短平快的表達方式滿足了人們的藝術欣賞需要和現實生活需要。從內容上看，文學與影視都反映了特定社會的政治、經濟和文化背景。藝術來源於生活，越是根據真實故事改編的影視作品越能深入人心，越能引起共鳴，產生共情，越能打動人，越受大眾喜愛。

早在 20 世紀 20 年代，文學作品中國影視改編就開始了，但改編的黃金時代始自新中國成立以後。這個時期，一些優秀的文學作品，如杜鵬程的《保衛延安》，劉知俠的《鐵道遊擊隊》，陸

柱國的《上甘嶺》，楊沫的《青春之歌》，白辛的《冰山上的來客》等。這些長篇小說記錄歷史風雲，書寫家國命運，歌頌民族精神，影響了一代又一代讀者。根據這些文學作品改編的電影，在思想性、藝術性及技術上都達到了新中國成立以來的最高水準，造就了新中國電影的輝煌，為中國影視藝術的發展提供了寶貴的經驗，影響深遠。1961 年，電影《青春之歌》在日本上映後，很多日本青年看完電影，紛紛要求參加日本共產黨。這充分說明，影視劇在引導社會輿論和社會風氣方面具有十分重要的作用。

中國電影迎來的另一個黃金時代是在改革開放時期。改革開放使整個中國社會生活發生了前所未有的深刻變化，中國文壇百花齊放，百家爭鳴，佳作不斷，為新時期電影的崛起提供了豐厚的創作素材和源源不斷的創作靈感。這一時期同樣也出現了一大批優秀的文學作品，如高曉聲的《陳奐生上城》，張弦的《被愛情遺忘的角落》，林海音的《城南舊事》，諶容的《人到中年》、莫言的《紅高粱》等，而根據這些文學作品改編的電影，一經上映，就在觀眾中產生了強烈的反響，得到了廣泛歡迎，產生了積極的社會效果。而這些電影的成功，很大程度上要歸功於優秀的作家們為大家創作的優秀的文學作品，是這些文學作品為影片提供了部分真實故事的原材料，扣人心弦的故事情節，故事的發展和推進過程，以及發人深省的人生道理。張藝謀曾說過：「我一向認為中國電影離不開中國文學。你仔細看中國電影這些年的發展，會發現所有的好電影幾乎都是根據小說改編的……我們研究中國當代電影，首先要研究中國當代文學，因為中國電影永遠沒有離開文學這根柺杖。看中國電影繁榮與否，首先要看中國文學繁榮與否，中國有好電影首先要感謝作家們的好小說為電影提供

了再創造的可能性。」

電視的出現晚於電影，但在借力文學作品方面卻有後來居上之勢之實。中國四大古典名著《紅樓夢》《三國演義》《水滸傳》《西遊記》，現代文學名著《四世同堂》《圍城》等，當代文學作品《平凡的世界》《白鹿原》《暗算》《亮劍》《父母愛情》《人民的名義》等，都先後被改編成電視劇，有的還不止一個版本，播出後都廣受好評，火遍中國，甚至走出國門，影響世界。近年來，越來越多的熱播電視劇從網絡文學選取素材，獲得靈感，如《山海情》《覺醒年代》《都挺好》《隱祕的角落》《掃黑風暴》《慶餘年》《贅婿》《人世間》《狂飆》等作品，都讓觀眾津津樂道，回味無窮。隨着網絡文學的發展和普及，與影視劇關係也必將越來越密切。

二、文學影視的現狀與前景

中國網絡文學發展迅速，優秀作品也越來越多，為影視改編提供了日益豐富的源頭，這不僅大大提升了中國影視的發展速度，在一定程度上增加了影視劇的體裁多樣性，而且也能保證影視劇的質量得到相應的提高。茅盾新人獎從 2017 年第二屆起增設了網絡文學獎項，每次評選獎勵網絡文學獎獲獎者 10 名、提名獎獲獎者 10 名，這對推動網絡文學出精品力作提供了制度上的支持，也為影視改編提供了更豐富的作品，會推動實現文學與影視的共同繁榮發展。

但毋庸諱言，無論是文學影視作品還是網絡文學影視作品，目前都還存在着一些問題，若不及時解決，最終會影響文學影視的發展速度和質量。

就現代文學影視作品而言，圍繞鄉村振興，為新時代山鄉鑄魂的精品創作、文學新經典作品還不夠。2021年，中國文聯十一大、中國作協十大召開，提出大力加強現實題材精品創作，組織實施了「新時代文學攀登計劃」和「新時代山鄉巨變創作計劃」，旨在充分調動和發揮廣大作家和文學工作者的積極性、創造性，推動新時代文學從「高原」向「高峰」邁進。兩個計劃圍繞國家重大部署展開，並尊重文學規律，均以5年為週期，力爭推出一批立得住、叫得響、傳得開的優秀長篇小說，打造新時代的文學新經典，並讓這些優秀作品最終能夠成為當代中國影視創作的優秀素材和靈感來源。

就現代網絡文學影視作品而言。首先是創作者差別大。網絡作家良莠不齊，寫作能力差異較大。網絡作家年齡不同，個人的生活習慣、經歷、背景和信仰不同，在面對同一問題或社會現象時的反映和想法、看法也有很大差異，他們在作品中所展現和刻畫的人物思想與傳達的人生觀、價值觀自然不同：有些可能膚淺無厘頭，有些可能會讓你大徹大悟，參透人性，悟透人生。

不可否認，優秀的網絡文學作家都有良好的文學功底和濃厚的文學興趣，但和傳統的文學相比，因為創作相對自由，受到的限制相對較少，文體相對來說比較簡單且單一，所以在質量方面高低參差。

從中國網絡文學影視作品的創作情況來看，很多網絡文學的創作目的過於功利化，出版目的功利化，改編成影視作品也出於功利性，新瓶裝舊酒，商業利益至上。但只要建立科學合理的制度，構建良好的管理模式，形成良性的運行機制，網絡文學的創作和影視改編就會形成獨有的特色，既能產生商業價值，也能提

高人們的審美水平，發揮巨大的社會價值。隨着互聯網的不斷發展，智能手機的普及和大型文學網站的推廣，深受大家喜愛的網絡文學平實、樸素和直接的評論和互動方式，都將推動網絡文學逐漸成為影視改編的重要源頭。

第三節　藝術的多元化

一、藝術的多元化概念與表現形式

（一）藝術的多元化概念

藝術的多元化，顧名思義，是說藝術是多樣性的，多風格的，非單一的。正如各個民族都有自己特殊的語言文字一樣，世界各國的藝術都有其獨特的面貌。作為文化的一部分，藝術的內容和形式取決於不同民族特定的自然條件、生活方式以及由此形成的獨特的人生觀、價值觀、世界觀、思維方式和由其所形成的藝術創作主張。隨着歷史的發展，每個民族的藝術面貌都有所變化。現代藝術出現多元是藝術發展的一種規律，這一規律符合唯物主義自然辯證法。世界上的一切，無論大小，無論簡單還是複雜，都始終處於不斷變動發展之中，無時無刻不在發生着變化。現代藝術出現繁雜多元現象，既說明現代藝術生命力的旺盛，也反映出現代藝術形式的龐雜。

藝術是精神產品，不同的世界觀和審美美觀，決定了人對藝術作品內容與形式的審美選擇存在着巨大的差異。藝術不可能有統一的審美標準。縱觀世界藝術史，我們不僅可以從藝術中獲

得對不同民族、不同時代的人及其物質和精神生活差異的深刻認識，還能獲得對藝術自身風格多樣性的直觀感受。尤其是自 20 世紀現代藝術出現以來，藝術的創作風格發生了劇烈的變化，藝術所呈現的面貌出現了巨大的差異，藝術風格的多元化及多樣性成為常態化的存在，並存共榮，紛呈競秀。

（二）藝術多元化的表現形式

數字插畫：又稱「CG 插畫」，全名為 Computer Graphic。數字插畫來源於多樣化的視覺藝術，不受畫材和紙張的束縛，畫筆切換只需通過軟件就可以實現，能夠全方位滿足設計者的創作需求，更好地表達設計者需要呈現的信息。不同風格的插畫可以為藝術增添不同的風格和創意，更容易在激烈的競爭中脫穎而出。近年來，插畫已廣泛應用於電子雜誌、電子圖書、商業海報等。新的設計軟件和技術使其更容易扎根於數字媒體。作為先鋒設計的表現元素之一，數字插畫比文字傳達的信息更多樣化、更豐富。

插畫藝術自由度、跨越度大，風格日趨多元化，大致包括幻想風格、寫實風格、裝飾風格、漫畫風格以及唯美風格等，並且越來越追求視覺誇張，擅用幾何圖案、線條藝術、有限的色彩和具有體積感的 3D 插畫。

纖維藝術：纖維藝術沒有準確的定義，一般指具有藝術欣賞價值的編織藝術作品，或以實用和欣賞為主要目的的服裝裝飾、編織、印花和展示等，可以說，只要是由細小的纖維組成的藝術作品，都可以稱為纖維藝術。纖維藝術以其獨特的藝術魅力體現了創作者對生活的感悟和對藝術的理解。纖維藝術創作非常注重作品外觀和製作技術。它採用天然纖維、人造纖維、化學纖維和

有機合成纖維，通過織造產品、設備和軟件，如織造、打結、纏繞、黏貼、裝訂、縫紉、染色等綜合技術，打造不同織造工藝的不同質感和形狀，不同的質感效果會產生不同的觸覺、視覺和心理效果，給人不同的美感和視覺衝擊。不同的建築壞境、空間、結構需要不同的裝飾主題，現代纖維藝術具有特殊的結構美、材料美和新的審美價值，它以獨特的藝術魅力，最大限度地滿足了人們對物質和精神的雙重需求。

現代雕塑藝術：中國現代雕塑屬於時代變遷的藝術。其實質是一場與中國社會現代化相適應的造型藝術領域的精神文化運動，是一種具有現代視覺審美特徵的創造性活動。作為一個獨立的分支，已經登上了藝術的殿堂。

中國現代雕塑是對傳統雕塑整體繼承、發展和改造的結果，是傳統文化和外來文化相融合的產物。在現實生活中，雕塑往往需要與建築配合，即雕塑不僅是建築的有機組成部分，而且是可以單獨觀看的藝術作品。在傳統的景觀設計中，雕朔與景觀的關係就是點與面之間的裝飾關係。而現在越來越多的設計使雕塑與景觀的界線變得越來越模糊，幾乎融為一體。這些作品可以看作使用雕塑語言的景觀作品，也可以看作使用景觀語言的雕塑作品。

刺繡藝術：中國刺繡歷史悠久。古時候，刺繡藝術集百家之精華，成為中國人的日用品、裝飾品，也是饋贈親朋好友的禮品。不論在皇親國戚、達官貴族中，還是在普通老百姓家，都有刺繡作品的存在，在海外也得到了廣泛傳播。

刺繡藝術風格百花齊放，多姿多彩，中國傳統刺繡藝術通常展示在圖案造型、色彩紋理和創作手法上，表現形式多受自然人文影響，圖案多具像化，偏寫實風格，缺乏大膽的想像力。現當

代刺繡藝術吸收採納了傳統刺繡之長，但也突破傳統，致力於探尋新的圖案表現形式和針法，廣納博收，中外融合，呈現出更為複雜和現代的表現形式和創作設計，繼承和發展了刺繡中的一切優良傳統來表現事物的真髓和客觀存在，突破了傳統刺繡的平面格局，強調刺繡的立體造型效果，創造一種現代針線的軟雕塑，形成了由蘇繡、湘繡、蜀繡、粵繡為代表的具有地方特色的地區性刺繡。

古時的刺繡服飾不只是為了禦寒保暖，更有着區別社會地位和身份象徵的作用。在清朝，普通百姓家的服飾刺繡多以素線為主，工藝手法相對簡易。而宮廷刺繡工藝卻複雜得多，階級層次分割鮮明。百姓的衣物上禁止使用皇家的圖案，大臣中的階級品級也是由刺繡官補的不同以示區別。皇家貴族一般多用團龍、壽紋和錦雞等象徵美好寓意的圖案。

陶瓷書法藝術：陶瓷書法就是將書法藝術運用到陶瓷藝術中。由於材料、工藝等因素的限制，不僅使得書寫的文字風格多樣化，還產生了雕、刻、椿等多樣技法，由此構成了陶瓷書法獨有的創作技巧。陶瓷藝術和書法藝術都是中國的藝術瑰寶，之所以將這兩項瑰寶藝術相結合，是因為傳統書法藝術是用毛筆蘸墨以線條的形式在紙本上書寫，紙質材料具有滲透性好、水墨暈染效果佳的特點，但其易損、易磨、易黴，極易損壞，難以長時間保存。而陶瓷在爐中經過高溫燒製，具有較高的硬度，幾乎不會磨損。因此，陶瓷書法藝術能充分兼容兩者的特點，形成新的藝術形式。兩項藝術的結合，極大地豐富了陶瓷藝術的藝術韻味，提升了陶瓷作品的藝術價值。在將書法藝術運用於陶瓷藝術的實際操作過程中，書法與繪畫的組合在題款的方法上有三種形式：

窮款、長款、書法與繪畫的結合。

所謂窮款，就是在構滿圖時，只簽名字和蓋章。作為書法創作中較常見的一種題款形式，窮款的主要目的和直接目的是確定作品的作者。

所謂長款，就是在構圖較空時，需要題較多字，補充圖像的空白。長款有時還能作為平面設計元素起到較好的裝飾效果。題款的內容有時與作品所表達的意義並不吻合，它只是一種符號化的載體，在平面空間中起到分割、呼應或塊面化的設計效果，從而延展了漢字的應用功能和場景。

書法與繪畫的結合，就是將陶瓷作品上的書法與圖案融為一體，這一方式具有較強的設計感。

黑龍江剪紙藝術：傳統剪紙藝術是一種常見的民間藝術中，是民間民俗生活的寫照，有豐富的民間神話題材，樸實的民間生活題材，以少數民族特色題材及各類動物、植物題材。黑龍江剪紙藝術融合了中原地區剪紙風格和黑龍江地域環境特色，形成了粗獷、淳樸、獨具特色的地方性剪紙風格。抽象、誇張、粗獷的造型風格是黑龍江地區擁有獨特民族民俗剪紙藝術的原因。在這片黑土地上生活了幾千年的滿族、蒙古族、鄂溫克族等少數民族是黑龍江剪紙藝術的開創者。剪紙藝術是文化的載體，黑龍江剪紙藝術的風格主要受少數民族自身的生活環境、民族風俗、宗教信仰、地域環境等的影響。黑龍江剪紙作品在傳統文化的基礎上，內涵豐富且緊密聯繫時代，不斷創作出新的作品，既承載了這片黑土地上幾千萬年來積累的文化藝術底蘊，也在不斷地調整自己，順應着時代的發展推陳出新，煥發着新時代的光芒。

二、藝術的多元化發展

當代藝術形式都具有各自不同的藝術語言，展現出了藝術的多元化追求，反映出當今時代的文化背景。當代藝術已經成為一種表達當代文化意識、社會生活狀態的全新載體。中國當代藝術的藝術價值十分注意社會文化的取向，同時也注重借鑒外來文化，從而獲得更大的發展空間。當代藝術的多元化已成為常態，它反對用單一和固定不變的邏輯、公式、原則以及規律來表現世界，而是主張變革和創新，強調開放性和多元性。

隨着中國經濟的不斷發展，在社會穩定、綜合國力不斷上升的環境優勢下，中國當代藝術蓬勃發展，呈現新的活力，取得了巨大的發展成就。與此同時，中國當代藝術也逐漸顯現出過度依賴計算機技術、現代藝術設計教育基礎不足等問題。設計師的創造力是中國當代藝術發展的主要內驅力。設計師的創造力和創意源泉更多取決於他們在不同文化背景下，如何轉化藝術資源，即藝術的轉換能力。中國當代藝術的發展需要創作者對藝術有一種新的社會化認知。

藝術不是孤立發展的，而是與新的商業模式和新的社會發展相結合的。當中國經濟發展處在一個新的歷史起點上時，藝術不僅發展自身的價值，而且開始探索藝術對社會、市場和城市的影響。藝術的商業價值遠遠超乎人們的想像。在新媒體影響下，新的藝術經濟迅速發展，藝術消費開始進入人們的視野。講述藝術品消費故事，提高藝術品消費指數，將是藝術品市場的新方向。其中，打造新的消費渠道，促進更多人認識、收藏和消費藝術品已成為藝術領域的首要任務。

中國藝術博覽會是一種傳統的宣傳方式，它強調線下的藝術消費和購買體驗。創造更好的生活場景體驗，將成為中國藝術博覽會未來的發展方向，而提高中國藝術博覽會的商業交易額是未來的運營趨勢。特別是越來越多的藝術和商業項目將從成熟的、知名的展會中衍生出來。設計師只有把握藝術消費需求和收藏邏輯主線，觸碰消費痛點，才能提高藝術品的商業價值。中國藝術博覽會不僅是提升中國現代藝術社會影響力的重要渠道，還是中國現代藝術創作最規範的實體渠道和平台。因此，如何擴大中國藝術博覽會與中國企業家之間的合作是未來中國藝術博覽會的運營方向。將中國企業家的收藏興趣轉向藝術領域，這對於藝術的社會化發展具有重要意義。

藝術的多元化發展趨勢日新月異。藝術的表現形式不能拘泥於傳統，年輕一代的設計師和藝術創作者要將藝術形式拓展到更廣闊的領域，而不應拘泥於某一種藝術形式。多元化是藝術的最大魅力所在。

綠色環保理念是當今世界藝術設計的一大主題，以保護環境為目的的藝術主張已經成為信息時代設計的重要標準。當代藝術在產品設計、生產、推廣等領域，都要注重自然、社會和人之間的關係，喚醒人們的環保意識。同時，設計師和藝術創作者可以通過現代藝術的獨特表現手法，運用現代藝術設計的主流觀念，鼓勵人們綠色消費，以藝術引領世界生態文明建設。

第四章

當代中國社會結構
和文化生活方式

第一節　愛情觀和友情觀

一、當代人的愛情觀

　　愛情，古今中外都是神聖的、偉大的、浪漫的，人人所渴求，人人也為之而痛苦的。但這種苦，猶如品茗時味蕾所感受的苦，並非只有苦，過後會有回甘。此時相思為苦，彼時回憶美好過往為甘。當有情人最終修成正果，終成眷屬，過去種種的雙向奔赴，都可隨時拿出來作為婚後生活的調味劑。相敬如賓，相濡以沫。執子之手，與子偕老！總之，愛情是人類共同的精神追求，也是人生中的美好元素。

　　美國心理學家，斯騰伯格認為：愛情是由激情、親密和承諾三部分組成，並稱之為「愛情三角形理論」。那老一輩的愛情之所以幸福指數高的原因，也許是因為他們相互之間先有了對彼此的承諾 —— 婚姻，然後有了願意與對方長廝守的決心，並有了為彼此負責的責任感，最後再有充足的時間相互了解，相互包容，相互隱忍。這種關係，雖然少了現代年輕人的那份激情，但卻是愛情天長地久的決定因素。老一輩人的愛情多數像百年陳

釀，越品越香。而現代人的愛情，因為是自由戀愛，所以多數源於激情，沒有責任，同時更沒有承諾的加持，他們認為愛情最重要的是相愛的過程，結果是什麼卻並不是那麼重要，等到所謂的愛情隨着激情的褪去而消失殆盡時，再沒有雙方用心的經營，那最後多數都只是曇花一現罷了。

中國當代愛情觀主要受到中國傳統文化的影響。在中國，婚姻被視為家庭和社會的重要組成部分，而不只是個人幸福的追求。因此，中國人更傾向於選擇經濟條件和家庭背景相當的伴侶，而不是僅僅出於愛情而結婚。此外，中國人更注重長期穩定的關係，而不是短暫的浪漫。然而，在現代社會中，中國當代人的愛情觀還受到了西方文化的影響，例如愛情自由、個人主義、婚姻平等等，這些觀念在年輕一代中尤為明顯。隨着社會發展和生活方式的多元化，對於傳統的戀愛、婚姻觀念已經形成了一種新的理解。隨着互聯網技術的發展，網絡約會、微信陌生人交友等數字化戀愛方式逐漸流行，這些新型的戀愛方式讓人們更容易接觸到新的異性，同時也可能導致戀愛過程中的浮躁和虛偽現象加劇。隨着年輕人的獨立和自由意識的增強，越來越多的人開始追求個人幸福和愛情自由。因此，中國當代愛情觀也在逐漸變化和多樣化。

中國當代愛情觀是一個多元化、複雜而豐富的概念，它受到了社會環境、文化傳統和個人價值觀等因素的影響。中國當代愛情觀主要表現為以下幾個方面：

1. 重視婚姻家庭的穩定和和諧。中國人普遍認為婚姻是一種家庭和社會的責任，而不僅僅是個人幸福的追求。因此，在選擇伴侶時，經濟條件和家庭背景往往比愛情更重要。

2. 性別平等。在傳統觀念中，男女在婚姻中的角色分工是不同的，男性通常扮演經濟支持者和家庭責任的主要承擔者，而女性則負責照顧家庭和孩子。然而，隨着女性地位的提高和性別平等意識的增強，越來越多的人開始追求在婚姻中的平等和互相支持。

3. 崇尚長期的穩定關係。中國人更注重長期的穩定關係，而不是短暫的浪漫。他們希望在婚姻中建立互相尊重、信任和支持的關係，一起面對生活中的挑戰和困難。

4. 傳統和現代的結合。雖然中國傳統文化對愛情的看法較為保守，但隨着社會的變化和年輕人的獨立意識的增強，越來越多的人開始追求個人幸福和愛情自由，這也導致了中國當代愛情觀的自由化。現今越來越多青年羣體追求更大自主選擇權利，並嘗試探索同居關係。隨着信息技術的發展，異地戀和網絡戀愛成為越來越普遍的現象。人們不再局限於地域和時間的限制，可以通過網絡和通訊工具進行交流和溝通，這也帶來了新的愛情觀和體驗。

5. 跨文化交流。在全球化背景下，越來越多的中國人接觸到了不同國家和地區的愛情模式和價值觀。跨國、跨地域與不同語言能力等因素也成為影響當代中國愛情觀念發展之一。

6. 注重實際問題。中國人在選擇伴侶時，往往會考慮實際問題，如經濟狀況、家庭背景、教育程度等。這些因素會影響婚姻的穩定和和諧。

7. 虛幻幻想。因為受到電視劇、電影、網絡遊戲等大量虛幻的愛情故事的影響，一些人對愛情抱着過度的幻想和期待，導致對現實中的愛情缺少足夠的理解和認知。

總的來說，不同的人有不同的愛情觀和追求，但隨着社會的變化，也在逐漸多元化，這也反映了社會的變化和發展。但中國當代愛情觀仍然注重婚姻家庭的穩定和和諧。

綜上所述，在現代中國，愛情觀念呈現出多樣化、複雜化趨勢，無論是務實還是浪漫、嚮往都存在於社會中不同羣體的戀愛觀中。中國當代人的愛情觀在很大程度上反映了現代社會對個人追求自由、平等和多元化的需求，也體現了中國文化傳統中家庭、道德和尊重的價值觀念。

二、當代人的友情觀

柳宗元是中國古代文學史上「唐宋八大家」之一，是宋代的文學家和思想家也是宋明理學的重要開啟者。了解了柳宗元的一生，可以將這位著名詩者的友情觀總結為以下幾點：慎交朋友、真交朋友、交真朋友、交超越私情的朋友。

1. 慎交朋友。柳宗元那時是一位出身名門望族又意氣風發的青年才俊，是當時受追捧的明星，都把能與柳宗元交往成為誇耀的資本。柳宗元卻胸懷大志，一心繫國，並未把注意力放在人際交往中，並且年輕時的柳宗元心存高遠、志趣高潔，常人難以進入他的視野，成為他真正的朋友。在他看來，交朋友要慎重，要志同道合，要真誠，要沒有目的性的，要從義不從利。那時算得上柳宗元朋友的只有韓愈、劉禹錫、皇甫湜、元積、崔羣、吳武陵等幾位。朋友雖不多，但用今天的話說，就是少而精。正所謂：人生得二三知己，便已足矣，夫復何求？尤其與韓愈、劉禹錫的友情可謂是患難之交、莫逆之交了！

2. 真交朋友。柳宗元對待朋友的真心可在其「以柳易播」的故事中觀滴水可知滄海。此故事發生在元和十年（815 年），當時朝廷決定派柳宗元為柳州刺史，劉禹錫為播州（今貴州遵義）刺史。播州相對於柳州而言，地方更為遙遠偏僻，環境更加險惡，而此時劉禹錫有八十多歲的老母親要隨之前往。可當年（805 年）柳宗元被貶永州時，其年近七十歲的母親也隨之到達，由於初到貶地，居無定所，水土不服，第二年便死於永州的一座佛寺裏。此事對柳宗元的打擊非常大，內心充滿了自責。如今自己的知己卻也面臨同樣的情形，柳宗元推己及人，不願再看到如此情景在自己朋友身上重演。於是，情願冒着頂撞朝廷的罪名，主動提出以自己條件較好的柳州更換劉的播州，最後，由於宰相裴度的幫助，劉禹錫得以改派連州（今廣東連州），由此，「以柳易播」的故事就此傳開了。柳宗元如此高尚的品格，對朋友的心如此赤誠，「貴人而賤己，先人而後己」的大義之舉，確實值得後人不朽傳頌。

3. 交真朋友。劉禹錫與柳宗元，在從相識到相知的二十六年裏，兩人風雨同舟、休戚與共，結下了為世人所稱道的友情；同時，又以詩歌為媒介，相互唱和，交流思想，其詩情與友情之深，堪為世人之楷模。819 年，柳州生活的艱難和人生的坎坷不斷摧殘着柳宗元的身心，終於，在這一年，柳宗元走完了自己一生的道路，一位名動天下的大才子，沒能實現人生抱負，反而鬱鬱而終，實在令人唏噓。臨終前，柳宗元寫信將自己的親人全部託付給了劉禹錫，一併交給劉禹錫的還有自己一生所有的詩文稿件。而劉禹錫也從未辜負柳宗元的囑託。柳宗元去世後，劉禹錫悲痛欲絕，驚號大叫，如得狂病，並親筆書信韓愈請求其為柳宗

元撰寫墓誌銘，自己則用盡後半生積蓄和心血，完成了《柳宗元集》。如果沒有劉禹錫，也許就沒有柳宗元那一篇篇流傳千古的詩文。柳宗元的兒子也在劉禹錫、韓愈等人的呵護下茁壯成長，教育成才。並且，劉禹錫將平生所學毫無保留的傳給了柳宗元之子。柳宗元和劉禹錫的友情故事，穿越千年而依然讓人感動不已，他們是悲劇的，一生鬱鬱不得志，但他們更是幸運的，因為他們彼此找到了最珍貴且並非人人都可以獲得的真友情、真朋友、真知己！

4. 交超越私情的朋友。元和十年（815）柳宗元再貶柳州不久，聽聞當朝宰相武元衡在上朝途中遇刺身亡，御史中丞裴度也被刺成重傷。裴度有恩於柳宗元，但武元衡是導致柳宗元再次被貶柳州的主要人物，從一定程度上說，武元衡與柳宗元是有私仇的，但武元衡與柳宗元在政治上又都竭力主張削藩平叛，有着相同的見解，正由於削藩平叛導致武元衡被地方藩鎮嫉恨而殺。面對此事，柳宗元本可以幸災樂禍，可武元衡是為國而死，在此大是大非的問題上，柳宗元寫下《古東門行》一詩，詩中對朝中羣臣為求自保而鉗言杜口充滿斥責，同時對國勢的殆危充滿憂慮，並且不顧個人安危要求朝廷嚴查刺客和幕後指使者。這時的武元衡是柳宗元政治上的朋友，柳宗元已經完全超越了私情，正是他「許國不復為身謀」之理想情懷的具體體現。

中國當代友情觀是多元多樣的，受到文化、社會、教育等多方面的影響。總體來說，在中國文化中，友情被視為一種重要的人際關係，是人與人之間基於共同興趣、相互信任和支持而形成的關係。中國人常將「青山不改，綠水長流」「高山流水，知音難覓」「情誼相知，誰堪共語長安」等詩句用來描述真摯的友情。

然而，在當代社會中，由於競爭壓力、個人主義思潮等因素的影響，友情的意義和形式也在不斷演變和變化。一些人可能更加注重物質利益，追求利益上的合作；還有一些人則更加看重精神交流，強調情感上的支持和理解。此外，隨着經濟的發展和社會變遷，人們面臨的壓力越來越大，個人和家庭的競爭變得激烈，社會關係也更加複雜和多樣化。在這種情況下，友情成為一種向內追求、尋求平衡的體驗，具有一定的逃避和安慰功能。

　　目前我國在經濟、政治、社會、思想等領域都發生了極為重大的變化，所面臨的主要社會矛盾也轉化為了人民日益增長的美好生活需要和不平衡不充分的發展之間的矛盾。對於生活在當代的我們，價值觀必然會受到很大的影響，而價值觀的改變必然會影響到當代人的友情觀。古時候先輩們的友情觀，大都從義不從利；現代的友情觀，崇義以養利，義利兼顧，即朋友之間有通財之義，但絕不可以「利」為核心，否則利盡則散。在此背景下，人們對友情的追求不僅僅是簡單的利益交換，還包括真誠、信任、幫助和共情等情感需求，體現出一種更為細膩和深入的人際溝通。同時，對於真正的朋友，中國人依然會以「飲食男女，人之大欲」、「處君子以忠，交小人以謹」等傳統觀念要求友情的真實、深入和長久。友情還承載着對於個人生命意義和價值的追求。中國傳統文化注重「知行合一」，強調「仁愛」「人情」「義理」，所以友情不同於純粹的私人關係，而是滲透着對於社會、人性等方面的思考和關注。通過友情的建立和維護，人們體驗到生命和存在的共鳴，獲得對於自己位置和價值的確認，從而深化自我認識和成長。

　　隨着社交網絡和電子通訊的發展，人們之間的交往方式也

不斷改變。虛擬世界中的社交、虛擬好友等概念，讓人們更容易結交各種類型的朋友，但也可能削弱了一些人對於真正友情的珍視，或者出現了過多的表面化關係。

綜上所述，中國當代友情觀分為以下幾個方面：

1. 傳統友誼觀：在中國文化中，朋友之間的關係被視為至高無上的價值。傳統上，人們認為真正的朋友應該互相幫助、尊重、以誠相待和信任彼此。

2. 網絡社交：隨着網絡技術不斷發展和普及，越來越多的人通過社交媒體平台建立聯繫並維持溝通。這種方式使得新型「網絡」友誼成為了一個熱門話題，並且已經滲透到現實生活中。

3. 商業合作夥伴關係：在商業領域內，在一些經濟共同利益或目標下結成合作夥伴關係也是很常見的事情。這樣能夠促進雙方公司之間長期穩定良好地發展，並創造更加優質產品與服務給消費者。

4. 跨國友誼：隨着全球化進程加快，國際性跨境民間組織以及各類學問交流都日益而起，因此有許多來自不同國家、背景與文化習慣等差異較大但卻仍然保持深厚感情聯接在一塊的外籍友人。

因此，我們在構建和拓展友情關係時需要注意以下幾點：

首先是真誠與包容。友情只有在真誠的基礎上才能建立和維護，需要雙方都能夠主動付出和信任。同時也要保持對對方的包容和理解，接納他們的缺點和不足。

其次是平等與共贏。友情存在於平等和相互尊重的基礎之上，不能出現單方面的佔有和支配。同時也要保持雙方的利益平衡和資源共享，讓友誼成為雙方共贏的結果。

最後是價值與責任。友情應該承載一定的價值和意義，同時也需要承擔一定的責任和義務。比如在對方需要幫助的時候給予關心和支持，在自己需要幫助的時候也要勇於開口和求助。友情是相互的，需要在相互交流和支持中得到成長和發展。

　　總之，友情是我們生活中不可或缺的一部分，具有重要的社會和人文意義。建立和拓展友情需要我們秉持真誠、平等、包容和責任的原則，不斷細化和完善自己的觀念和實踐，讓友情成為我們生活中的一道光。

　　綜上所述，中國當代友情觀具有多重層次和複雜性，既與傳統觀念延續相通，也受到社會變革和現代化影響。尤其是在當今社會競爭日益激烈的環境下，友情成為人們面對壓力和焦慮的一種重要資源，同時也推動着人際關係和社會文明的發展。它依然是中國文化中的一個重要價值觀，是人與人之間和諧相處的基礎。

第二節　家庭觀與社會觀

一、當代人的家庭觀

　　習近平指出：「要堅持以社會主義核心價值觀為統領，樹立新時代的家庭觀，引導婦女既要愛小家，也要愛國家，帶領家庭成員共同昇華愛國愛家的家國情懷、建設相親相愛的家庭關係、弘揚向上向善的家庭美德、體現共建共享的家庭追求。」這是新時代中國家庭觀的內涵，科學回答了新時代如何看待家庭、建設什麼樣的家庭、怎樣建設家庭等基本問題，是新時代全體中國人智

慧的結晶，生活的結晶，代表了新時代中國人的家庭觀、集體觀和國家觀。

（一）新時代中國和諧家庭價值觀

「家和萬事興」，這是中國人一直信奉的家庭觀，也是一種最基本的文化自信。家庭作為傳承中華民族傳統美德的基本場所，體現了社會主義核心價值觀「愛國、敬業、誠信、友善」的基本道德準則。家庭給人們心靈慰藉，精神支撐。和氣生財、和氣致祥、夫妻同心，其利斷金等，無一不顯示出「和氣」對生活的影響。有了和睦美滿的家庭關係，下一代才能健康成長、老年人才能老有所養。家庭和睦，社會才會安定；家庭幸福，社會才會祥和。家庭雖然是社會組成的最小單位，卻是建設和諧社會的重要組成部分。

（二）新時代和諧家庭教育觀

新時代家庭觀的核心內容是立德樹人教育，集中體現於家庭教育的「四個一」：家庭是人生的第一個課堂，父母是孩子的第一任老師，幫助孩子扣好人生的第一粒鈕子，邁好人生的第一個台階。在「四個一」中，「最重要的是品德教育，是如何做人的教育」。學習，首先要學的是做人，做一個堂堂正正的人，其次才是做學問。立德樹人教育最核心的內容是愛國主義教育，家國情懷是立德的根本，是最應該傳遞給孩子的核心內容。青少年時期是塑造人格最好的時期，家庭環境尤其重要。中國歷史上的畫荻教子、孟母三遷、斷機教子、曾子殺彘等家庭教育典故，無不強調父母對孩子價值觀塑造的重要性。為了更好地教育和引導孩

子，讓孩子樹立正確的世界觀、人生觀、價值觀，新時代中國仍需在家庭中大力培育和踐行社會主義核心價值觀，營造愛家愛國的家庭氛圍。

（三）新時代和諧家庭文化觀

家庭觀是人們對家庭抱有的價值觀念、態度和信念，家庭觀表現為家庭共同的習俗和風尚，也就是「家風」。中國自古就有家風傳承的傳統，如《誡子書》《顏氏家訓》《誡皇屬》《袁氏世範》《弟子規》。好的家風是一個家庭的優秀傳統，通過長輩的言傳身教，通過家規、家訓來影響家庭成員，並代代傳承和弘揚，並與修身立命、睦親齊家、社會建構、國家治理有重要關係。而壞的家風，所謂「一人得道，雞犬升天」，必上禍及祖輩，下殃及子孫，甚至危害社會。比如家族式的黑惡勢力，目無法紀、為非作歹、欺壓百姓，嚴重破壞經濟、社會治安秩序，給社會安定帶來了嚴重的威脅。所以，必須弘揚優良的家風以促進社會進步、社會和諧、國家發展。

二、當代人的社會觀

社會觀是指人們對社會的基本觀點和看法。人是一切社會關係的總和，而在一切社會關係中，政治、經濟、道德關係是最基本的關係。因此，人們的社會觀也集中體現在對其生活中的社會政治經濟和道德的基本觀點和看法。

（一）當代社會政治經濟觀

中國共產黨第十八次全國代表大會以來，習近平堅持以馬克

思主義政治觀為指導思想，立足中國政治實踐新的時代要求，圍繞人民利益、政治權力、政黨建設、政治文化、政治發展及全球治理等方面發表了一系列重要講話，形成了相對完整的政治觀，為走出一條中國特色、中國風格、中國氣派的政治發展道路指明了方向，也為發展中國家政治發展貢獻了中國智慧和方案。

新時代政治觀的核心內涵是以人民為中心，以人民利益為基點，以党的領導為根本的政治經濟觀，以人民利益為內核的政治關係觀，以制度建設為根本的政治權力觀。

以党的領導為根本的政治經濟觀：中國共產黨的領導核心作用是中國特色經濟體制的根本特徵。首先，把握客觀規律是中國共產黨管好經濟的根本前提，為此必須學好用好政治經濟學，真懂真信，反對教條主義和實用主義。其次，堅持人民共享是中國共產黨管好經濟的價值導向。以人民為中心的發展理念貫穿於中國經濟發展的各個環節，不僅要「做大蛋糕」，還必須「做好蛋糕」。為此，經濟增長必須是真實的增長，有效益、有質量、可持續。最後，創新領導方式是中國共產黨管好經濟的重要保障。中國共產黨管經濟就是為經濟把方向、謀全局、提戰略、定政策和推改革，為此，創新党領導經濟社會發展的觀念、體制、方式方法，保證政策落實，最終實現有效和科學領導，是中國共產黨領導經濟的根本能力要求。

以人民利益為內核的政治關係觀：首先，民心是最大的政治。民心向背關係到國家前途和命運。「得眾則得國，失眾則失國」「政之所興在順民心，政之所廢在逆民心」，這些古言警句皆說明民心向背對國家命運的重要性。其次，保障政治權利實現政治權利是人民實現其利益的政治途徑，能夠有效化解政治矛盾。

政治權利面前人人平等，要提升法治思維，運用法治方式推動改革和發展，化解衝突和矛盾。法治最終是「為了人民、依靠人民、保護人民」。所以，法律的制定和實施都必須充分體現人民意志。中國政府將保障人民政治權利扎扎實實落到實處，對全面推進依法治國的總目標、總佈局、重點任務等都有準確明晰的把握。最後，羣眾路線貫穿一切。羣眾路線是將正確思想、主張和政策轉變為人民羣眾的自覺行動的根本途徑。習近平告誡全黨：「我們黨的最大政治優勢就是密切聯繫羣眾，黨執政的最大危險就是脫離羣眾。」他指出要「拜人民為師」「向人民學習」「『身入』更要『心至』」，解決老百姓心中最着急、擔憂和抱怨的問題，保障好羣眾最關心、直接和現實的利益問題。

以制度建設為根本的政治權力觀：政治權力是政治的核心問題。首先，權力之源。政治權力的歸屬和來源決定着一個政黨和國家的根本性質。《中華人民共和國憲法》規定：「中華人民共和國的一切權力屬於人民」，黨章要求領導幹部要「正確行使人民賦予的權力」。其次，權力之用。即「將權力用到哪裏」和「如何正確使用權力」。一方面，「權為民所賦」的政治邏輯，決定了「權為民所用」的政治實踐。中國共產黨認為權力是「為黨和人民做事用的，姓公不姓私，只能用來為黨分憂、為國幹事、為民謀利，領導幹部要始終心繫百姓。」要「依法用權、為民用權、秉公用權、廉潔用權」，永葆共產黨人拒腐蝕、永不沾的政治本色。「依法、為民、公正、廉潔」的統一是中國共產黨政治權力思想的內核。最後，權力之束。制度建設是權力監督的根本之策，目標是要建設「一整套更完備、更穩定、更管用的制度體系」。在具體策略中，強調要形成監督合力，確保監督無禁區、無死角為保

證制度落實，中央對各級黨委、紀委、基層黨組織以及普通黨員的監督職責都進行了明確規定，形成了獨具特色的鮮明的權力監督思想。

（二）當代社會道德觀

國無德不興，人無德不立。中國共產黨第十八次全國代表大會以來，中國人更加講道德、尊道德、守道德，明大德、嚴公德、守私德。新時代中國旗幟鮮明地堅持馬克思主義道德觀、社會主義道德觀，倡導共產主義道德。中國共產黨自成立時就把共產主義確立為遠大理想。中國特色社會主義共同理想是社會主義核心價值體系的重要組成部分。

中國共產黨第十八次全國代表大會報告創造性地提出了以「富強、民主、文明、和諧；自由、平等、公正、法治；愛國、敬業、誠信、友善」為科學內涵的社會主義核心價值觀。習近平指出：「核心價值觀，其實就是一種德，既是個人的德，也是一種大德，就是國家的德、社會的德。」當代中國的主流價值觀是社會主義核心價值觀，它是引領當代公民道德建設的價值坐標。將國家、社會納入核心價值觀視閾是對此前核心價值觀只對個人作價值規範的一次重大突破，也是對當前公民道德建設價值方向的一次重大調整。這也意味着公民道德建設不能僅僅只強調公民個體的道德努力，而且要從國家、社會及其與公民的良性互動中予以考量，這是因為國家、社會、公民三者價值觀雖屬不同層面，卻是一個有機整體。

愛國憂國是中華民族傳統美德。有國才有家，有國才有己，已成為全體中華兒女的共識。其次，隨着社會公共生活的不斷拓

展，社會公德的重要性日益突顯。每一個公民都是社會的一分子，共同構成了公共生活共同體。這就要求每一個公民必須學會關心社會、關愛他人，想他人之所想、急他人之所急，自覺參加公益活動，展現人性之美。最後，要注重提升個人品德修養。個人品德修養是個人進行自我改造和自我完善的重要手段，其目的就是不斷提升人的道德素養、完善人的道德人格。

第三節　禮儀風俗與文化娛樂

一、禮儀風俗

（一）禮儀風俗的概念與起源

禮儀風俗是世代傳承的羣體性的生活文化，它伴隨着人類生活的始終，有漫長的歷史。

所謂禮儀，是「禮」和「儀」的合成，是在社會生活中約定俗成的，符合禮的要求，維護禮的精神，指導、協調人際關係的行為方式和活動形式的總和。中華禮儀萌芽於原始社會，即公元前 5 萬年至公元前 1 萬年。許慎在《說文解字》中說：「禮，履也。所以事神致福也。」意思是說：禮義（行為的準則），就像腳要穿鞋子走路。人們要按照禮制行事，敬神以禮，求神賜福。在原始社會，人們對於自然現象、社會現象無法用科學的方式作出解答，都被視為神靈的傑作，因而產生了原始宗教，開始敬神、祭神、供神，以求得到神靈的庇祐。祭神要在特定的時間，莊重的場所，人們要做到敬畏虔誠，這樣才能得到神靈的庇護，

久而久之就形成了固定的儀式。人們去世後，出於對靈魂的敬畏，逐漸形成了喪葬儀式。建立奴隸王朝之後，這些古老的原始禮儀得到了進一步的完善與發展，使其更加規範化，在這個時期形成了婚禮。婚禮，在《禮記‧昏義》裏記載為「昏禮」，因為在古人看來黃昏是個吉時，因此一般舉行婚禮都是在黃昏時期，故而得名。《詩經‧國風‧周南》中的《鄘風‧相鼠》中說：「人而無禮，胡不遄死」，意思是：為人如果沒有禮儀，與畜生就沒什麼區別，還不如快點兒死了算了。可見，禮儀在中華文化中的地位多麼重要！

所謂「風俗」，是在一定的社會文化區域內，人們共同遵守的思想規範和行為模式。中國自古就重視民間風俗，許多史書都提到了風俗的重要意義。《漢書》說：「觀風俗，知得失」。在中國古代，「俗」更多指社會人文環境因素影響下人們習尚的變化，含義同「習」。《說文解字》：「俗，習也。」習原指鳥的飛行練習，用到人事上就指仿效、傳習，有延續、習染的含義。在中國古代，「風」更多是指自然地理環境因素影響下人們習尚的變化。《漢書‧地理志下》：「凡民函五常之性，而其剛柔緩急，音聲不同，係水土之風氣，故謂之風；好惡取捨，動靜亡常，隨君上之情慾，故謂之俗。」總之，風與俗是古人對一定時空範圍下人們生活模式的概括，風、俗雖然稍有區別，各有側重，但其指稱說明的對象大體一致，因此風俗較早就組合成一專門的名詞。風俗形態的社會特性決定了人們對它的政治關注，因此引導社會風氣，移風易俗，培育適宜於封建倫理需要的文化習慣，就成為古代社會追尋的社會政治目標。

在中國古代，「禮」與「俗」是緊密聯繫在一起的，上層統治

者總是把民間的「俗」規範化，體系化，並設官員加以管理。在儒家思想的指導下對禮和俗進行了整合就是禮俗。在社會發展過程中，風俗和禮儀二者之間的界限越來越模糊，二者相互依存，彼此影響，共同發展，並加強了上層文化和下層文化之間的雙向交流，同時增強了民眾的地方認同、民族認同和國家認同，強化了中華文化的凝聚力。

　　一個時代的風俗得以形成，民間的約定俗成是主要原因，但必須經過官方的認可、提倡，甚至通過官方制定為儀禮，才能在全社會推行，形成一個時代的風俗。最典型的例子是中國的節日文化。節日文化萌芽於民間，但在漫長的歷史過程中，經過官方和民間從內容到形式不斷完善，最後定型。春節、元宵、清明節、端午節、中秋節等節日的形成莫不如此。

（二）部分禮儀風俗

節日禮儀風俗

　　中國的節日大多源於節氣，人們祈求平安健康長壽富足，節日期間家人團圓，拜訪親友等，以吃喝為主。特別是春節、元宵節、中秋節都是家庭團圓的節日，晚輩通常都會拜訪前輩，屬於家庭性的活動。在春節，大家都是以家庭為單位在一起吃團圓飯。除非受到特別邀請，親朋好友一般不會選在除夕全家團圓的時候「打擾」別人的家宴，而是選擇發微信、發短信、打電話等方式互相送祝福。中國的春節是所有節日中最盛大也是持續最久的，從大年三十至正月十五，都是慶祝春節的日子。關於春節的歌謠很多，如「糖瓜祭灶，新年來到；姑娘要花，小子要炮；老頭兒要頂新氈帽，老太太要件新棉襖。」「二十三，祭罷灶，小孩

拍手哈哈笑。再過五，六天，大年就來到。辟邪盒，耍核桃，滴滴點點兩聲炮。五子登科乒乓響，起火升得比天高。」

正月十五也就是元宵節，說明春節的慶祝也已經接近尾聲了！關於元宵節的歌謠也很多，如：「老奶奶，手兒巧；做花燈，鬧元宵；西瓜燈，兔子燈；金魚燈兒尾巴搖；機燈，送寶寶；火箭燈，送浩浩；寶寶樂，浩浩笑；一同鞠躬謝姥姥……。」

中秋節，又稱祭月節、仲秋節、拜月節、月亮節、團圓節等。中秋節源自天象崇拜，起源於上古時代秋夕祭月，普及於漢代，定型於唐朝初年，盛行於宋朝以後。中秋節自古便有祭月、賞月、吃月餅、看花燈、賞桂花、飲桂花酒等民俗，流傳至今，經久不息。中秋節是秋季時令習俗的綜合，其所包含的節俗因素，大都有古老的淵源。中秋節以月之圓兆人之團圓，為寄託思念故鄉，思念親人之情，祈盼豐收、幸福，成為豐富多彩、彌足珍貴的文化遺產。「祭月節」最初是在干支曆二十四節氣「秋分」這天，後來才調至夏曆八月十五日。中秋節與春節、清明節、端午節並稱為中國四大傳統節日。受中華文化的影響，中秋節也是東亞和東南亞一些國家尤其是當地華人華僑的傳統節日。

清明節，又稱踏青節、掃墓節、祭祖節等，是唯一一個既是節氣又是節日的日子。清明節是中國傳統節日，也是最重要的祭祀節日之一，是祭祖和掃墓的日子。中國漢族傳統的清明節大約始於周代，距今已有二千五百多年的歷史。受漢族文化的影響，中國的滿族、赫哲族、壯族、鄂倫春族、侗族、土家族、苗族、瑤族、黎族、水族、京族、羌族等 24 個民族也都有過清明節的習俗。雖然各地習俗不盡相同，但掃墓祭祖、踏青郊遊是基本主題。人們在清明節這一天通常以吃冷食為主，比如麥粥、雞蛋、

棗糕、青糰、清明飯、潤餅菜、饊子、子推饃等。

服飾禮儀風俗

中華民族自古注重服飾之美，更注重服飾所體現的做人做事的態度。在中國的經典著作中，有很多非常精彩的關於服飾之禮的描述。「衣貴潔，不貴華」，名牌不是禮，「乾淨整潔」才是禮，這是我們傳統文化服飾禮儀的精神內涵。《禮記》說：「禮儀之始，在於正衣冠」。衣冠正，則品行端；衣冠正，則知禮儀。中國自古就有「禮儀之邦、衣冠上國」的美譽。兩三千年前，《禮記》就對穿戴有了規約，尤其重視早晨的穿戴，認為這是培養人生態度的開始。

現代通用的服飾禮儀的基本原則是 TPO 原則，其含義也是強調着裝要符合不同職業和場合的需求。TPO 指的是着裝要考慮到時間「Time」、場合「Place」、對象「Object」的不同，並隨着時間、場合、對象的變化而變化。

公務場合：需要身着工作裝，合身，嚴謹，切忌過於鮮艷、過於雜亂、過於暴露、過於透視、過於短小、過於緊身的衣物！

社交場合：着裝的基本要求為時尚個性，宜穿着禮服、時裝、民族服裝，不適合選擇過分莊重保守的服裝，比如穿着制服去參加舞會、宴會、音樂會，就往往和周邊環境不大協調了。家裏的衣服也不要在公共場所出現。

休閒場合：所謂休閒並不等於休息，休閒是指在工作之餘一個人單獨自處，或者在公共場合與其他不相識者共處的時間。休閒場合着裝的基本要求為舒適自然。一般而論，在休閒場合，人們所適合選擇的服裝有運動裝、牛仔裝、沙灘裝以及各種非正式的便裝，比如 T 恤、短褲、涼鞋、拖鞋等等。

婚喪嫁娶場合：在中國，參加婚禮應穿着紅色等喜慶的顏色，但不能比新娘子還奪人眼目。參加喪禮顏色主要以黑色、白色、灰色或深暗色系較好，但一般是黑色為主，切忌穿正紅色、粉色以及紫色等等比較喜慶的顏色！衣服的搭配一定要上下風格一致，以沉穩莊重的風格為主，避免穿得太時尚潮流，也不要穿出嘻嘻哈哈的感覺，搭配時可以讓上下衣服顏色相近，背的包顏色也要偏深色系的。女性妝容主要以素顏或淡妝為主，切忌濃妝艷抹！

餐桌禮儀風俗

在中國的宴席上，大家團團圍坐，共享美食，這就從形式上造成了一種團結、禮貌、和諧的氣氛，符合中華民族「大團圓」的普遍心態。中國在聚餐時常常呈現出一種熱鬧、隨性的和諧氣氛，大家圍坐在一起，談天說地，聊開心了就把酒當歌，大聲說笑。特別是家庭聚餐時，中國的家庭大多都是三室或四室同堂，一大家子十幾口人其樂融融，在一起營造出一種非常熱鬧、喜慶的氛圍。在宴請客人時，餐桌禮儀還有許多小細節值得注意，從入座到敬酒都有一定的規矩：入座，座次是「尚左尊東」「面朝大門為尊」。若是圓桌，則正對大門的為主客，主客左右手邊的位置，則以離主客的距離來看，越靠近主客位置越尊，相同距離則左側尊於右側。若為八仙桌，如果有正對大門的座位，則正對大門一側的右位為主客。如果不正對大門，則面東的一側右席為首席。點菜，一頓標準的中式大餐，通常先上冷盤，接下來是熱炒，隨後是主菜，然後上點心和湯，當然，如果感覺吃得有點膩，可以再來一點餐後甜品，最後上水果，在點菜時一定要顧忌到客人的口味。進餐，先請客人、長輩動筷。吃飯喝湯時聲音小

一些，不要打擾到同桌人。有的人吃飯喜歡吧唧嘴，發出很清晰的聲音，這在中國宴請場合是極不禮貌的；進食有骨頭的菜肴時，不要直接往桌上吐，也不要往地上吐，最好是用手把骨頭放到自己的碟子裏。為客人夾菜，一定要用公筷，衛生又禮貌。為別人倒茶倒酒，要記得「倒茶要淺，倒酒要滿」的原則，正所謂：酒滿敬人，茶滿欺人。敬酒，主人敬主賓，陪客敬主賓，主賓回敬，陪客互敬。

飲酒禮儀風俗

在中國古代，飲酒習俗受儒家文化影響，講究「酒德」。古代形成的飲酒禮節，至今仍影響着中國人的日常生活。酒文化在中國源遠流長，朋友歡聚，商務往來，或家人團聚時，酒是少不了的。中國人喝酒，重點不是品酒，而是品人品事：喝酒對自己所關注的事情是否有積極的推動或促成作用。可能古人早就有同感，所以才有了歐陽修的千古名句「醉翁之意不在酒」。

個人隱私方面

在中國，特別是與長輩見面時，長輩很喜歡詢問年輕人的私事，比如：年齡多大了，在哪裏工作，有沒有男女朋友，一個月拿多少工資，甚至還會打聽一些隱私問題，比如為什麼離婚，有過幾任男女朋友等等。中國人熱情好客，在日常交往中，噓寒問暖，似乎無保留。了解他人的年齡、職業、收入、婚姻狀況、子女等一系列個人問題，問的人和被問的人都不覺得有什麼不妥，常常把這些當作茶餘飯後的聊天話題。被問到這些問題的年輕人即使覺得難堪，也一般不會直接反駁或流露出不滿，而是事先就準備好了如何應對，做到胸有成竹。當然，新時代中國的社會風氣都在發生積極的改變，長輩們也越來越尊重晚輩的個人隱私，

不給年輕人施加更多的思想壓力，人與人之間遵循着更為文明、平等的交往禮儀。

二、文化娛樂

隨着中國開放程度的加深、城市化進程的加速，文化生活條件與環境的積極變化，人民羣眾的文化生活方式也發生了較大變化。無論是精神信仰生活、文藝休閒娛樂生活或人際交往習俗，都越來越多樣化和現代化，人民羣眾的娛樂方式整體呈現出了由單一化向多元化變遷的趨勢。

傳統文化娛樂活動

中國京劇：京劇又稱京戲，在台灣又稱平劇、國劇，是中國戲曲曲種之一。以北京為中心，遍佈全國。京劇興起於十九世紀中期，融合了徽劇和漢劇，並吸收了秦腔、崑曲、梆子、弋陽腔等曲種的優點。京劇形成後，因為得到了清朝宮廷的支持，很快得到了空前的繁榮。

京劇的腔調以西皮和二黃為主，主要用胡琴和鑼鼓等伴奏。京劇作為中國國粹，於 2010 年獲選進入人類非物質文化遺產代表作名錄。

中國武術：歷史悠久，最早可以追溯到商周時期，具有極其廣泛的羣眾基礎，是中國勞動人民在長期的社會實踐中不斷積累和豐富起來的一項寶貴的文化遺產。中國武術是制止侵襲的一種高度自保技術，在切實解決安全問題的基礎上，能使習武者的頭腦得到應變能力的訓練，同時簡便易行，能夠輕鬆提升人的精神和身體素質，防衛健身，精進卓越，快樂通融。

中國書法：是一門古老的漢字書寫藝術，從甲骨文、石鼓文、金文（鐘鼎文）演變而為大篆、小篆、隸書，一直到定型於東漢、魏、晉的草書、楷書、行書等，書法一直散發着藝術魅力。漢字書法是漢族獨創的表現藝術，被譽為無言的詩，無行的舞，無圖的畫，無聲的樂。

漢字是中國書法中的重要元素，也是中國書法區別於其他種類書法的主要標誌。書法按照書寫工具分類，可分為硬筆書法和軟筆書法。硬筆書法的書寫工具包括鋼筆、中性筆、美工筆、鉛筆粉筆等，以墨水或者粉狀介質為主要載體，來表現漢字和其他文字的書寫技巧。軟筆書法一般指用軟筆創作的書法作品，書寫工具包括毛筆和軟筆。學習書法可以培養耐心、歷練身心、修身養性、陶冶情操、培養審美能力、提高文化修養等。

中國雜技：雜技，是包括各種體能和技巧的表演藝術，包括跳、身體技巧和平衡動作，並使用長杆、獨輪自行車、球、桶、繃牀及吊架等器械。中國雜技是歷史悠久的傳統表演藝術之一，大約在新石器時代就已經萌芽。秦統一中國後，吸收各國角抵的優點，形成了一種娛樂性的雜技節目——角抵戲。漢代，角抵戲的內容更充實，品種更豐富，技藝更高超。到東漢時，則形成了以雜技藝術為中心，匯集各種表演藝術於一體的新品種——「百戲」體系。

中國雜技的藝術特色，大致表現在以下幾個方面：第一，特別重視腰腿頂功的訓練。中國雜技藝人、演員都要有扎實的武功基礎。第二，險中求穩、動中求靜。如「走鋼絲」中種種驚險的表演，都要求「穩」。第三，平中求奇，以出神入化的巧妙手法，從無到有，顯示人類的創造力量。第四，輕重並舉，通靈入化，

軟硬功夫相輔相成。最能表現這一藝術特色的是「蹬技」節目。第五，超人的力量與輕捷靈巧的跟斗技藝相結合。如《千斤擔》節目，一位演員手舉腳蹬，同時舉起四副石擔和七八個演員，負重達千斤以上，表現出超人的力量。第六，大量採用生活用具和勞動工具為道具，富有生活氣息，顯示了中國雜技與勞動生活的緊密關係。第七，古樸的工藝美術與形體技巧的結合。例如，「耍罐子」「轉碟」等表演節目都是把中國的瓷繪藝術與雜技交融在一起。第八，中國雜技有極大的適應性，表演形式、表演場所均呈現出多樣化的特點。第九，中國雜技有嚴密的師承傳統，每一種技藝都是代代相傳，但同時又從戲曲、舞蹈、武術等姐妹藝術中吸收了大量的營養。這些藝術特色構成了中國雜技的獨特魅力。

中國麻將：麻將又稱麻雀牌，起源於中國，原屬皇家和王公貴冑的遊戲，其歷史可追溯到三四千年以前。在長期的歷史演變過程中，麻將逐步從宮廷流傳到民間，到清朝中葉基本定型。

相傳明朝有一位名叫萬餅條的人，他在「葉子格戲」的基礎上創造了麻將，並以自己名字「萬、餅、條」作為三種基礎花色。另一種說法是：麻將是江蘇太倉的「護糧牌」。有關資料記載，江蘇太倉縣曾有皇家的大糧倉，常年囤積稻穀，以供「南糧北調」。糧多自然雀患頻生，每年因雀患損失了不少糧食。管理糧倉的官吏為了獎勵捕雀護糧者，便以竹製的籌牌記捕雀數目，憑此發放酬金，這就是太倉的「護糧牌」。這種籌牌上刻着各種符號和數字，既可觀賞，又可遊戲，也可作兌取獎金的憑證。這種護糧牌，其玩法、符號和稱謂術語無不與捕雀有關，如「筒」圖案就是火藥槍。

麻將基本張數為 108 張，因此也有人說代表着水滸裏的 108

位好漢。東、南、西、北代表這些好漢來自四面八方；中、發、白則代表這些好漢的出身：有的是中產階級，有的是高官貴族，有的則是白丁。

麻將在中國是一種普遍流行的休閒娛樂活動尤其是在老年人羣體中更為普遍。一方面，麻將可以增進人與人之間的交流和溝通，加深朋友之間的感情，增進彼此的了解。另一方面，麻將也是一項需要思考的活動，玩家需要逐漸推算牌型，研究對手的走法，這樣可以有效地鍛煉思維能力，也可以提高判斷力和決策能力。同時，打麻將還能緩解壓力，減輕精神負擔，讓人心情愉悅，身心得到放鬆。打麻將要享受過程，享受靈敏、聰慧、運籌、機智、技巧帶來的愉悅和樂趣，不要把輸贏看得太重，贏牌淡然，輸牌坦然，順其自然。如果以麻將賭博，就會陷入惡性循環，甚至影響到家庭和社會關係。

新穎文化娛樂活動

茶咖文化：一杯咖啡兼有花茶茶香，實際上是當代中國文化由單一向多元文化變遷的一個縮影。茶代表了中國傳統文化，咖啡代表了西方文化，茶咖實際是中西文化融合的浪漫。中西文化並行不悖，相互補充，既體現了中西文化的匯通融合，又反映了社會轉型期文化多元、紛呈複雜、新舊交替的特點。

線上文化：當代中國人的文化娛樂方式正在由線下向線上遷移。傳統的新聞獲取方式主要通過報紙、廣播、電視、書刊等，而現在中國人的休閒生活基本上都離不開手機，排名前十的主流娛樂方式都離不開手機，像手機社交、手機購物、手機短視頻、手機遊戲等等。根據《中國網絡視聽發展研究報告（2023）》顯示，中國目前的短視頻用戶規模已達 10.12 億，網絡直播用戶規模

達 7.51 億。

高雅藝術：在物質生活逐漸得到滿足的同時，中國人的精神生活也逐漸豐富多彩起來。人們的文化娛樂方式不僅有了量的增加，還有了質的變化。中國各級政府持續加大羣眾文化設施建設力度，羣眾文化設施建設水平顯著提升，公共活動空間不斷擴大，為民眾的文娛休閒生活提供了越來越好的條件和環境，越來越多的人從「街頭納涼」到「公園廣場」，再走進「藝術殿堂」，像公共圖書館、博物館、展覽館、美術館、演藝中心等，都可免費使用。而電影、話劇、歌劇，也逐漸成為普通百姓日常生活的一部分了。

國潮文化：「潮文化」，顧名思義，就是標榜與眾不同，將某一羣體特有的文化符號融入流行文化中。「潮文化」與中國本土文化元素相結合，形成了所謂的「國潮」。「國潮」既可以是中國文化的復古形式，也可以是中國文化的創新形式，引領國際潮流。在傳統與現代的交匯融合中，中國元素重新煥發新時代價值，成為新的時代潮流。「國潮」既可以是實物產品，也可以是一種文化現象，但一定立於時代潮頭，成為時尚。目前比較流行的國潮娛樂有廣場舞、國潮音樂節、打麻將、文物盲盒、相聲曲藝、國潮綜藝、古風寫真、古鎮文旅、漢服文化節、新式茶飲等。

第五章

當代中國大眾文化

第一節　大眾文化的形成與發展

一、大眾文化

「大眾文化」這個詞對很多人而言彷彿是一個最熟悉的陌生人。大眾文化在我們的生活中扮演着極其重要的角色，與我們的生活息息相關。無論是讀書看報抑或是聽歌看戲，特別是近年來興起的社交網絡和短視頻平台上的熱門視頻和直播，大眾文化的潮流已經滲透到了我們生活的方方面面，持續地觸動着每個人的心弦，潛移默化地影響和塑造着人們的情感和思想，成為了我們日常生活中不可或缺的一部分。

「大眾文化是什麼？」它可以是廣受歡迎、被眾人喜好的文化；可以是在確定了高雅文化之後所剩餘的文化；可以是量產的具有商業化的文化產品，針對的是缺乏文化辨別力、只是作為消費者的普通大眾；也可以是為人民而服務的文化；還可以是社會中從屬羣體的反抗力與統治羣體的整合力之間相互鬥爭的場所……。

「大眾文化」源自英文 popular culture 或 mass culture popular

culture 是指那些廣泛流行於大眾中的文化現象、娛樂活動和文化產品，包括音樂、電影、電視、廣告、漫畫、遊戲、流行時尚等，這些通俗易懂、流行性強、廣泛傳播、商業化程度高的文化形態，其影響力涉及人們日常生活方方面面，反映了當代社會和文化的主流趨勢和價值觀，同時也受到商業、政治和社會等多種因素的影響。

mass culture 則包含一些否定和批判的意思，類似於「烏合之眾」的文化。20 世紀初，隨着法蘭克福成為重要的商業和金融中心、交通樞紐，吸引了眾多文化和思想精英聚集，這些人對現代資本主義社會的問題和危機提出了批判和反思，形成了以法蘭克福為基地的法蘭克福學派。在法蘭克福學派看來，大眾文化的主要目的是商業利益，所以文化產品往往被設計成廉價、簡單、好消費、受大眾歡迎。這種商業化、淺薄化和標準化的文化產品，容易滿足大眾的淺層需求和消遣娛樂的慾望，容易影響大眾的思考能力和智力發展，但卻無法滿足他們對深度思考和批判精神的需求。

當代大眾文化就是能夠適應當代社會，能夠被社會大眾喜聞樂見的文化。中國大眾文化是指在西方高度發達的工業經濟和文化思潮傳入中國後，中國開始出現的以通俗性、消費性、商業性、娛樂性為特點，以大眾傳媒為手段，以社會大眾為傳播對象，以文化時尚為傳播內容的文化樣式。

消費社會是大眾文化得以產生、發展的基礎，它與當代社會息息相關。大眾文化被視為一種文化現象，包括流行音樂、電影、電視、流行小說、廣告文化、遊戲等多個領域。大眾文化的產生是隨着大眾社會的興起而產生的，隨着社會經濟發展和技術進步，大眾傳媒的出現和普及促進了大眾文化的形成。大眾文

化帶有強烈的商業屬性、批量生產和可複製性，是現代社會文化變革和流行文化的重要組成部分，它既有其自身的內在邏輯和規律，也受到經濟、政治、歷史、社會等方面的影響和制約，反映了社會的價值觀、審美趣味和文化觀念，也是文化交流和認同的重要途徑之一。

在中華民族的歷史上，勤勞勇敢的中國人發揮了自身的智慧和才能，締造了輝煌的中華文明。這種文明包含了科學精神和能激發民眾精神活力的思想體系。如儒家文化強調仁愛、禮儀和道德修養；道家文化倡導順應自然、無為而治；法家文化主張嚴明法治、秩序井然；墨家文化強調兼愛非攻、節儉樸素等。這些文化共同構成了中華民族獨特的文化底蘊，充滿了時代的厚重和深厚的文化內涵。

回顧歷史，中華民族優秀傳統文化使中國始終充滿創造的活力；着眼當下，中華優秀傳統文化與大眾文化不斷融合發展，完善和改進，適應時代需求，緊跟時代步伐，着力創造更美好的文化；展望未來，虛擬現實、人工智能等科技應用都將影響着大眾文化的發展，使其呈現更多元化、個性化的面貌。

二、大眾文化的形成

大眾文化的形成可以追溯到 19 世紀末的歐洲和美國，在城市化、工業化和技術發展的背景下，大眾文化經過一個多世紀的發展，將娛樂活動從少數人的特權變成了全民的享受，成為現代社會不可或缺的一部分。隨着社會經濟發展和技術進步以及多種多樣的大眾傳媒的出現和普及，大眾文化得以形成。

大眾文化興起於 20 世紀的美國。20 世紀初，經過第一次世界大戰，美國陷入了經濟低迷和蕭條。為了尋求精神安慰，美國的文化消費迅速崛起。20 世紀 20 年代起，美國的好萊塢電影工業開始騰飛。隨着好萊塢電影走進人們的日常生活，美國大眾文化也迅速崛起。

經過一個多世紀的發展，大眾文化不斷演變，成為現代社會不可或缺的一部分。大眾文化的形成與發展離不開大眾傳媒的發展，如報紙、雜誌、電影、電視、互聯網等大眾傳媒形式的出現和普及，使得信息和文化得以廣泛傳播，促進了大眾文化的形成。商業機構將文化產品作為商品進行生產和銷售，文化消費成為了一種新的經濟活動，促進了大眾文化的繁榮。科技的不斷進步為文化產業的發展提供了基礎，例如出版業的興盛、電影技術的誕生、數字技術的發展使得連載小說、漫畫雜誌、音樂、電影、遊戲等文化產品逐漸向大眾化方向發展。

隨着社會的變化，新的文化需求和價值觀的出現，推動了大眾文化的不斷演變和創新。在全球化背景下，不同國家文化之間的交流和互動更加頻繁和便利，文化產品的跨國傳播和接受促進了大眾文化的形成和融合。

三、當代中國的大眾文化

當代中國大眾文化是指大眾中廣泛流行的文化現象、娛樂活動和文化產品，包括電影、電視、音樂、綜藝節目、網絡文學、遊戲、流行時尚等。它是現代社會經濟、科技和文化的重要標誌之一，反映了中國社會的價值觀、審美趣味和文化觀念，也是文

化交流和認同的重要途徑之一。

中國大眾文化的發展經歷了多個歷史階段，每個階段都有着自己的特點和代表作品，同時也反映了中國社會的變遷和文化認同。隨着中國的經濟、社會和文化的不斷發展，中國大眾文化也呈現出更加豐富多彩的面貌。

當代中國大眾文化的形成始於 20 世紀 80 年代，是在中國經濟改革開放和社會變革的大背景下逐漸形成的。在這一時期，中國的經濟、文化和社會結構發生了深刻變化，一切都充滿了新鮮感。大眾文化以獨特的方式呈現在人們面前，廣告、流行歌曲、明星等新的文化現象出現在中國人面前。

1978 年至 1990 年代初期，中國政府開始大力發展文化產業，並實施了一系列文化市場開放政策。中國的大眾文化開始逐漸復甦，出現了一些經典的電影、音樂、電視節目等。電影：《廬山戀》《天雲山傳奇》《牧馬人》《哪吒鬧海》《大鬧天宮》《少林寺》《黃土地》《紅高粱》《秋菊打官司》，周星馳電影；電視劇：《西遊記》《紅樓夢》《霍元甲》《上海灘》《渴望》《編輯部的故事》《北京人在紐約》；流行音樂：《軍港之夜》、歌手鄧麗君、羅大佑、「搖滾教父」崔健、王菲、香港四大天王、校園民謠《同桌的你》；文學熱：朦朧詩潮、「有華人的地方就有金庸」「言情教母」瓊瑤、王朔等等。

21 世紀初期，隨着中國經濟的持續快速發展和信息技術的普及，中國的大眾文化產業迎來了黃金時期。大量的文化產品不斷湧現，如電影《霸王別姬》《臥虎藏龍》、音樂人周杰倫等，成為了中國大眾文化的代表作品。

當前，隨着中國文化產業不斷發展和文化市場的日益繁榮，中國大眾文化呈現出更加多元化、個性化和國際化的特點。中國

的大眾文化產品在全球範圍內越來越有影響力，如電視劇《大明王朝1566》《甄嬛傳》；電影《流浪地球》等，成為了國際上備受矚目的文化代表。同時，大眾文化也在不斷拓展領域，如網絡文學、遊戲、短視頻等新興領域。

四、大眾文化的典型：春節聯歡晚會

中央電視台的春節聯歡晚會，簡稱春晚，是中國最重要、最受歡迎的年度文化活動之一，由中國中央電視台（CCTV）主辦。春晚通常在農曆新年舉辦，節目包括歌曲、舞蹈、相聲、小品、魔術等形式，以展示中華民族的文化和藝術。

早在改革開放之前，春節期間就有了春節聯歡晚會。但是，那時電視還不普及，所以晚會主要以廣播、露天電影等形式呈現，並且只能在當地播放，無法覆蓋全國。直到1983年中央電視台開始主辦春節聯歡晚會，並通過電視台進行全國性直播，才使得春晚成為了一種全國性的文化活動，並進一步促進了電視的普及和發展。正是由於電視的普及，春晚才得以成為中國最重要、最受歡迎的年度文化活動之一，吸引着億萬觀眾的關注和熱愛。同時，電視也成為了一種重要的文化媒介，不僅讓文化傳播變得更加便捷和廣泛，也成為了人們了解世界和認知文化的重要途徑。

這也預示着一個新時代的到來——一個建立在市民社會基礎上的大眾文化時代。在這個時代，單一的主流文化被打破，人們對於文化和審美的需求和認知變得更加多元化和個性化。

春晚作為一個展示中國文化的重要窗口，也在不斷地推陳出新，吸收新元素，滿足不同觀眾的需求和喜好。80年代是大眾文

化從萌芽到壯大的時代，也是春節聯歡晚會的黃金時期。這個時代的春晚不僅是一台文化盛宴，更是在催生和引領着中國大眾文化的發展。通過春晚的舞台，各種不同類型的表演藝術得以呈現和傳播，例如流行音樂、小品、相聲等。春晚也成為了各種流行文化元素的集散地，從服裝風格、舞台效果到表演形式，都在不斷吸收新元素和新潮流。這些元素隨着春晚的傳播和普及，逐漸進入到全國的文化生態中，促進了中國大眾文化的多元化和繁榮。

春晚還在一定程度上塑造了中國大眾文化的審美趣味。隨着春晚節目的不斷改變和創新，觀眾們的審美觀念也逐漸發生了變化。從節目形式上來說，早期的春晚節目內容單一，以歌舞、雜技和相聲等為主，而現在的春晚則更加多元化，包括流行音樂、戲曲、舞蹈、小品、魔術等多種表演形式。同時，隨着科技的進步，春晚的舞台和燈光效果也越來越華麗、高科技，呈現出更加壯觀的場面。另一方面，從觀眾的角度來看，可以看到中國人民的生活水平和審美意識在這幾十年間的巨大變化。早期的觀眾們穿着樸素，座位上沒有什麼道具，而現在觀眾們的服裝、化妝和舞台互動等都變得更加時尚和精緻，彰顯了中國大眾文化的發展和進步。春晚的主持人和表演嘉賓也發生了很大的變化。一些曾經風靡一時的明星現在已經淡出了公眾視野，而另一些新生代的演藝人員則逐漸嶄露頭角。但是，無論是過去還是現在，春晚都是展示中國文化和民俗的重要窗口，也是全球收視率最高的電視節目之一。

在當今消費主導的時代，大眾文化蓬勃發展，但其中的泥沙混雜讓人難以辨別優劣。春晚作為一台官方主辦的晚會，一直嘗試在大眾通俗文化和嚴肅的精神高度之間尋找平衡。在消費和娛樂的洪流中，春晚一直在努力塑造新的精神標杆。

總之，春晚不僅是一個文化活動，更是一個代表中國社會轉型和文化變革的標誌和象徵。中國發生了巨大的變化，春晚也是在這樣的歷史背景下不斷演進和變革。

第二節　媒體與文化的大眾化

一、新媒體

新媒體就是「新」＋「媒體」。「媒體」是信息的載體，報紙、廣播、電視都可視作舊媒體。相對於傳統媒體而言，新媒體的出現為我們的生活帶來了諸多便利。新媒體的內容形式豐富多樣。如今，通過刷微博、閱讀公眾號文章、收聽網絡電台和瀏覽網上信息就可了解世界。甚至在日常的購物和烹飪過程中，我們也會使用新媒體進行輔助。「新」媒體已經廣泛運用於各年齡層，大家都在使用微信和抖音等新媒體平台。

新媒體出現之前，個人或企業若想在公共場合傳播自己的觀點或作品，需要經歷相對繁瑣的流程，如尋找報社、電視台、廣播站等傳統媒體渠道。然而，隨着新媒體的興起，發聲變得異常簡便。個人和企業只需在新媒體平台上註冊賬號，便可輕鬆發佈自己的文章、視頻和音樂等內容。這種零成本且便捷的方式吸引了大量創作者，使得新媒體成為一個更具吸引力的傳播渠道。

新媒體不僅方便了內容創作者，還使信息傳播的效率得到極大提升。在短時間內，內容能夠觸達更廣泛的受眾，實現爆炸式傳播。此外，新媒體還具備高度互動性，使得創作者和受眾之間

的交流更加直接、高效。

社交媒體：微信、微博、小紅書等，用戶可以在這些平台上分享信息、圖片、視頻，與他人互動交流。微博的開放性和互動性使其成為理想的品牌推廣平台。內容推送不受數量和時間限制，形式多樣，且由於其開放性，容易產生爆炸式傳播效果。微信訂閱號和服務號為品牌提供了一種一對多推送方式，針對已關注的粉絲。小紅書推送內容形式多樣，包括文字、語音、圖片、視頻等。結合了內容分享、互動交流和購物功能，讓用戶在平台上分享心得、發現新事物，同時與其他用戶進行互動。儘管它同時具備電商屬性，但其內容分享和社交功能更為突出。

視頻網站：優酷、愛奇藝、騰訊視頻、嗶哩嗶哩、Acfun 等視頻網站代表了這一領域，品牌能夠直接接觸用戶並更好地融入傳播內容。此外，通過彈幕等方式，品牌還可以實時收集用戶反饋。

短視頻平台：抖音、快手、火山小視頻等，這類平台以短時長視頻為主要內容形式，適應移動端用戶的觀看習慣。

社交網站：天涯、豆瓣、貓撲、百度貼吧等社區網站擁有各自的目標用戶羣，各具特色的互動玩法，如豆瓣日誌、豆列、小組等，可帶來良好的傳播效果。

問答平台：近年來，知乎、分答等問答平台異軍突起，這些平台注重內容質量，在搜索引擎上具有較高權重，往往成為用戶分享信息的發源地。

即時通訊工具：微信、QQ 等，主要用於實時傳遞文字、圖片、語音、視頻等信息。

音頻平台：喜馬拉雅、荔枝 FM、蜻蜓 FM 等，提供音頻內

容，包括音樂、有聲書、廣播劇、訪談節目等。

新聞資訊平台：今日頭條、騰訊新聞、網易新聞等，提供實時新聞資訊、深度報道和評論。

圖片分享平台：美篇、圖蟲等，用戶在這些平台上分享和發現圖片、設計作品等。

具有新媒體屬性的電商平台：淘寶、京東等，雖然這些平台的主要功能仍然是電商，為用戶提供在線購物服務。但近年來，為了吸引用戶和增加用戶黏性，開始涉足內容營銷，如淘寶直播、京東圖文評價等。這些內容營銷策略為用戶提供了更多關於產品的信息，以及購物心得和體驗分享，增強了平台的社交屬性。

二、新媒體中與文化的大眾化

新媒體短視頻時代已經到來。

短視頻是一種在各種新媒體平台上都受歡迎的視頻形式，它們通常很短，時長從幾秒到幾分鐘。短視頻的內容多種多樣，包括技巧教學、搞笑短劇、時尚趨勢、熱點新聞、街頭採訪、公益教育、廣告創意等。因為短視頻的時間較短，觀眾可以快速觀看，也可以連續觀看一系列相關視頻。在大數據時代，平台會根據人們的喜好推送內容，讓人深陷其中而無法自拔。

關於短視頻，網上流行一句話：「南抖音北快手，中間夾個火山口」。抖音誕生於 2016 年，目前已成為大部分人生活中不可或缺的一部分。根據 2022 年抖音大數據報告顯示，60 後最愛拍舞蹈，最愛看婚禮。70 後最愛拍美食，最愛看手工。80 後最愛拍親子，最愛看風景。90 後最愛拍拍風景，最愛看生活探店。00 後最

愛拍二次元，最愛看萌寵。

短視頻之所以迅速火爆互聯網，主要原因是：

首先，內容為王，創作出精彩的內容是吸引用戶的關鍵；視頻很短，必須吸引人。短視頻要在極短時間裏吸引並留住觀眾，無論形式還是內容，都得能吸引人。

其次，互動簡單，用戶之間的互動和參與是增加用戶黏性的重要手段；

第三，音樂好聽，配合好聽的音樂和節奏可以讓短視頻更具感染力；

第四，娛樂至上，抖音平台以娛樂為主，讓用戶感到愉悅和放鬆；

第五，個性化推薦，根據用戶喜好和行為習慣進行推薦，提高用戶體驗；

第六，符合現代人短暫注意力和即時滿足的心理需求，短視頻時長短、內容豐富，能夠滿足人們追求快速刺激的需求。

第七、推廣和營銷。多頂級的產品都離不開，多形式的推廣方式覆蓋了更多的用戶羣體，而抖音在這方面都做得很到位。例如，在明星助力方面，眾多明星相繼參與到抖音中來，無論是發佈自己的新歌，宣傳自己的作品，還是分享自己的日常生活，都獲得了大量的點讚。藉助明星效應，大大強化了抖音的宣傳營銷。並且，特效、濾鏡、挑戰賽等強技術和強運營能力，也使抖音爆款不斷。

第八、低成本加低門檻。抖音作為一款短視頻應用，製作視頻確實不需要太多的器械和製作團隊，只要一部手機就能夠製作出有趣的作品。觀眾觀看短視頻的門檻很低，只需下載 APP 就能

夠觀看各種流行的視頻，這也使得抖音的流量越來越大。

但是，「火」太大了也會有風險。「中國的傻子，一半在抖音，一半在快手」。這段話雖然直白絕對，但揭示了一個事實：抖音和快手這兩個平台匯聚了中國幾億用戶的流量，但同時也成為了一些人罔顧道德、藐視法律的表演場所。我們發現，隨着文化的過度娛樂化、庸俗化和碎片化，真正的文化逐漸失去了生命力。在追求「高點擊量」「高點讚量」的「譁眾取寵」背後，永遠是一顆虛榮和驅利的心。人類天生具有視覺動物的特性，我們天生喜歡看和聽，但讀寫技能則需要多年的教育才能掌握。抖音快手這類短視頻佔用人們大量時間，讓其在不知不覺中喪失思考的能力。抖音是一個娛樂平台，其中有些內容確實存在一些不健康、錯誤的價值觀。比如，有一些用戶會通過虛假炫富、暴露身體等方式獲取關注和點讚，這種行為助長了一些人追求表面功夫和物質享受的不良風氣。此外，抖音中還存在着一些低俗、暴力、誘導消費的內容，這些內容可能會誤導年輕人，導致他們盲目跟風消費或模仿，甚至會對身心健康造成負面影響。抖音目前存在一些問題，包括：

監管問題：抖音作為一款涉及大量用戶的平台，存在着內容審核、用戶數據安全等監管方面的問題。絡暴力問題：在抖音上，有一些用戶存在網絡暴力、惡意評價等問題，對其他用戶造成了一定的困擾。

法律問題：一些抖音用戶涉嫌侵犯他人權益、侵犯知識產權等問題，這給抖音平台和用戶本身帶來了一定的法律風險。

廣告營銷問題：抖音平台的廣告營銷模式也存在一些問題，例如虛假廣告、過度推銷等，給用戶帶來了不良的使用體驗。

用戶黏性問題：抖音用戶黏性較強，但也存在用戶疲勞和流失的問題，這也需要平台不斷創新和改進來保持用戶活躍度。

網紅與直播

網紅，指網絡上的紅人。她們在互聯網上擁有大量粉絲，通常以個人形象、生活方式、特長或者創意內容等作為自己的營銷點，通過互聯網的傳播渠道獲得廣泛的關注和認可，並藉此獲得商業機會，如代言、廣告、贊助等。

網紅文化是指以互聯網為主要平台，通過創造個人品牌和吸引大量關注者，從而獲得商業機會和影響力的一種文化現象。它通常以年輕人為主要受眾羣體，主要表現形式包括短視頻、直播、社交媒體等。

隨着社交媒體和短視頻平台的普及，越來越多的人開始成為網紅。網紅們通過分享自己的生活、美食、時尚、旅行、遊戲等內容，吸引了大量的關注者，同時也獲得了廣告、代言等商業機會。

然而，網紅文化也面臨一些問題，例如追求短期利益、不良競爭、不負責任的言論等，這些問題可能會對年輕人的價值觀和心理健康產生負面影響。因此，應該審慎看待網紅文化，既要看到其積極的一面，也要警惕其中的風險和問題。

網紅文化可以分為幾個時代，每個時代都有不同的特點和發展趨勢。

初代網紅 1.0：在這個時代，博客是互聯網上最受歡迎的個人發佈平台。網紅們通過撰寫有趣的博客文章、分享自己的日常生活等方式吸引了一大批粉絲。比如：痞子蔡《第一次親密接觸》，

安妮寶貝《七月與安生》，當年明月《明朝那些事兒》。

網紅 2.0：審醜時代的草根網紅們；微博的興起帶來了全新的網紅經濟，各行各業的人都有機會成為網紅。微博上的熱門話題、微博達人等成為網紅們獲取關注的重要途徑。這個時期的網紅多以草根紅人為主：芙蓉姐姐、鳳姐、犀利哥。

網紅 3.0：隨着視頻播放平台特別是短視頻領域的興起，網紅文化迎來了新的高峰。通過製作有趣、有創意的視頻，網紅們在短時間內吸引了大量的關注者，成為了商家、品牌的宣傳對象。例如：Papi 醬、李子柒。

直播時代的網紅 4.0：直播應用的出現使得網紅們可以實時與粉絲互動。直播場景的多樣性也讓網紅們有了更多展示自己才能的機會。直播平台也為網紅們提供了更多的商業合作機會。例如：李佳琦（「所有女生，買它」。）

隨着時間的推移，網紅數量也在不斷增加。同時，也出現了大量的競爭和商業化問題，一些網紅開始採用不正當的手段來獲取流量和粉絲，導致網紅文化變得越來越功利化和商業化。「網紅」原來這麼像，臉蛋身材都一樣。「網紅」原來這麼多，人數超過百萬多。這些「網紅」是媒介技術和商品經濟的產物，商業利益成為其發展的主要驅動力，背後的邏輯是後現代文化工業生產的無形大手，這樣的文化產物最終形成了流行文化的模樣。然而，網紅文化中也有一些積極的方面，它讓人們可以在技術場景下看到真實的「人」的形象，反映了年輕人的生活方式、價值觀和審美趨勢。與此同時，這些網紅也成為了當代社會的一種風向標和榜樣，他們在某種程度上引領着當代年輕人的思想和生活方式。

網絡遊戲

《王者榮耀》是一款由騰訊遊戲開發和發行的多人在線戰鬥競技手遊，它以 MOBA（多人在線戰鬥競技）為核心玩法，玩家通過選擇不同的英雄，組成五人團隊，在地圖上進行對抗。遊戲分為多個不同的模式，包括經典對戰、排位賽、大亂鬥等。遊戲中還有豐富的英雄選擇和裝備系統，玩家可以根據自己的喜好和遊戲需求選擇不同的英雄和裝備進行搭配。除了騰訊本身的實力和產品文化，王者榮耀的成功還有三個關鍵因素：獨特的產品設計、注重遊戲平衡的規則設計和注重效率的戰術打法，這些因素的本質是精準把握用戶需求。

在產品設計方面，王者榮耀最大的特色在於選擇了中國歷史與神話作為遊戲的角色、世界觀和文化背景。這使得遊戲自帶 IP，讓玩家對遊戲中的角色感到非常熟悉和親切。2021 年新春夜晚，王者榮耀與西安大唐芙蓉園聯手打造的大型戶外樓體燈光秀《一舞驚鴻 再現長安》，藉助聲光電及 3Dmapping 等現代科技手段，展現恢弘壯闊的長安風貌和王者英雄故事。同時在線上的遊戲，也結合傳統民俗、文化景觀開展一系列的活動，帶給玩家沉浸式的體驗。

在遊戲規則設計方面，王者榮耀注重公平競技，避免了通過花錢來獲得遊戲勝利的情況。遊戲開發團隊會不斷調整和平衡遊戲中的英雄技能，以確保所有玩家在公平競技的環境中獲得勝利，這符合中國當前普遍的價值觀，使得王者榮耀得到了廣泛的認可和支持。

最後，在戰術打法方面，王者榮耀注重效率，鼓勵玩家在遊戲中採取快速決策和協作行動，這符合現代年輕人的生活方式和

遊戲習慣。這種戰術打法也讓玩家在遊戲中體驗到快節奏的競技樂趣，增加了遊戲的吸引力和趣味性。

總體而言，作為中國手遊市場的代表作之一，《王者榮耀》已經成為了一種文化現象，並在遊戲、娛樂、文化等方面產生了重要的影響和貢獻。當然，也需要注意和解決遊戲存在的問題和挑戰，如遊戲成癮、虛擬物品買賣等。對此，遊戲公司和政府也採取了一系列措施加強管理和監管，以保障遊戲玩家的健康和權益，實現遊戲產業的健康和可持續發展。

彈幕護體

「前方高能：彈幕護體！」

「彈幕護體」——也許只有經常看恐怖片的人才能理解，在恐怖場面出現前，「前方高能預警，非戰鬥人員迅速撤離」的劇透為什麼會大大降低我們的恐怖情緒，理解什麼是真正的「彈幕護體」。

何為「彈幕」？它並非源於國內網絡視頻，其最初含義為軍事用語，用於描述密集的炮彈射擊。由於炮彈密集如幕，因此稱為「彈幕」。後來，「彈幕」一詞進入了遊戲領域，一些射擊類遊戲出現了炮彈密集成幕的場景，被稱為彈幕射擊遊戲。最早出現「彈幕」一詞的是日本視頻分享網站——Niconico 動畫，該網站將觀眾留言以彈幕的形式顯示在正在播放的視頻上。因此，視頻彈幕是指隨着視頻播放，從屏幕上密集飄過的像彈雨一樣的評論。中國最早的彈幕視頻網站是 AcFun 彈幕視頻網，之後逐漸發展出嗶哩嗶哩視頻網（簡稱為「B 站」）。隨着網絡視頻平台的不斷發展，彈幕成為了一項常規功能，出現在各大視頻網站，並受

到廣大網民尤其是年輕人的青睞。網絡彈幕如風般流行起來，形成了一種全新的流行文化。

美國傳媒學者和文化理論家亨利・詹金斯在 2006 年出版的《文本盜獵者：電視粉絲與參與式文化》中提出了「參與式文化」（participatory culture）的概念。在他看來，在數字媒介時代，觀眾不再是單純的消費者，而是積極參與到文化生產和傳播中去。他認為，參與式文化有以下幾個特徵：開放的網絡結構、低門檻的創作工具、社區合作和協作、共享文化資源、注重自我表達和身份認同。這些特徵反映了數字媒介環境下觀眾的需求和參與意願的增強，也推動了文化產業、文化消費和文化創新的發展。

彈幕文化確實是在數字媒介技術迅速發展的文化與社會語境中流行起來的。隨着互聯網和移動通信技術的普及和發展，人們獲取信息和娛樂的方式發生了重大變化，傳統的媒體和傳播方式受到了挑戰。數字媒介技術的發展，使得人們可以隨時隨地通過手機、電腦等設備獲取各種內容，也為人們提供了更多參與和互動的機會。彈幕文化就是在這樣的文化與社會語境中興起的，它為觀眾提供了一種與節目內容互動、交流、表達自己的方式，成為數字媒介環境下的一種重要文化形式。彈幕文化的興起，反映了數字媒介環境下人們對參與和互動的需求，同時也推動了數字媒體和文化產業的發展。

「一個人的吐槽是寂寞的，羣眾的吐槽是歡脫的」。彈幕的互動和交流不僅是一場集體狂歡，更是一種有效的公共空間討論形式，有利於引導和深化公共空間的討論，最終促進網絡文化的再生產。通過彈幕的交流和互動，觀眾可以在數字媒介環境下形成一個龐大的社交網絡，交流和分享各自的想法、觀點和感受。

這種互動不僅能夠增加觀眾的參與感和娛樂性，也可以促進觀眾之間的交流和了解，最終推動公共空間的討論和網絡文化的再生產。在這個過程中，彈幕不僅是一種數字娛樂形式，更是一種新型公共空間討論形式，對於促進網絡文化的發展和推廣起到了重要的作用。

當字幕從一端迅速劃過並密密麻麻地佈滿屏幕時，便形成了獨特的彈幕文化景觀。打開了彈幕就是打開了心靈。但在彈幕文化的發展過程中，也出現了一些問題，主要包括：

不良信息傳播。彈幕文化作為一種自由開放的文化形式，也存在一些人利用彈幕傳播不良信息、黃色內容和虛假信息等行為，對公共空間產生了負面影響。言語暴力和攻擊，對其他參與者和觀眾造成困擾和傷害，破壞了彈幕文化的和諧氛圍。

缺乏規範和管理：彈幕文化的自由開放特點也使得彈幕交流難以規範和管理，存在着信息混亂和亂象等問題。

彈幕對敘事內容的干擾：過於密集的彈幕可能會干擾敘事內容的觀看，降低觀眾的視聽體驗，使得受眾無法享受到原本優秀的電影、電視劇等作品。針對這些問題，彈幕文化需要更好的規範和管理，以保證彈幕文化的和諧發展。

文化類綜藝節目

新媒體的發展為大眾文化帶來了新的特點和風貌。在新媒體時代，文化特徵與大眾文化和消費文化密切相關，呈現出市場化、娛樂化和符號化的典型特徵。

中央電視台（CCTV）製作了一系列高品質文化類節目，如《百家講壇》《中國詩詞大會》和《朗讀者》等，為觀眾提供了多

元化的娛樂選擇，減輕了對過度娛樂的依賴。這些節目受到了觀眾的一致好評和喜愛。這表明，通過融入高品質的元素，可以引導和提升大眾的興趣和品味。

《中國詩詞大會》：中華詩詞，以其獨特的魅力，傳誦千年。《中國詩詞大會》，以詩詞知識競賽為主題，旨在傳承和弘揚中國傳統文化，尤其是詩詞文化。

《朗讀者》以朗讀和分享為核心內容，旨在弘揚傳統文化和閱讀習慣，喚起人們對美好文字的熱愛。以個人成長、情感體驗、背景故事與傳世佳作相結合的方式，選用精美的文字，用最平實的情感讀出文字背後的價值。

《國家寶藏》節目選取了來自中國各大博物館的代表性文物，分為三大板塊：寶藏傳承、寶藏重生和寶藏傳家。節目邀請知名演員、歌手和文化名人擔任「文物守護者」，講述文物背後的歷史故事、文化內涵以及傳承價值。節目通過現代化的表現手法，如舞台表演、短片拍攝、音樂演繹等，將文物的故事生動呈現，讓觀眾在欣賞文物之美的同時，深入了解文物背後的文化內涵，使中國傳統文化在新媒體時代得以傳播和發揚，吸引了不同年齡段的觀眾，提高了大眾對國家寶藏和傳統文化的興趣和認同感。

《經典詠流傳》：和詩以歌，沁潤人心。節目以明星、或普通人為代表的經典傳唱人，用流行歌曲的演唱方法重新演唱經典詩詞，帶領觀眾在歌手的演繹中領略詩詞之美，讓古老的詩文煥發出新的生命力。同時，節目中還穿插了經典詩文背後的歷史故事和文化內涵解讀，讓觀眾在欣賞藝術表演的同時，更深入地理解和感受經典詩文的魅力。

《典籍裏的中國》：節目聚焦優秀中華文化典籍，一期一本

書：《詩經》《尚書》《易經》《禮記》《春秋》《論語》，通過「戲劇 + 影視 + 文化訪談」的表現手法，讓傳統文化從「故紙堆」「象牙塔」中走出來。

《贏在博物館》：「少年強，通古今；廣見聞，走四方」是《贏在博物館》的主旨，節目旨在通過少年兒童對歷史的熟悉，對博物館的熱愛，樹立文化自信，在賞析精美絕倫文物的同時，引領更多的人走進博物館、走進歷史，領略輝煌燦爛的文明。

新媒體時代下的方言熱

如今，各種「方言梗」在各大網絡社交平台上佔據了半壁江山。入門級別有：「哈啤酒，吃嘎啦」（源自山東話：喝啤酒、吃蛤蜊），「紫定能行」（源自東北話：指定能行）；「港真」「猴賽雷」「黑鳳梨」（源自廣東話：講真、好厲害、喜歡你）；又比如同是表達「好心情」，上海人或許會說「老開心呃」，廣州人則可能來一句「吼嗨森」。方言梗在商家眼中自然也是個吸睛的法寶，前有宜家方言文案專治水土不服「埋汰衣服沒地兒放，咋整？——弄（neng）個籃子幫你整！」；後有網紅品牌五菱汽車又給大家「整活」，玩壞「渣渣灰」&「東北銀」。

「方言梗」流行的背後是鄉村文化認同，反映了一部分人對鄉村文化的認同和嚮往。在現代社會中，隨着城市化和經濟發展，越來越多的人離開家鄉來到城市工作和生活。這種流動性不僅帶來了經濟和文化的交流，也帶來了人與土地、文化的斷裂和疏離，人們開始尋找一種方式來重新與家鄉和家鄉文化建立聯繫。

方言梗的流行恰恰提供了這樣一種方式。通過將方言和當地特色文化融入到互聯網用語和文化創意產品中，年輕人可以更加

輕鬆有趣地了解和接觸自己家鄉的文化，這有助於他們建立對家鄉和家鄉文化的認同感和歸屬感。此外，方言梗的流行也讓年輕人之間形成了一種基於共同文化記憶的互動和交流方式，加強了彼此之間的情感聯繫。

方言梗的出現也為方言文化的傳播提供了新的形式和途徑。通過方言梗，年輕人可以更加輕鬆有趣地了解和接觸方言文化，提高對方言的興趣和認識。但在推廣方言文化的同時，需要注意處理好方言文化屬性和流行性的度，不能過度追求流行性而忽略了文化傳承的價值，更不能將方言文化娛樂化。

新媒體時代語言變革

如今，年輕人造出來的「XX 文學」日漸風靡整個互聯網。

「廢話文學」：用廢話對抗另一種廢話；

「鬼打牆文學」：使用無厘頭手法解構語言，以幽默化解情緒；

「發瘋文學」：使用非理性語言解決問題，但往往被人忽視了問題本身；

「凡爾賽文學」：用於炫耀和展示差距；

「丫頭文學」：是女性對男性話語的戲謔總結，同時也反映了當今男女關係的現狀；

「emo 文學」：以抑鬱和消沉為主要情感色彩。

今天的文化現象是一個多元、複雜、快速變化的生態系統，這個生態系統可稱為「網絡文化」，包括了各種新的表達形式、梗、流行語等等，這些都是新媒體時代所帶來的產物，代表了當代年輕人的審美和文化追求，是新時代文化工業的重要組成部

分。在這個生態系統裏，我們可以看到大眾文化和羣眾智慧的結合，也可以看到新媒介所帶來的變革和創新。要理解當今的文化現象，就需要關注網絡文化的多樣性、變化性和影響力，也需要認識到其中存在的複雜性和深層次的社會文化問題。

在語態變革的風潮下，社交平台上機構賬號的「賣萌」現象越來越普遍。這些機構賬號通過將賬號名稱擬人化、賬號頭像動漫化，以及編輯自稱「小編」的方式，營造出一種與用戶互動的「萌化」語言氛圍。這種「賣萌」的背後，是機構賬號試圖將自身「人格化」，以更接近用戶的方式與用戶進行互動和交流，從而建立更加親密的聯繫。這種「賣萌」現象在新媒體平台上越來越流行，努力探索與用戶建立連接的一種方式。「接地氣」也是新媒體語態的一種常見標籤，它常常表現為民間化、口語化的語言表達方式，是語態變革的一種追求。這種追求往往是針對媒體舊有思維與慣性的一種矯正，希望通過更貼近民眾生活的語言表達方式來更好地傳遞信息，與受眾建立更緊密的聯繫。

第三節　大眾文化與公共文化服務體系建設

一、圖書館：唯有熱愛可抵歲月漫長

在城市建設和公共文化設施的規劃中，當代中國越來越注重包容多元文化需求。例如，圖書館、博物館、文化藝術中心等公共文化空間，既弘揚傳統文化，也展示國際文化，為市民提供了多樣化的文化體驗。

中國古代的圖書館主要是皇家圖書館和寺廟圖書館。皇家圖書館多建於宮殿內，收藏各種文獻、經書、史書等；寺廟圖書館則多建於寺廟內，收藏佛經、文史資料等。明代范欽的藏書樓——天一閣，是現存最古老的私人圖書館，建於嘉靖末年，地處寧波月湖之西。原有藏書 7 萬多卷，後屢經盜竊，散失甚多，至 1940 年尚存 13000 多卷。

1896 年 9 月，梁啟超在其主編的《時務報》上發表文章，首次使用了「圖書館」一詞，這個詞源於日文的「圖書館」。1902 年，北京大學（當時稱京師大學堂）重建，設置了藏書樓，藏書樓得到迅速發展，並改稱為圖書館。這也成為了後來北京大學圖書館的雛形。1910 年 5 月，武昌文華公書林成立，它是中國第一個真正意義上的公共圖書館，旨在啟蒙民眾，讓更多的人能夠接觸到書籍和文化知識。這標誌着中國公共圖書館的建立和發展進入了一個新的階段。

當前，中國的圖書館事業正處於數字化、網絡化和智能化的快速發展階段。越來越多的數字化資源得到收藏和利用，同時人工智能、大數據等技術也逐漸應用於圖書館的管理和服務中。未來，中國的圖書館事業將繼續朝着數字化、網絡化、智能化、國際化的方向發展。

上海是中國重要的文化中心之一，圖書館建設也一直是上海文化建設的重要組成部分。截至 2022 年底，上海市中心圖書館服務體系的成員館已達 256 家、服務網點 412 個，「一卡通」有效持證讀者數接近 500 萬人。

新建的上海圖書館東館建築面積 11.5 萬平方米，是目前國內單體建築面積最大的圖書館，旨在打造激揚智慧、交流創新、共

享包容的「知識交流共同體」，集圖書文獻信息資源、科技創新研發資源、社科智庫研究資源、上海地情研究資源為一體的大閱讀時代智慧複合型圖書館，成為市民樂享其中的「書房、客廳、工作室」。南門外一片兩萬餘平方米的綠地開放共享，這是國內首座「悅讀森林」。意在讓讀者在綠色環繞中享受閱讀。

農村公共文化服務體系是現代公共文化服務體系的重要組成部分，加強農村公共文化服務體系建設是促進城鄉基本公共文化服務均等化實現的必要條件，對於保障農村群眾基本文化權益有重要意義。

鄉村圖書館建設是中國近年來推動公共文化服務均等化、優質化的一項重要工程。鄉村圖書館旨在為農村居民提供豐富的閱讀資源和文化服務，滿足他們的文化需求，促進農村文化建設和精神文明建設。

鄉村圖書館主要服務於農村居民，既包括鄉村青少年，也包括成年人和老年人。建設規模：鄉村圖書館的規模相對較小，一般藏書量在幾千冊到幾萬冊不等。鄉村圖書館一般都採用低調簡潔的建築風格，融入當地自然環境和文化特色。鄉村圖書館除了提供閱讀資源外，還注重舉辦各種閱讀推廣和文化活動，如讀書分享、文藝演出、講座等，吸引農村居民參與，增強文化自信和獲得感。電子化服務：近年來，隨着數字化技術的發展，鄉村圖書館也開始逐漸引入電子閱讀、數字圖書館等服務，提高農村居民的閱讀便利性和信息獲取能力。

鄉村振興，文化先行。只有鄉村文化振興，才能樹立鄉村文明新風，建設和諧美麗的鄉村。散落在青山綠水、田連阡陌間的鄉村圖書館，正是把文化灑向鄉村的「種子」。在雲南個舊市，

以羣眾需求為導向、以活動載體為抓手，打造了具有自身特色、多樣化模式的鄉村圖書館。這些鄉村圖書館不僅為農村居民提供了免費的閱讀服務，還通過舉辦各種閱讀推廣和文化活動，吸引更多農村居民參與。社區以圖書閱覽室為陣地，引導居民走進閱覽室，提升種養殖技能，陶冶情操，整個社區的文化氛圍得到了提升。這些鄉村圖書館通過提供豐富的閱讀資源和文化服務，為農村居民打開了視野，提高了他們的文化素養、自我發展能力和獲得感，為鄉村振興作出了積極貢獻。

二、博物館：讓文化滋養心田

博物館是滋養民族心靈、培育文化自信的重要場所。博物館具有豐富的文物資源，承載着深遠的中華文化與民族精神，是傳承發展中華優秀傳統文化的重要陣地。近年來，國家及各級文化單位高度重視博物館事業的發展，推出一系列舉措：

投資建設：政府大力投入，加大對博物館的資金支持。近年來，中國各地新建和改擴建了一大批國家級、省級、市級、縣級博物館，使博物館總數迅速增加，提升了文化設施的規模和品質。

提高陳列展覽質量：注重提升博物館陳列展覽的質量，運用多媒體技術、數字化技術，使展品更加生動、形象地展現中華優秀傳統文化的魅力。近年來，隨着數字化技術的發展，虛擬博物館成為了一種新興的文化傳播形式。各大博物館紛紛藉助短視頻平台，充分運用 VR、AR、大數據等現代信息技術手段，打造精彩紛呈的「雲展覽」。通過微信公眾號等社交媒體平台，讓更多的人在線上體驗到博物館的魅力，了解世界各地的文化遺產。以

敦煌為例，敦煌研究院和相關團隊創建了一個名為「數字敦煌」的項目，旨在將敦煌莫高窟的壁畫、文物等資源進行數字化呈現。用戶可以在線參觀部分莫高窟的洞窟，欣賞壁畫、雕塑等藝術作品，體驗敦煌壁畫的獨特魅力。

開展文化交流：積極參與國際文化交流，組織舉辦各類展覽、論壇等活動，推動中華文化走出去，加強與其他國家和地區的文化交流和合作。

公共教育：加強博物館公共教育功能，開展多樣化的教育活動，如講座、實踐活動、特色課程等，提高公眾的文化素養和文化自信。故宮博物院作為中國最著名的博物館之一，近年來也積極運用微博等社交平台拓展其影響力、傳播文化和提高公眾參與度。故宮博物院官方微博通過＃故宮展覽＃話題發佈文物圖片及相關介紹，受眾在閱讀時不僅能感受文物的藝術之美，更能學習到背後的歷史與知識。此外，故宮博物院官方微博開設的＃故宮講壇＃話題欄目更是將公益類講座以線上方式呈現，打破了人數及時間限制，擴大文博知識的受眾，強化文化教育功能。

文物保護與研究：加大文物保護力度，對重要文物進行搶救性保護和修復，提高文物保護水平；加強文物研究，推動文物考古、文物鑒定等領域的研究與交流。《我在故宮修文物》以紀錄片的形式向大眾展示文物修復師的日常工作和技藝，讓觀眾了解到文物保護的重要性。該紀錄片以第一人稱「我」為敘述視角，受眾在觀看時更容易獲得身份認同。通過展示文物修復師的技藝，傳達了「擇一事，終一生」的工匠精神。

民間支持與參與：鼓勵民間力量參與博物館建設和發展。同公共博物館相比，私人博物館往往更關乎一種私人化的設計與體

驗，以自己的方式去探索記敘歷史的豐富可能：一尊塑像、一封家信、一個手印、一座城門，甚至僅僅是一些碎片。都足以講述一段時空。1996 年由收藏家馬未都開辦的觀復物館是中國第一家私立博物館，被譽為民間的「聚寶盆」。觀復博物館展出千件傳世文物，向每一位前來參觀的遊客展示了中國古典文化的魅力。中國紫檀博物館位於北京市，是一座以紅木傢具及紫檀木為主題的專業性博物館。該博物館由陳麗華於 1999 年創建。博物館館內珍藏了大量的紅木傢具、木雕藝術品、建築模型等，展示了紫檀木製品的歷史、文化和藝術價值。館內的展品涵蓋了明清兩代的傢具和現代紅木傢具，以及其他紅木類別的精美製品。這些展品展示了紅木傢具製作的精湛技藝和獨特魅力，同時也反映了中國傳統傢具製作工藝的發展變遷。

三、文化地標：城鄉居民的「文化客廳」

文化地標作為一種公共建築，其功能不僅僅是代表城市的文化和歷史，還應該發揮服務公眾的作用。城市文化地標是城市文化發展的重要組成部分，而公共文化服務體系則是讓城市居民享受到文化服務和文化資源的重要渠道。城市文化地標和公共文化服務體系建設應該相互補充和促進。城市文化地標作為城市的文化象徵和精神標誌，具有獨特的文化內涵和歷史淵源。公共文化服務體系則是為居民提供多元化、優質化的文化服務和資源。這兩者相互補充，實現優質文化資源的共享和傳遞，同時為城市的文化發展和提高居民文化素養提供支持。近年來，各地方政府大力推動公共文化新空間建設，旨在滿足新時代人民羣眾更高層次的文化需求，提高公共

文化服務效能，推動公共文化服務和旅遊融合發展。公共文化新空間具有交流的公共性、一定的品質化、供給的多元化、服務的特色化、類型的多樣性等特點，通過政府或社會力量主導、或兩者合作的建設模式，在各省因地制宜，取得了一定成果。

當下，城市文化地標越來越不拘泥於「地標」二字，而是愈發彰顯出「文化」的內核。打造文化地標，傳遞文化故事，記錄城市的歷史和文化記憶，傳遞了城市的文化精神。要打造文化地標和傳遞文化故事，需要引導公眾積極參與。公眾的參與可以增強文化地標的影響力和公共文化服務體系的可持續性，同時也可以提高公眾的文化素養和文化自覺性。

張園、新天地、上生新所、思南公館，是上海四大「網紅地標」。

張園位於上海市靜安區南京西路風貌保護區核心位置，是歷史建築羣落保護和城市更新的典範。張園始建於 1882 年，是上海最大的市民公共活動場所之一，被譽為「海上第一名園」。張園見證了上海的歷史時刻，也是早期上海展覽承載之地。1910 年，張園發展為集多種功能於一體的公共場所，1918 年停辦后土地被分割出售用於建設石庫門里弄住宅，成為上海現存規模最大、最完整、種類最多的中後期石庫門建築羣。

上生新所的前身是美國哥倫比亞鄉村俱樂部，建於 1924 年，當時是旅居上海的美國僑民的集會娛樂場所，也是他們將美國生活方式帶入中國的重要場所。孫科別墅，建於 1931 年，也是這裏的重要建築之一。1951 年，這個場所被上海生物製品研究所接管，為上海乃至全國的健康衛生事業發展做出了很多貢獻。現如今的上生新所已成為集文化、娛樂、生活為一體的活力社區。

新天地是一個集中展現上海石庫門建築風格的區域。這些石庫門建築是上海近代城市發展的重要歷史遺產，它們既具有歷史價值，又具有獨特的建築風格和藝術價值。新天地以中西融合、新舊結合為基調，將上海傳統的石庫門里弄與充滿現代感的新建築融為一體。

　　思南公館是中國上海市中心唯一一個以成片花園洋房的保留保護為宗旨的項目，坐擁 51 棟歷史悠久的花園洋房，這些洋房建於 20 世紀初，是上海近代城市發展的重要歷史遺產，代表了上海的城市文化和建築風格。近代歷史名人柳亞子、梅蘭芳等曾先後在此居住。思南公館經常舉辦各種文化活動和展覽，如文化論壇、文學沙龍、藝術展覽等，以此豐富建築羣的文化內涵，吸引更多遊客和市民前來參觀和學習。

　　從適應時代、環境變化來看，通過合理改造，老建築也能成為新地標。首鋼遺址是鋼鐵工人的記憶，但隨着北京日益國際化，不適合繼續發展鋼鐵產業。2011 年，首鋼正式停產，後搬離北京城區，原址規劃為首鋼工業遺址公園。如今，首鋼園初步形成「山—水—工業」特色景觀，集科技、文化、體育等多產業於一身，成為城市文化新地標。老廠房成為「網紅」新地標，並承擔了新作用，締造了城市新記憶。

　　從契合環境和人文的點來看，成都是一個打造文化地標的「專家」。錦里文化街區與武侯祠相融合，既是三國文化的重要歷史載體，又與現代生活完美結合，讓人們在濃郁的歷史氛圍中享受美食、文化和娛樂。這種「與民同樂」而不是「高高在上」的文化氛圍，讓人們感到親切歸屬，產生文化認同感，成為一個備受歡迎的地標。

四、廣場舞天團：快樂其實很簡單

近年來，不論是在城市還是農村的公共空間，都可以看到少則幾十人，多則上百人的廣場舞活動。廣場舞以其整齊劃一、簡單易學的舞蹈動作，吸引了大批羣眾。這種不局限於封閉空間的集體活動形式將觀眾和表演者結合在一起，為人們帶來了聽覺和視覺上的直觀享受。自從廣場舞產生以來，其主要特徵就是娛樂性。參與廣場舞蹈的民眾並不追求名利，完全是為了自娛。當下廣場舞已被賦予公共文化意義，其現象背後蘊含着豐富的社會意義和文化價值。隨着 20 世紀 90 年代中國城市化建設的發展，廣場這一公共場所開始在各個城市中出現，恰好滿足了人們對近距離公共空間的需求。在娛樂文化、全民健身和社會政策等多種因素的共同作用下，廣場舞的意義變得更加多元。

跳廣場舞是集體意識的遺留。人們通過手機、網絡可以跟着「魔性」十足的音樂隨時隨地「尬舞」，不分時間場合，也不限制參與人數，還可以將自己的花樣尬舞分享給全平台的網友一起欣賞，只要舞姿有趣、搞笑或優美，也可以獲得網友們的關注和好評。廣場舞曾經因為噪音擾民等問題引起過爭議，但現在正逐漸得到更多人的理解和認可。事實上，廣場舞具有聚集社區、促進社交交流、健身等多種功能，能夠帶給人們愉悅和快樂的體驗。它也在不斷發展和變化，越來越多的人參與其中，讓這項活動成為居民們共同的喜好和文化凝聚力。

第六章

當代中國文化產業

第一節　文化市場化的形成與挑戰

一、什麼是文化產業：用文化去賺錢？

「文化產業」（Culture Industry）這個詞最早由年法蘭克福學派於 1947 年提出。文化產業的內涵和外延因國家、地區和學派的不同而存在差異。美國、歐盟和聯合國教科文組織都對文化產業有各自的定義和分類方式。

美國在制定「北美行業分類系統」時，將通訊、新聞出版、電影、音像錄製、在線服務等列為「信息產業」，體現了美國將文化產業與傳統工業剝離並整合的特點。歐盟的文化產業範疇更廣泛，包括了新聞出版業、廣播影視業、音像業、網絡業、文學藝術、音樂創作等，以及攝影、舞蹈、工業與建築設計、藝術場館、博物館、藝術拍賣、體育等具有現代文化內容標識的產品和貿易活動。

聯合國科教文組織將文化產業定義為一系列與生產、再生產、儲存和分配文化產品和服務有關的活動。而在中國，文化產業屬於第三產業，根據國家統計局頒佈的《文化及相關產業分類

（2018）》，文化產業是指「為社會公眾提供文化產品和文化相關產品的生產活動的集合」。其中，以文化為核心內容，為直接滿足人們的精神需要而進行的創作、製造、傳播、展示等文化產品（包括貨物和服務）的生產活動，稱為文化核心領域，是文化產業的主體部分；為實現文化產品生產所需的文化輔助生產和中介服務、文化裝備生產、文化消費終端生產（包括製造和銷售）活動，稱為文化相關領域，是文化產業的補充部分。

文化產業具有文化與經濟的雙重屬性，是文化性與商品性的集合體。文化產業以大規模複製技術為基礎，實現廣泛的文化傳播，受商業動機驅使和經濟鏈條調節，完成其商品性屬性。通俗地講，文化產業就是用文化去賺錢。文化經濟並不僅僅是將文化賦能於經濟，而是要在經濟發展的基礎上，讓經濟更具人性化，實現人們對美好生活的嚮往。文化經濟可以創造高品質的文化產品和服務，滿足人們對文化、藝術、娛樂和創意的需求，提高人們的生活品質和幸福感。

二、從勾欄瓦舍到當代中國文化產業

文化產業似乎是現代文明社會才形成的一種新經濟形態，然而，在一千多年前的宋朝，中國已經出現了以文化為產業的經濟形態。在《水滸傳》中，梁山好漢們常常去「勾欄瓦舍」消遣。在宋代，瓦舍是城市的娛樂中心，與現代的大型娛樂城相似。勾欄則是這些娛樂中心內的表演場地。

宋代商業繁榮，自然帶動了娛樂業的興旺。勾欄裏的表演節目多種多樣，包括各類雜戲、雜劇、木偶戲、皮影戲，甚至還有

專門講述歷史故事的場所。瓦舍不僅是宋代大城市的娛樂中心，還是商業中心。由於勾欄的演出無論季節、天氣都在進行，吸引了大量商販前來經營。因此，從賣藥、算命、理髮到賣小吃等各個行業的人都會來到瓦舍謀生，這使得瓦舍繁華異常。據《東京夢華錄》記載，當時的東京，最大的瓦舍設有五十多個各種規模的勾欄，而其中最大的勾欄「象棚」竟能容納數千觀眾。這樣宏大的表演場地，放在現代人的眼光看來，依然令人讚歎不已。

在當代中國，隨着國家經濟的快速發展，人民生活水平逐漸提高，日益增長的物質和文化需求刺激了文化產業的持續增長。文化及相關產業正在成為經濟增長的一個亮點，其總量持續快速增長，佔比不斷上升，在推動經濟發展和優化經濟結構中發揮着越來越重要的作用。文化產業正在朝着成為國民經濟支柱產業的方向邁進。

在 2021 年上映的一部電影《我和我的父輩》之《鴨先知》單元中，徐崢導演以中國內地第一條電視廣告「參桂養榮酒」為原型，挖掘了這條廣告背後的故事，在影片中還原出了中國第一條電視廣告的誕生之路。故事背景設定為 1979 年改革開放的春風初至的上海，用兒子的視角展開故事，和觀眾一起看主人公「鴨先知」趙平洋為把滯銷的藥酒推銷出去，而進行的一系列啼笑皆非的「奮鬥」故事。

故事發生的背景 1979 年正是中國文化產業發展的起步階段。20 世紀 70 年代末到 80 年代中期，隨着「文化大革命」的結束，以及改革開放政策的確立，中國的國民經濟逐漸得到恢復並取得初步的發展。與此同時，中國社會公眾開始在思想上衝破極「左」牢籠的束縛，渴望了解新生活、新知識和新觀念，社會公眾的文

化消費需求也得到了復甦。在此宏觀社會背景下，這一時期中國的文化產業領域也取得了一定程度的恢復性發展，尤其是娛樂業逐漸地從無到有開始起步。例如，在 20 世紀 70 年代末期，國外的磁帶和錄音機開始大量進入中國市場。這種新興的錄音設備及其製品，因使用便捷而深受消費者喜愛。到了 80 年代初，中國開始設立音像製品出版社。與此同時，海外的錄像機和錄像帶也紛紛湧入中國。1983 年，上海和廣州成為全國首批開展錄像生產和經營的城市。從此，音像產業在中國城市中迅速發展。1979 年，上海製作了中國第一條國內企業電視廣告「參桂補酒」和第一條外商廣告「雷達錶」。1984 年，第一家卡拉 OK 廳成立，隨後出現了第一家音樂茶座、第一家舞廳等。上海還建立了最早的文化演出公司，恢復了外國音樂的廣播節目，逐步恢復了群眾的文化消費市場。儘管當時的文化產業在生產和流通機制上尚未完全擺脫計劃經濟體制的束縛，導致文化商品在數量和質量上都無法滿足民眾的需求，基本上呈現出供不應求的狀況，但這一時期中國文化領域的實踐無疑對中國公眾原有的價值觀念產生了強烈的影響。

　　1985 年至 1992 年期間，中國文化產業進入了逐步擴展階段。在這一時期，各種文化產業逐漸崛起並蓬勃發展，呈現出多元化、市場化的特點。在日益繁榮的文化市場面前，文化工作者逐步探索出了諸如「以文補文」和「多業助文」等多種經營模式。這些模式有助於調整和轉變文化體制，以克服當時中國文化部門中普遍存在的政企不分、政文不分和效率低下等問題。為了實現這一目標，文化企業和事業單位開始嘗試進行領導建制的轉換試驗。例如，在劇團實行院長、團長負責制；在報社、出版社實行社長負責制等。這些改革舉措有助於提高文化領域的效率，使其

更具競爭力。此外，許多城市文化部門也在實踐中尋求改革「大鍋飯」分配模式的途徑。1987 年，瀋陽市電影公司就對其所屬的12 家電影院實行了「三掛鈎」承包經營。這種做法有助於激發市場活力，提高經營效益。

自 1985 年以來，中國文化領域的一個顯著特點是公眾的文化消費趨向娛樂化、多樣化和參與性。在這個時期，對中國社會產生重大影響的文化形態大多具有娛樂性和消遣性。例如，1986—1987 年的崔健搖滾樂；1988 年風靡一時的卡拉 OK；1989 年的汪國真詩歌；1990 年的電視連續劇《渴望》；1991 年的電視連續劇《編輯部的故事》等。為滿足中國城鎮居民日益增長的娛樂型文化需求，1985 年以後，各種文化娛樂設施如同雨後春筍般迅速崛起。電影院、卡拉 OK 廳、音樂茶座、劇院、展覽館等各類場所應運而生，為市民提供了豐富的文化娛樂選擇。

1992 年後是中國文化產業的全面擴張階段，市場經濟體制改革目標得到確立，並在這個宏觀背景下加快了文化體制改革的步伐。在這一時期，中國文化體制的管理模式逐漸從「直接管理」向「間接管理」、從「辦文化」向「管文化」、從「小文化」向「大文化」等轉變。各大城市也對文化機構及其隊伍進行了「消腫」，通過合併、撤銷等方式對多餘的劇團進行了精簡。在文化體制改革的有力刺激下，社會力量和外資開始參與中國文化經濟發展，新的文化產業發展格局也開始形成。

中國文化產業在 90 年代中期以後得到政府大力支持，取得了較大的發展，特別是一些城市將文化產業列入了發展戰略和規劃之中。文化產業的發展已逐漸成為中國的支柱產業之一，對於增強中心城市功能和推進文明城市建設具有重要意義。

三、文化產業：事業還是產業？

為適應當前我國文化新業態不斷湧現的新形勢，滿足文化體制改革和文化發展規劃的需要，在《文化及相關產業分類（2018）》裏，將文化及相關產業分類由 2012 年的 10 個大類、50 個中類調整為 9 個大類、43 個中類，並設置了相應的類別名稱。其中，9 個大類（內部細分 43 個中類）分屬於兩大領域，分別為：

文化核心領域：新聞信息服務、內容創作生產、創意設計服務、文化傳播渠道、文化投資運營、文化娛樂休閒服務；

文化相關領域：文化輔助生產和中介服務、文化裝備生產、文化消費終端生產。

改革開放以來，中國的文化產業得到了快速發展。在過去，文化領域基本上都是按照事業類型來管理，政府撥款，由文化部門、文化單位來做一些文化意義上的創作。但是隨着商品經濟和市場經濟的發展，文化領域也出現了市場化、產業化的情況。很多早期在體制外的流行文化，如流行音樂，也逐漸有了市場化。為了適應這一變化，原來的文化事業部門逐漸轉企改制，有一部分是市場化經營的，這就是我們所說的文化企業。

文化企業不斷發展，出現了文化產業這個領域。文化產業由國有的文化事業部門通過改革轉為市場主體而形成。比較有代表性的是出版社，出版社原來都是事業單位，然後轉為企業部門。還有藝術表演院團，原來也都是事業單位，有很大一部分也都轉為企業了。

除了國有的文化企業，文化產業還包括純民營和外資企業。很多上市的電影公司，如華誼、光線等，純粹就是民營機構。此

外，一些國際的文化企業也逐漸進入中國市場，如上海迪斯尼、北京環球影城等。

40 多年來，中國文化產業發展迅猛。現在，文化產業包括新聞信息服務、內容創作生產、創意設計服務、文化傳播渠道、文化投資運營、文化娛樂休閒服務、文化輔助生產和中介服務、文化裝備生產、文化消費終端生產等九大領域。然而，文化產業在發展中也面臨着一些新的挑戰和問題，如如何提高文化產業的附加值和市場競爭力，如何推動文化產業的數字化和智能化發展，如何加強文化創新和保護傳統文化等。這些問題需要文化產業從業者和政府部門共同努力解決。

文化產業作為一個多元化、創新性強的產業，不僅為經濟發展提供了新的增長點，也為人們的精神生活帶來了更多的美好。在未來，文化產業還將繼續發揮重要作用。

四、文化市場化的挑戰

在新時代背景下，中國文化產業逐漸走向成熟。伴隨着中國市場的拓展和國際合作的深入，涉及影視、遊戲、動漫、演出、文化旅遊等多領域的文化和娛樂市場取得了跨越式的增長。在文化產業發展的浪潮中，中國文化產業企業逐漸壯大，資本市場上文化企業的成功案例層出不窮。中國文化產業正站在新時代的爆發臨界點。要實現高速發展與內部修煉並行不悖，中國文化產業需進行更多的思考與實踐。

創新發展模式：中國文化產業需不斷創新發展模式，借鑒國際先進經驗，整合傳統文化與現代科技，以滿足不斷變化的市場

需求。同時，跨界融合和跨領域合作也是促進產業創新的有效途徑，例如與科技、旅遊等行業的深度合作。

重視品牌建設：強化文化產業品牌意識，提升中國文化產品在國內外市場的認可度和影響力。通過營銷和傳播，樹立中國文化產業的優秀形象，打造具有全球影響力的中國文化品牌。

版權保護和侵權問題：隨着數字化技術的普及，版權保護和打擊盜版、侵權等問題變得越來越重要。未經授權的在線平台非法傳播音樂、電影等內容，對版權方造成了巨大的損失。因此，加強版權保護、打擊盜版和侵權已經成為文化市場化面臨的重要挑戰之一。政府應該制定更加嚴格的版權保護法律法規，加大打擊盜版和侵權的力度，同時加強版權意識和教育，讓公眾意識到版權保護的重要性。

作品品質和市場需求的平衡：在市場化的過程中，文化企業需要平衡作品的品質和市場需求之間的關係。過於追求商業成功可能會導致作品質量下降，而過於關注藝術性則可能導致商業失敗。因此，文化企業需要根據市場需求不斷改進作品品質，同時保持作品的文化內涵和藝術特色，找到市場需求和作品品質之間的平衡點。

公共文化服務的保障：在文化市場化的過程中，一些公共文化服務可能會被忽視或者得不到充分的保障和支持。政府應該加大對公共文化服務的投入和支持，提供更加優質、便捷和多樣化的公共文化服務，讓公眾更加方便地獲取文化產品和服務，同時提高公共文化服務的質量和水平。

傳統文化保護和傳承：如何將中國獨有的文化資源融入到文化產業市場中，是一個重要的問題。傳統文化保護和傳承應該

成為文化市場化的一個重要方向。政府應該出台相關政策，支持和鼓勵文化企業挖掘傳統文化資源，打造具有中國特色的文化產品，讓更多人了解、接受和喜歡中國文化。同時，需要加強傳統文化的教育和宣傳，讓公眾更好地了解和認識傳統文化，促進傳統文化的保護和傳承。

以中國的動漫產業發展為例。較早的作品大多以中國的文化資源作為創作靈感和題材。例如，由《西遊記》改編的動畫片《哪吒鬧海》和《大鬧天宮》都深受觀眾喜愛，而且融入了中國的文化元素。然而，自上世紀 90 年代以來，全球動漫業開始迅速發展，但中國的動漫作品在國際市場上並沒有形成很大的影響力和品牌化。與此相比，美國迪士尼製作的動漫電影《花木蘭》和夢工廠創作的《功夫熊貓》等電影則成功地取材於中國元素，成為了國際上備受歡迎的作品。近幾年，中國動漫開始崛起，從 2015《西遊記之大聖歸來》到 2016《大魚海棠》，再到 2019 的現象級作品《哪吒：魔童降世》，中國動漫進入「大製作」時代。但如何講好中國故事，走出一條屬於本民族的發展道路，仍是中國動漫需要認真思考的問題。從生產的角度來講，國漫探索中國道路也意味着在創作生產工業化、數字化以及動漫產業鏈條需要更加完善的探索。

第二節　文化產業形態的多樣化

「一花獨放不是春，百花齊放春滿園。」

隨着社會經濟的不斷發展，文化產業在當代社會中逐漸成

為了一種新的生產力和經濟增長點。文化產業包含的領域也越來越廣泛，呈現出了多樣化、全面化的特點，包括內容、形式、媒介等方面，範圍覆蓋了傳統的藝術、文學、音樂等領域，同時也涉及到了電影、電視、遊戲、互聯網等新媒體領域。當代中國文化產業形態的多樣化得益於各個方面的共同推動。傳統文化與現代技術的融合，社交媒體的廣泛傳播，創意產業的快速發展，國際化交流的加強以及國家文化大數據體系的建設，共同為中國文化產業的發展提供了強大動力，豐富了人們的精神文化生活。

傳統文化 IP 的火爆現象，如國潮正當時，要求文化產業工作者獲得社會效益與經濟效益的最大化。為應對這一挑戰，需要繼續深入挖掘傳統文化的內涵，創新傳統文化 IP 的表現形式，並與現代審美、技術和市場相結合，以吸引更多的年輕人關注和參與。

一、只此青綠：舞以絢爛，如詩如畫

舞蹈作為一種藝術表現形式，活躍在民間的市井村鎮，也繁榮於絢爛霓虹的大都市，舞者通過自己獨特的方式和風格展現出舞蹈藝術的魅力。舞蹈藝術不僅能夠在高雅的專業文化場所中表現出優美高端的氣質，也能在廣場、街頭等地呈現出接地氣的本色和自然的氣息，因此在不同的舞台上呈現出不同的舞蹈風格，成為了舞蹈發展的記錄者。

隨着時間的推移和社會的發展，舞蹈藝術也在不斷創新和發展。舞者不斷地嘗試新的表現方式和舞蹈形式，使得舞蹈藝術

不斷以新的面貌出現在大眾的視野中，因此受到了人們的廣泛喜愛。舞蹈藝術不僅是文化藝術，更是文化交流和情感溝通的重要方式，通過舞蹈藝術的表達，人們能夠更加深刻地理解和感受不同文化和民族之間的情感和思想。

2022年虎年春晚上的舞蹈詩劇《只此青綠》，以獨具詩意的舞蹈形式，展現了千里江山的壯美，引起了全國觀眾的熱烈反響，成為了又一個舞蹈現象。在央視版的演出中，王希孟的《千里江山圖》和舞者們的動作完美地融合在一起，呈現出原作中層巒疊嶂的美景，讓人流連忘返。除了央視高超的媒體技術，這個作品本身也值得人們關注和思考。它將傳統文化符號轉化為情感意象，讓這些文化符號在當今時代依然充滿活力。作為小眾劇場藝術形式的舞蹈和舞劇，在電視綜藝和網絡視頻平台上獲得了前所未有的關注和傳播，受到了越來越多觀眾的喜愛。這股對「國風」舞蹈的熱愛顯然源自當下年輕人熱捧的「國風」文化潮流。觀眾對於這種舞蹈形式的喜愛，也在不斷推動舞蹈界人士深入思考，如何更好地挖掘中華優秀傳統文化寶藏，創作出更多優秀的舞台作品。一是如何將傳統文化與當代審美相結合，使得舞蹈藝術更好地適應現代社會；二是如何在舞蹈創作中保持對傳統文化的尊重和傳承，同時又不失創新和時代感。

二、文化霸總：河南衛視

「一部河南史，半部中國史」。

在河南，「伸手一摸就是春秋文化，兩腳一踩就是秦磚漢

瓦」。河南歷史悠久，文化厚重，在中國 5000 多年文明史中，黃河流域的河南地區有着 3000 多年的歷史是中國的政治、經濟、文化中心。河南是中國榮辱興衰、王朝更替的重要見證地之一，這使得河南文化具有獨特的歷史價值和文化內涵。

2021 年，河南衞視的《唐宮夜宴》《洛神水賦》等系列國風晚會節目，引起海內外觀眾關注，火爆「出圈」。《唐宮夜宴》呈現了唐朝盛世的繁榮和華麗，演員們身着古裝，表演精湛，舞美效果也非常出色，將觀眾帶入了一個華美而神祕的古代世界。《洛神水賦》則是以曹植名篇《洛神賦》為藍本，將水墨畫、音樂、舞蹈、服裝等多種藝術元素巧妙融合，呈現了一個既典雅又極具藝術美感的場景。表演者化身「洛神」，水隨舞動，讓觀眾彷彿進入了一幅美麗的水墨畫中。

河南衞視聚焦春節、元宵、清明、端午、七夕、中秋、重陽等傳統文化節日推出了一系列奇妙游文化節目，均獲得了觀眾的高度評價和關注。這些節目的成功不僅在於其精美的製作，更在於其突破了傳統文化節目的表現方式，通過現代化的舞台設計和技術手段，讓觀眾更好地感受到傳統文化的魅力。這些文化節目不僅在形式上進行了突破和創新，更重要的是在節目內容上充分挖掘了河南本省的文化、資源和歷史，並將其融入到節目中，讓觀眾更好地領略到河南的文化魅力和價值。這些文化節目將中國傳統文化的精髓和魅力展現得淋漓盡致，讓觀眾更好地了解和認識中國的歷史文化，從而增強了中華文化的自信和影響力。這也為文化創意產業的發展和中國傳統文化的傳承和弘揚提供了重要的借鑒和啟示，同時也彰顯了在科技加持下弘揚傳統文化要走時尚化潮流。

三、它文化：小萌寵，大產業

「有些朋友年紀輕輕就貓狗雙全，真的很令人嫉妒了」。

如果問現在的年輕人什麼是幸福，他們可能會告訴你：「貓狗雙全，人生贏家！」這句當代年輕人對幸福的重新定義告訴我們他們養的不是寵物，是「毛孩子」，寵物文化儼然已經成為當代年輕人生活的一部分。科學養寵的潮流推動了許多寵物相關的潮流詞彙、活動和生活方式的興起。喵星人（貓）和汪星人（狗）作為最受歡迎的寵物，吸引了大量的粉絲。

在這個寵物文化盛行的時代，喵星人和汪星人已經成為了年輕人生活中不可或缺的一部分。他們中的很多人遠離故鄉，獨自在外打拚，未婚單身且獨居，因此很需要精神寄託。如果自己沒有條件養貓，還可以吸貓、雲養貓。

吸貓：這個詞源於互聯網，形容人們對貓咪的喜愛程度。他們在社交媒體上分享貓咪的照片、視頻，以及自己與貓咪的互動。

雲養貓：指的是通過網絡平台或者 APP，遠程觀看和關注貓咪的生活。這種方式讓那些因為種種原因無法親自養貓的人也能體驗到養貓的樂趣。同時，雲養貓還能幫助流浪貓、收容所貓咪等得到關注和資助。

伴隨着養寵大軍的興起，寵物經濟消費持續升溫，各種寵物文化嘉年華和寵物展熱火朝天地舉辦着，寵物相關產業也得到了迅速發展。這些產業覆蓋了寵物生活的方方面面，為寵物和寵物主人提供了更豐富、更高品質的服務和產品。2023 年 3 月在深圳福田舉辦的第九屆深圳國際寵物展以「國潮寵展，新啟未來」為主題，700 餘家展商分佈在「國貨品牌館」「智能生活館」等七大

特色主題展館內。這屆深寵展選取了中國傳統文化元素，打造寵物行業的「超大型國潮情境式主題寵物展」。同期還將舉辦「國潮‧國寵‧國貨『三國演義』萌寵漢服秀」「2023 國風潮寵市集」等數十場國潮萌寵主題活動，小萌寵們亦可沉浸式體驗國潮跨界玩樂。

四、密室、劇本殺：智商社交玩起來

密室和劇本殺等新興娛樂方式吸引了越來越多年輕人的關注。

業界普遍認為，密室逃脫遊戲最初的原型是一款由日本設計師 TAKAGISM 開發的 Flash 小遊戲《深紅色房間》。密室逃脫遊戲是一種具有獨特遊戲體驗的互動遊戲，玩家需要在規定的時間內解決謎題並逃脫密室，這種緊張刺激的遊戲體驗吸引了大量的年輕人。密室逃脫遊戲需要玩家們團隊協作，相互配合才能順利逃脫，因此這種遊戲也提供了一個良好的社交體驗，可以幫助玩家們更好地認識和了解彼此。密室逃脫遊戲通常會設計一些新奇有趣的謎題和場景，這些創意的設計也吸引了很多玩家。

狹窄的通道、隱藏的機關、逼真的造型和詭異的背景音樂等元素共同營造出一種緊張刺激的氛圍，讓玩家們彷彿置身於一部電影情節中，全身心地投入到遊戲之中。在快節奏的社會中，人們總是面臨各種壓力，特別是對那些過着「996」（「996」是網絡流行詞彙，是指每天從早上 9 點工作到晚上 9 點，每週工作 6 天，描述的是許多科技和互聯網公司的高強度工作文化）工作制的上班族來說，密室逃脫遊戲作為一種越來越受歡迎的休閒娛樂方式，為他們提供了一個釋放壓力的途徑。在密室逃脫遊戲中，

玩家需要解開謎題、破解密碼，尋找線索以逃離密室。這個過程充滿刺激和趣味，同時也可以幫助他們暫時忘卻工作中的煩惱，將注意力集中在遊戲中。這種沉浸式體驗使得人們在遊戲過程中可以大聲喊叫、盡情哭泣、拚命奔跑，毫無顧忌地表達自己的情感，讓他們在遊戲結束後感覺輕鬆、舒暢。有玩家說過，「用密室逃脫解壓，效果比畫圈圈，扎小人好多了。」密室逃脫遊戲更能帶來身心的放鬆和愉悅。此外，密室逃脫還具有團隊協作、挑戰解謎的特點，有助於提高溝通能力、增進同事之間的友誼，甚至可能激發創造力和思維能力。因此，越來越多的人選擇用密室逃脫來解壓，以應對生活和工作中的壓力。

在熱門綜藝《密室大逃脫》的影響下，實景密室迎來了一次聲勢浩大的產業升級，玩家不再滿足於和「機械」鬥智鬥勇，「沉浸式真人密室逃脫」就此誕生。

沉浸式密室逃脫遊戲為玩家提供了一個獨特且生動的體驗。通過角色扮演和身臨其境的故事情節，玩家們可以盡情享受這種遊戲帶來的樂趣和挑戰。在這種類型的密室逃脫遊戲中，玩家需要選擇一個角色並穿上相應的服裝，使他們能夠更好地融入遊戲的故事情節。不同角色之間的互動和劇情發展也讓遊戲更具吸引力。有些角色甚至能改變密室的劇情走向，這樣的設定讓遊戲變得更加豐富多彩。

這種沉浸式體驗讓玩家有機會在短時間內穿越到不同的時代、背景和場景，感受另一種截然不同的人生。這種難以在現實世界中體驗到的遊戲形式為許多玩家帶來了獨特的樂趣和價值，也使沉浸式密室逃脫遊戲越來越受到人們的歡迎。

綜藝《明星大偵探》的成功把另一項遊戲 ——「劇本殺」也

帶火了。《明星大偵探》是由湖南衛視製作的推理劇本殺綜藝節目，首播於 2015 年。劇本殺是類似於演繹推理的互動遊戲，玩家需要扮演不同的角色，通過推理和溝通找出兇手並破案。這種遊戲具有獨特的體驗和趣味，能夠滿足玩家對於刺激、猜謀殺案和扮演角色的需求。劇本殺遊戲需要玩家們合作推理、角色扮演和互動，因此這種遊戲也提供了一個良好的社交體驗，可以幫助玩家們更好地認識和了解彼此。劇本殺的背景和劇情通常和中國歷史或者現代社會有關，因此也吸引了很多對於歷史、文化和社會現象感興趣的人參與。

近年來，密室逃脫行業取得顯著發展，但同時也面臨亂象與安全隱患問題。與劇本殺相比，密室逃脫更注重玩家與機關、NPC（Non-Player Character 非玩家角色）的互動，容易導致安全問題。在一些情況下，玩家可能會在遊戲中受傷，甚至受到驚嚇。沉浸式密室逃脫並無太大競爭，但行業門檻低導致了部分低質量門店。解決這些問題後，密室逃脫和劇本殺仍具有廣闊發展空間，隨着 AR/VR 技術的逐漸成熟和應用，有望為行業帶來新的升級，我們拭目以待。

五、丁真：素人助推文旅推廣

2020 年「雙 11」當天，一位四川省甘孜州理塘的藏族小夥——丁真爆火了。這位 20 歲的藏族小夥子在短短的一個月內，因為一段真誠、樸實的視頻走紅，因此被稱為「最美康巴漢子」。丁真的視頻展現出了一位勤勞、善良、堅韌、勇敢的康巴漢子形象，同時也展現了他對家鄉的深情和對生活的熱愛。

甘孜藏族自治州理塘縣政府與丁真簽約，讓其擔任家鄉的旅遊大使。許多地方也藉助他的影響力，積極推廣當地的旅遊資源和文化，試圖打造新的「丁真」，進一步推動旅遊業的發展。丁真的成為了旅遊推廣中一個具有影響力的人物。

丁真的案例證明了一個事實：旅遊目的地的宣傳和推廣，並不一定要通過明星代言、熱門景點等方式進行，有時候一個普通的人也可以成為宣傳的主角，只要他的故事能夠觸動人心，引起共鳴，就能夠吸引更多人的注意力。

這次事件還展示了網絡社交媒體的強大力量。在社交媒體時代，每個人都可以成為信息的傳播者，只要有一個有趣的故事，就能夠在網絡上引起熱議，甚至成為熱門話題。這也為旅遊目的地的宣傳提供了全新的思路，不再需要通過傳統的廣告宣傳，而是可以通過社交媒體上的有趣故事、用戶口碑等方式進行推廣。

六、音樂節：年輕人的烏託邦

「生活不只是眼前的苟且，還有詩和遠方的田野。」

這句歌詞深深打動了無數人的心。將詩歌、音樂、田野和生活融合在一起的最佳場所就是音樂節了。從最初小眾的聚會到現在大規模的狂歡，音樂節已成為越來越多年輕人選擇的生活方式。一場音樂節就像是一次說走就走的旅行，讓人們沉浸在音樂和歡樂的氛圍中，享受生活的美好。音樂節作為宣泄情感、釋放熱情的大型節慶狂歡活動，深受年輕人的喜愛和追捧。近年來，在《樂隊的夏天》《中國新說唱》《說唱新世代》等綜藝的帶動下，

小眾文化擴圈，吸引了很多新鮮樂迷，全民使用互聯網產品的時間被拉長，讓不少獨立音樂人被熟知，音樂人聚集的音樂節儼然化身為人人奔赴的大眾娛樂項目。在社會分化日益顯著的今天，在新舊交替層出不窮的今天，一些原本略顯小眾的小趨勢，或許會因為互聯網、技術的力量而被放大，從而引起社會潮流的深刻變化。近年來脫口秀的興起是如此，《樂隊的夏天》等綜藝節目以及各大音樂節的火爆亦是如此。

參加音樂節的年輕人可以在現場與其他樂迷一起唱、跳、和樂手互動，參與感強，能夠得到身心愉悅和放鬆，而且能夠了解到更多小眾的音樂風格和樂隊。工作壓力大、日常生活千篇一律，如今的年輕人對充滿刺激、盡情宣泄的娛樂方式青眼有加。音樂節就是這樣的契機，現場的人們可以在音樂到達高潮時隨意蹦跳，在喧鬧的音樂掩蓋之下放肆尖叫。

在眾多的音樂節中，人們最耳熟能詳的就是最早的迷笛音樂節，和後起之秀草莓音樂節了。

迷笛音樂節（Midi Festival）始創於 2000 年，由北京迷笛音樂學校發起，是中國第一個原創搖滾音樂節。歷經 20 多年的發展，如今已成為中國音樂界最具聲望的品牌之一。每年五一國際勞動節，為期三天，吸引了數十支國內外知名樂隊參與演出，成千上萬的樂迷從各地湧入，享受音樂盛宴。迷笛音樂節不僅是中國最早的音樂節，還是第一個戶外音樂節。樂迷們可以在現場搭建賬篷暢享音樂與自然。迷笛音樂節的氛圍在國內音樂節中獨具特色，擁有大量忠實的支持者，為年輕人提供了一個自由、獨立、多元的音樂交流平台。

第一屆草莓音樂節於 2009 年五一假期在北京通州運河公園舉

辦。由摩登天空公司發起，邀請了 60 多組藝人，涵蓋民謠、電子、流行、嘻哈、搖滾、金屬等各種音樂風格。草莓音樂節代表着充分享受音樂與生活的態度，成為春天的一個特別節日。草莓音樂節每年都會定期舉辦，從春天到秋天，從北京擴展到全國各個城市，逐漸成為年輕人的文化符號和精神寄託，同時也成為一代年輕人青春與音樂夢想的象徵。

七、圍爐煮茶：新式茶文化

在中國文化中，茶被賦予了豐富的藝術和文化內涵。茶的實用價值起初主要體現在飲用方面，可消渴、提神。但隨着時間的推移，茶逐漸成為了承載文化、精神和社會價值的重要載體。茶與中國傳統文化的結合，使得茶文化逐漸演變成了一種精神追求和人生哲學。茶道，作為茶文化的重要組成部分，強調自然、和諧、靜謐和敬畏。茶道所體現出的修身養性、禮儀之道、品味人生等精神內涵，與儒家、道家等中國傳統文化思想相輔相成。

茶文化在中國歷史上的地位舉足輕重。中國古代的文人墨客，如詩人、畫家、書法家等，都以品茗為雅事。他們通過品茗、賞茶、閒談，陶冶性情、抒發情懷。許多膾炙人口的詩篇、名畫和書法作品，都與茶有密切的關係。此外，茶還具有社交功能。在古代，茶館成為了人們休閒、交流的場所。茶席上，人們結識新朋友、交流思想、商討事務，茶文化在這一過程中起到了溝通和連接的作用。

其實，「圍爐煮茶」古已有之，在古人的生活中只是一件尋常

事。在當代社會，圍爐煮茶又得到了新的傳承和發揚。圍爐煮茶所傳達出的溫暖、友情和寧靜，正是現代快節奏生活中人們所嚮往的一種生活狀態。悠久的茶文化，讓人們在茶香、茶道和茶藝中，感受到中國傳統文化的韻味和魅力。

茶道講究「碾茶、熱盞、擊拂、水痕」等工藝流程，但「圍爐煮茶」簡化了這些茶道流程，降低了年輕人接觸茶文化的門檻。這種隨性、輕鬆的茶飲方式，讓年輕人在品茗的過程中能夠更好地感知茶文化的韻味，進一步激發對茶文化的興趣。同時，「圍爐煮茶」還具有很強的社交屬性，讓年輕人在品茗的過程中增進友誼、交流思想。

新中式潮流注重傳統文化與現代審美的結合，讓圍爐煮茶這種傳統習俗煥發出新的活力。現代的茶館、茶室和茶藝活動，將茶文化與時尚元素相結合，創新地傳承了古老的圍爐煮茶文化，使之成為一種時尚的生活方式。同時，在圍爐煮茶的場景中，傳統的水果零食也變得更加豐富多樣。除了柿子、橘子、紅薯、花生、紅棗和板栗等傳統食材，現在的圍爐煮茶還可能搭配其他美食，如小吃、糕點等，讓這一場景更加豐富多彩。

圍爐煮茶是對傳統文化的傳承，也是對現代生活方式的創新和探索。在這個過程中，人們不僅可以體驗到溫暖、和諧、雅緻的生活氛圍，還可以感受到新中式潮流所帶來的時尚魅力。如今，隨着新中式茶飲的興起，以及電視劇、網絡平台等媒介的傳播，傳統茶文化為茶飲產業帶來了新的商業機遇，甚至在全球範圍內掀起了一股熱潮。珍珠奶茶（英文 Bubble Tea，又稱泡泡茶）作為其中的代表品種，已經風靡世界各地，人們可以在不同國家的街頭巷尾找到各種口味的珍珠奶茶。作為新中式茶飲品牌的領

軍企業，喜茶（HEYTEA）樂樂茶（LELECHA）、奈雪的茶等在國際市場上也取得了非凡的成績。

第三節　文化產業的世界化

中國文化產業越來越有「國際范兒」。

當代中國文化產業的世界化近年來取得了顯著的進展。在經濟全球化、數字技術和跨國合作的推動下，中國文化產業的國際影響力穩步提升，贏得世界認可。中國文化產業正在經歷從傳統產業向現代產業轉型的過程，包括數字化、智能化和跨界融合等。這些新型產業更具有國際競爭力，有助於中國文化產品和服務進入全球市場。

當代中國文化產業的世界化在很大程度上受益於國家經濟的高速增長和全球化進程。政府高度重視文化產業的發展，制定了一系列政策和措施來推動文化產業的創新、融合和國際化。

中國擁有悠久的歷史文化和豐富的文化資源，這些優勢資源為中國文化產業的世界化提供了獨特的支撐。中國文化產業的世界化表現在文化輸出方面，包括電影、電視劇、音樂、動漫、文創產品等領域。這些產品和服務在全球範圍內傳播，使得越來越多的國際觀眾了解並接受中國文化。通過「一帶一路」倡議、孔子學院等渠道，中國積極開展國際文化交流與合作，不僅有助於增強中國文化在全球的影響力，也促進了文化多樣性和共同繁榮。當代中國文化產業的世界化是一個持續發展的過程，未來在全球市場中的地位和影響力還將不斷提高。同

時，中國文化產業也需要不斷創新和完善，以應對全球市場帶來的挑戰和機遇。

一、國產影視劇

中國政府大力推動文化產業的發展，注重文化作品的價值引領，湧現出了許多健康向上、內涵豐富的優秀影視劇作品。一些中國電視劇不僅在中國本土影響大，還在海外引起轟動，成為文化輸出的重要代表。如《媳婦的美好時代》在非洲大受歡迎，甚至在當地舉辦了配音大賽，主演海清也成為了非洲媳婦的榜樣。隨着中國電視劇製作技術的提高和內容的不斷更新，國產劇在海外的受歡迎程度也在不斷提高。尤其是古裝歷史劇、宮廷劇和仙俠傳奇劇等與中國古代相關的題材，特別受到東南亞觀眾的喜愛，代表作品包括《琅琊榜》《甄嬛傳》《楚喬傳》《三生三世十里桃花》《誅仙・青雲志》和《延禧攻略》等等。《甄嬛傳》甚至在Youtube 上引起了海外網友對於「清宮宮鬥」的討論。

除了文化因素的影響，電視劇的服裝道具和製作質量等也是吸引海外觀眾欣賞的原因之一。例如，《延禧攻略》中的莫蘭迪色調，特別受到海外觀眾的歡迎。此外，一些國產劇的演員也在海外受到了歡迎，如肖戰和王一博主演的《陳情令》在泰國舉辦粉絲見面會，網絡上也造成了大量話題。

2022 年《人世間》一開拍就被迪士尼購買了海外獨家播映權，《開端》入駐流媒體平台網飛（Netflix），《贅婿》《錦心似玉》《雪中悍刀行》等 IP 劇集，先後登陸 YouTube、Viki 等視頻網站。

然而，國產劇在海外播出仍面臨一些問題，如片長太長、情

節過於複雜、節奏過慢等。此外，國際市場的競爭也很激烈，韓劇、日劇等佳作也在東南亞國家深受歡迎，觀眾的娛樂需求和審美水平也在不斷提高，對國產劇的要求也越來越高。因此，電視劇製作方需要更加注重受眾意識，不斷提高製作質量和創新，才能在海外市場獲得更大的成功。

二、脫口秀登錄海外

　　脫口秀起源於歐美，但近年來在國內發展迅猛。中國第一檔可稱作單口喜劇的節目是 2012 年 5 月在東方衛視開播的《今晚 80後脫口秀》，脫口秀首次進入中國大眾視野。2017 年，騰訊視頻與笑果文化聯合推出的《脫口秀大會》第 1 季開播，與《吐槽大會》等節目形成了脫口秀節目矩陣，釋放出強大的輻射效應。與線上脫口秀相對應，線下脫口秀演出也迎來了巨大的市場增量。「看脫口秀」成為了年輕人繼「劇本殺」「玩密室」「看劇」後的又一新型文化消費模式。 脫口秀出圈後，越來越多的人不再只將其等同於一檔綜藝節目，而是視其為一個新興文化行業，並試圖加入其中。

　　中國脫口秀演員的創作更多來自於自身經歷與當下生活，將生活中的痛點融入段子，從都市漂泊、婚戀、租房、盲盒熱、奶茶粥到學區房，從內捲、中年危機到職場 PUA，以細緻入微的觀察與犀利的表達，贏得了國內觀眾的喜愛。脫口秀也逐漸成為許多年輕人表達自我的「嘴替」，成為講述當代中國青年故事的獨特方式。這也正是越來越多人喜愛脫口秀的深層次原因。

　　笑是一種國際通用語言，喜劇是不同文化背景的人們相互理

解、溝通的最好橋樑之一。2019 年，脫口秀企業笑果文化第一個千人演出在墨爾本落地。2022 年，笑果嘗試設立海外社交媒體矩陣，短短半年多吸引粉絲超過 12 萬。笑果脫口秀同樣受到了海外觀眾的喜愛。2023 年初伊始，笑果文化展開的北美巡演，藉助脫口秀這種更加國際化的喜劇形式，展現當代中國人幽默、輕鬆、自信的形象，為中國故事的全球化表達增添了全新的內涵與活力。中文脫口秀走進北美，表演內容以中文為主，目標聽眾主要是北美華人，特別是年輕留學生羣體。脫口秀將海內外華人連接起來，讓人們在歡笑中找到文化認同感。

三、泡泡瑪特：文創 IP 引搶購潮

文化 IP（Intellectual Property）是指具有高辨識度、自帶流量、強變現穿透能力和長變現週期的文化符號。這些符號往往來源於文化產品、藝術作品、歷史傳統或民間傳說等，它們成為一種文化現象，並與特定的羣體、品牌或潮流緊密相連。消費者對文化 IP 的關注源於對這些標籤或文化現象的興趣和認同。文化 IP 的吸引力在於其獨特的文化內涵和寓意，能夠引起消費者的共鳴，激發他們的情感投入。消費者願意追捧這些文化 IP，並將其轉化為消費行為，如購買相關的產品、參加活動或者支持某個品牌等。

隨着文化產業的不斷發展，文化 IP 已經成為推動文化創意產業發展的重要驅動力。企業和創意人才通過對文化 IP 的挖掘、創新和運營，實現對文化資源的有效利用和價值提升。同時，文化 IP 還能增強文化交流和傳播，促進不同文化之間的互相了解和認同。因此，文化 IP 在當今社會具有重要的經濟和文化意義。

文創出海，中國文化越來越圈粉。2022 年 1 月，成立於 2010 年的潮流文化娛樂品牌泡泡瑪特（Pop Mart）英國倫敦首家門店正式開業，開業當天就引發了大量粉絲排隊搶購。正所謂「一入盲盒深似海，一盒接着一盒買」，人們興奮地買來盲盒，緊張地在門口迫不及待地拆開這些「具有魔法般的」玩具，享受着魔法玩具帶給自己的神奇的快樂。不少英國顧客甚至都在店裏「端盒」——下單一整個系列。

從行為經濟學的角度來看，消費者之所以青睞這些 IP 文創產品，是因為這些產品反映了美好文化因素所帶來的人們對理想生活的嚮往，反映了人們內心深處對文化內涵的認同。對於研發、設計、生產、製造文創產品的企業來說，他們利用文創產品作為載體，向世界傳遞中國文化。以泡泡瑪特為代表的潮流玩具的消費背後，是大量的中國文化元素與設計、載體的融合。企業需要將這種融合更加符合全球年輕消費羣體的喜好，並利用潮玩這種容易被消費者接受的載體，得到市場的認知和認同。

利用廣受歡迎的 IP 來表達中國文化，無疑更能突顯其魅力和價值。中國企業和設計師應繼續探索迸發揮國潮產品的優勢，進一步向全球市場傳播中國文化，為中國文化產業全球化發展做出貢獻。

四、iPanda：直播國寶慢生活

大熊貓是一種獨特而神奇的生物，具有動物界獨一無二的技能和至高無上的地位。作為國寶級別的珍稀物種，大熊貓備受人們的熱愛和關注。2013 年，iPanda 熊貓頻道正式成立，為廣大的

萌物愛好者提供了一個可以觀看大熊貓生活百態的平台。iPanda
熊貓頻道是一個 24 小時全媒體平台，其原創微視頻「大熊貓寶寶
抱飼養員大腿」在互聯網上瘋狂傳播，被國內外 50 餘家重量級媒
體和網站轉載，瀏覽量超過 10 億，被海外媒體稱為「神奇的中國
視頻」。iPanda 熊貓頻道不定期進行大熊貓野化放歸、繁育交配以
及新生大熊貓寶寶亮相等熱點事件的直播，向公眾普及大熊貓和
其他珍惜物種的保護知識，展示近年來中國保持生物多樣性和保
護生態環境所取得的成就。

　　iPanda 熊貓頻道通過自身平台向全世界傳遞着來自中國的快
樂和友誼，以大熊貓這一「中國軟實力」向世界傳播中國熱愛和
平、願同世界各國友好合作的理念，助推中國的「熊貓外交」以
及中國國家形象在海外的宣傳與提升。

　　熊貓一直都是中國的代表與象徵，曾經有熊貓外交政策，而
現在則有央視熊貓頻道。在面對時代的變遷和技術發展的同時，
熊貓頻道也緊跟時代步伐，不斷創新，正努力成為中國文化傳播
的一個重要輸出口。有着 800 萬年歷史的大熊貓不僅在科學上是
一個奇跡，也是全人類的瑰寶。iPanda 熊貓頻道以大熊貓為切入
點，展開豐富多元的傳播活動，既是在倡導生態文明，也是在傳
播和諧美好的中國形象和中華文化。作為中國文化的重要載體和
象徵，大熊貓一直是中外文化交流的一個重要切口。因此，熊貓
頻道在海外傳播的路徑選擇中不僅主動將線上的內容做精，更大
力度地對線上線下活動進行策劃，通過「走出去」「請進來」讓兩
者的結合發揮出更大的品牌效應。

　　為了更好地推廣大熊貓這一國際文化符號，熊貓頻道與中國
海外使館、中國文化中心、國際動物園及當地機構展開了廣泛的

合作，共同策劃了線上線下的「大熊貓文化週」活動，極大地提升了內容輸出和文化傳播。2019 年在法國巴黎舉行的「中法大熊貓文化週」是大熊貓文化「走向世界」的成功案例。活動通過多樣的藝術手法和創新的媒體技術，將真實的大熊貓與藝術創作相融合，以大熊貓視頻展示、VR 大熊貓微電影放映、大熊貓主題直播、大熊貓科普展覽及線下交流等形式，讓觀眾在充滿大熊貓元素的環境中深入了解大熊貓的文化背景和生態理念，同時增進國際友誼、展示中國形象和傳播中華文化。活動不到一周時間，便受到了法國民眾的高度讚譽，相關內容在國內外各平台總瀏覽量超過了 4100 萬，吸引了大量網友的關注和喜愛。

熊貓頻道為海外傳播構建了一個完整的體系，包括以直播為起點、短視頻為核心的多樣化改革，同時強化分發平台和開發新平台，以及線上線下的文化交流活動。這三個方面相互融合，共同賦予了熊貓頻道在國際傳播中的新活力。

大熊貓不僅是自然界的奇跡，更是全人類的珍寶。iPanda 熊貓頻道以大熊貓為核心，開展多樣化的傳播活動，旨在倡導生態文明，傳遞中國的美好形象和中華文化。熊貓頻道已成為中外交流與民心相通的重要紐帶。

五、李子柒：東方審美文化輸出

近年來，隨着互聯網產業的快速發展，文化創意產業也得到了巨大的推動。一些創作者通過視頻、繪畫等方式，將中國的文化輸出到國際互聯網平台上，其中李子柒系列視頻便是其中的代表之一。2021 年 1 月 25 日，李子柒的 YouTube 訂閱量達到了

1410 萬，刷新了「YouTube 中文頻道最多訂閱量」的吉尼斯世界紀錄。

李子柒品牌的成功具有典型的示範意義，展示了如何發展好中國文創產業，傳播好中國聲音。李子柒的視頻以中華民族的飲食文化為切入點，通過展現田園生活中的四時耕種、家庭蓄養、衣食住行等方面，融入了傳統手工藝、非物質文化遺產等中國文化和藝術，呈現出了一個與世無爭、歲月靜好的鄉間生活。

李子柒的作品展示了中國傳統文化的魅力，如傳統手工藝、烹飪和農耕等，強調了人與自然和諧相處的生活方式，以及追求簡單、樸素生活的美學。這種生活方式在當今快節奏、高壓的社會中具有很大的吸引力。在李子柒的視頻中，觀眾可以看到農家人在田間地頭辛勤勞作的場景，感受到人與自然和諧相處的美好；可以看到烹飪中華傳統美食的過程，了解到中國飲食文化的豐富多彩；可以看到手工藝人巧手製作傳統工藝品的技藝，體會到中國傳統手工藝的魅力；可以看到古老的建築和傳統的服飾、住房等物品，感受到中國文化和藝術的深厚底蘊。李子柒的視頻以高質量的畫面和精美的場景著稱，給觀眾帶來一種沉浸式的觀賞體驗，同時在剪輯和音樂等方面也有很高的水準。她的作品在全球範圍內受到了廣泛關注和喜愛，其中包括很多海外觀眾。

李子柒的視頻既是一種美學呈現，也是一種文化傳承和價值觀的傳遞。李子柒在 YouTube 上的視頻獲得了眾多外國觀眾的喜愛，這不僅是因為她展現了中國傳統文化和美食的魅力，更因為她腳踏實地付出努力。她的視頻讓外國觀眾感受到了中國傳統文化和生活方式的美好，引起了他們對中國的興趣和好奇。

在李子柒的影響下，中國菜刀和柳州螺螄粉在國內外市場都

得到了大量的關注和追捧。她的視頻讓許多外國觀眾對中國文化和田園生活有了更深入的了解。2020 年，新冠病毒肆虐全球，隔離期間，外國網友們紛紛模仿李子柒的生活方式，從在家種菜、釀酒到購買中國菜刀和魚菜共生設備等。其中，中國菜刀成為國外市場的熱門產品。同時，李子柒的視頻也讓許多外國觀眾對中國傳統文化和美食有了更深入的認識和了解。她和人民日報聯名推出的柳州螺螄粉，一上線就受到了廣泛的歡迎，月銷量達到了「500 多萬份」。除了在國內市場受歡迎以外，李子柒的螺螄粉品牌也在海外市場大獲成功。天貓海外官方 2020 年數據顯示，李子柒個人美食品牌已成為天貓海外國貨出海十大新品牌之一，旗下的柳州螺螄粉一年內在全球銷售近 50 萬份，銷售地區超過 100 個國家和地區。

李子柒的文化輸出對傳播中華文化和增進中外文化交流有着重要的意義，她所呈現的中國傳統文化和生活方式，反映出了中華民族的深厚底蘊和獨特風格，也為外國觀眾提供了了解和學習中國文化的機會。李子柒的影響力已經超越了國界和地域的限制，她的視頻和品牌成功地打造了一個口碑和流量雙贏的局面，成為中國文化輸出和經濟發展的重要組成部分。

六、洋網紅助力文化產業

郭杰瑞是一位來自美國的網絡視頻博主和美食博主。他原名 Jerry Kowal，因為他的姓 Kowal 和中文「郭」發音相似，所以起了中文名「郭杰瑞」。他精通中文，以幽默風趣的方式介紹中國文化、風土人情和美食。他的視頻內容涵蓋了生活見聞、旅行探

險、中西文化差異等多個方面。他的作品吸引了大量的粉絲，使更多的人了解到了中國文化的魅力，同時也讓中國觀眾更加了解美國文化。他因為特別喜歡吃辣，自稱比四川人還能吃辣，並且常常在自己的美食視頻中評價某些食物「這個不辣」。

2019 年 3 月，郭杰瑞在雲南普洱旅行時，品嚐了當地的咖啡，對這種咖啡的味道和質量非常滿意，同時也注意到雲南咖啡在國際市場上的知名度非常低。因此，他決定要打響雲南咖啡的知名度，把它賣到美國。此後，他開始與雲南的咖啡生產商合作，建立自己的品牌，開設了名為「Fibo 咖啡」的網店，在國內獲得了不錯的銷量。此外，他還通過咖農助學計劃，每賣出一件產品，就向貧困學生助學計劃中存入 1 元。郭杰瑞之所以決定創業賣雲南咖啡，主要是因為他看到了這個市場的商機，同時也因為他熱愛雲南咖啡的味道和文化。他希望通過自己的努力和推廣，讓更多的人了解和喜歡這種咖啡，並且帶到更廣闊的國際市場。他成功地幫助了雲南的咖啡種植戶，並讓雲南的咖啡品牌得到了更多的宣傳和認可。

雖然郭杰瑞的影響力很大，粉絲基礎也很牢固，但他並沒有考慮過簽約大平台，以培育更大的商業機會。他坦言，過度商業化從來不是他的目的。他想繼續擔任文化使者的角色，通過視頻向中國人介紹美國，讓美國人更好地了解中國。

七、非遺趕潮出海

非物質文化遺產是文化多樣性的重要組成部分，它體現了人類文化的豐富性和創造力。非物質文化遺產的保護和傳承對於維

護文化多樣性、促進人類文明共同繁榮具有重要意義。

文旅產業指數實驗室 2022 年 6 月發佈的《2022 年非物質文化遺產在海外短視頻平台影響力報告》顯示，TikTok 上非物質文化遺產相關內容視頻播放總量已超過 308 億次，其中武術、春節和木蘭傳說名列前三。

非遺是中華優秀傳統文化的重要組成部分，承載着中華文明的歷史。隨着中外文化交流的加深，越來越多的外國人了解並學習中國的非遺。互動性強、參與度高的項目更容易受到關注。例如，春節期間的慶祝活動如放鞭炮、掛燈籠、貼春聯、賞花燈等在世界各地的唐人街吸引了眾多當地民眾共同慶祝，使春節成為了一個世界性的節日。

第七章

當代中國的
價值觀與世界觀

當代中國的價值觀和世界觀受到內在和外在的影響而不斷發展變化。中國的傳統文化，當代科技的發展，社會的變革和全球化的加深是最為重要的影響因素。

　　中國傳統文化中儒家思想的「仁愛」「孝道」「誠信」等觀念對當代中國社會的人際關係、道德觀念等方面產生了影響。科技的快速發展也在改變人們的價值觀和世界觀。當代中國的年輕一代普遍接受新科技，注重信息獲取和傳播，對互聯網、社交媒體等新媒體有着較高的依賴度。隨着經濟的快速發展和城市化進程的加快，當代中國的社會結構和文化環境也在不斷變化。人們的生活方式、消費觀念、審美標準等也在不斷變化。最後，隨着全球化的加深，當代中國的價值觀和世界觀也受到了來自西方國家的影響，如個人主義、自由主義、人權觀念等在中國的年輕一代中逐漸流行。

　　總的來說，當代中國的價值觀和世界觀呈現動態發展的趨勢，既有傳承自中國古代的民族精神，也有新時代的新芽。隨着社會的變革和經濟的發展，當代中國的年輕一代更加注重個人主義、自由和多元化，但同時也繼承和弘揚了中國傳統文化中的很多重要價值觀念。

第一節　宗教信仰與民族共同體意識

　　當代中國是一個多元化和複雜的社會，宗教信仰和民族共同體意識是當代中國社會的兩個重要方面。中國的宗教信仰和民族共同體意識在歷史上都有着深厚的文化根源和傳統。在當代中國，宗教信仰和民族共同體意識都面臨着新的挑戰和機遇。兩者也緊密相連，互為脣齒，相互作用，彼此成就，更好的共生發展不斷地增強着中華民族的凝聚力，促進中國社會的前進和繁榮。

一、中國宗教信仰概覽

　　中國的宗教信仰源遠流長，最早可追溯到三皇五帝時期。中國的傳統宗教主要有儒教、道教、佛教和民間信仰等。儒教主要強調個體的自我完善和社會道德規範，道教講究自然與人之和諧，佛教講究超越生死、免受苦難，民間信仰包羅萬象，涵蓋多種信仰內容與形式。在中國的教派傳統中，儒教被視為國家的宗教，道教被視為民眾的宗教，佛教是同其他宗教並存的宗教。中國歷史上，儒教、道教、佛教之間的相互影響、相融合，形成了獨特的中國文化哲學。

儒教

　　儒教源於古代中國齊國的學者孔子（公元前 551 年—公元前 479 年）的教學和思想，後來由其門徒們繼承和發揚。孔子認為人性本善，但在社會和家庭的教育環境下，人們可以通過學習、實踐和修養來實現道德的完善。儒家思想在中國歷史上一直是重要

的政治、文化和道德力量，深刻地影響着中國人民的生活方式和價值觀念。儒家思想強調人文主義、仁愛、禮節、道德、知識、正義、忠誠等價值觀念。

　　在當代中國，歷史悠久的儒家思想仍然具有重要的現實意義和價值。儒家思想被認為是中國傳統文化的重要組成部分，也是中國文化的獨特之處之一。當代中國社會對儒家思想的關注和認同，體現在以下幾個方面：1）社會道德建設：儒家思想強調個人的道德修養和責任，提倡「仁愛、誠信、謙虛、禮貌、忠誠」等價值觀念。這些價值觀念在當代中國的社會道德建設中得到了廣泛的認同和推廣。例如，一些公共場合和企業單位會制定一些道德規範和行為準則，鼓勵人們遵循儒家思想中的道德準則和社會規範。2）教育體制改革：儒家思想對於人才培養和教育理念有着深刻的影響。儒家思想強調教育的重要性和對人的全面培養，鼓勵教育體制改革，提高教育質量。例如，中國政府推行「素質教育」理念，旨在培養學生的全面素質和人文精神，這與儒家思想強調的人才培養目標不謀而合。3）企業社會責任：儒家思想強調企業應該承擔社會責任，關注員工的福利和社會環境。現在，一些企業開始意識到自身的社會責任，並將其視為一種經營理念和品牌形象。還有些企業會開展公益慈善活動，回饋社會，體現了儒家思想中的「仁愛」和「義務」。4）社會和諧穩定：儒家思想強調社會和諧和穩定，鼓勵人們關注社會整體的利益和安定。在現今的中國社會，政府不斷地在積極推進社會和諧穩定的工作，如加強公共安全和法治建設，維護社會穩定和安全，體現了儒家思想中的「和合」。

　　總之，儒家思想在當代中國的價值體現非常廣泛，與社會、

教育、企業、文化等領域密不可分，成為中國文化和精神生活中的重要組成部分。

道教

道教起源於中國古代社會，可以追溯至公元前 4 世紀左右的戰國時期。道教的創始人是老子，他的著作《道德經》被視為道教的核心經典。隨着時間的推移，道教逐漸形成了自己的哲學、宗教、文化和社會體系。道教的發展歷程可以分為三個時期：原始道教、宗教道教和文化道教。原始道教是指老子創立道教的初期，它主要是一種哲學思想。宗教道教是指從漢代開始，道教逐漸轉變為一種宗教形式。文化道教則是指從唐代開始，道教成為一種文化現象，與文學、藝術、歷史等緊密相關。

道教的價值觀主要包括「道法自然」「無為而治」「道德修養」等。其中，「道法自然」是道教的核心理念，認為宇宙中存在着一種自然的規律和力量，人們應該順應自然，而不是違背自然。同時，道教強調「無為而治」，即通過不干預、不強制、不執着等方式，實現治理和生活的和諧。此外，道教強調道德修養，鼓勵人們追求內心的平和、善良和慈悲。

從價值和意義的角度來看，道教在當代中國的作用主要體現在以下幾個方面：一是作為中國傳統文化的重要組成部分，為中國的文化認同和文化自信提供了重要支撐；例如，在中國各地舉辦的道教文化節、道教廟會等活動，展示了道教文化的豐富內涵和獨特魅力，吸引了大量遊客和觀眾參與。二是作為宗教和精神信仰的一種選擇，為人們提供了寬廣的宗教空間和精神歸屬感。道教團體頁積極參與社會公益和慈善活動，為貧困地區和弱勢羣

體提供援助和幫助。三是作為一種哲學體系，為人們探索人生意義、追求內心平和提供了思想啟示。「道法自然」「無為而治」「道德修養」等理念已經成為當代中國人們探索人生意義、發展個人素質的重要思想資源。一些企業家和管理者也將這些理念應用於企業管理和領導力發展中，取得了良好的效果。四是作為一種藝術和文化在當代中國的傳承和發展也具有重要意義，如，道教音樂、舞蹈、繪畫等藝術形式，為中國的文化遺產保護和傳承做出了重要貢獻。一些道教文化機構和專業人士也致力於推廣道教文化，讓更多的人了解和認識道教文化的價值。

總的來說，道教在當代中國的價值體現豐富多彩，既為中國的傳統文化和宗教信仰提供了支撐，也為中國的思想文化、社會和諧等方面做出了積極的貢獻。

佛教

佛教在中國的歷史可以追溯到公元 1 世紀左右。最早傳入中國的佛教來自印度的大乘佛教，後來還有小乘佛教和密宗佛教等不同流派。佛教在中國的傳播和發展經歷了多個階段，經歷了漢唐盛世、唐宋興盛、元明清式微等歷史時期，但始終保持着強大的生命力和文化影響力。佛教的價值觀以「四諦」和「八正道」為核心，強調諸行無常、苦空無我、因緣覺悟等思想，提倡慈悲為懷、無私奉獻、福報回向等行為。在中國的傳播過程中，佛教與道教、儒家等文化交融，形成了中國佛教的獨特特色和文化內涵。

在當代中國，佛教依然具有重要的現實意義和價值。具體到現在，一是作為精神信仰，佛教為信眾提供了慰藉和力量。同

時，佛教也為信眾提供了一種道德標準和生活方式的指引。二是作為文化遺產，佛教為中國的文化傳承和創新做出了巨大貢獻。佛教藝術和建築在中國歷史和文化中佔有重要地位，例如敦煌莫高窟、五台山大佛、普陀山等文化景點，每年都吸引了大量遊客和藝術愛好者前來參觀。三是作為社會力量，佛教參與公益慈善和社會服務等活動，為社會穩定和發展做出了貢獻。例如，佛教團體積極參與災區救援、孤兒救助、慈善募捐等活動，得到了社會的廣泛認可和讚譽。四是作為國際文化交流的橋樑，佛教為中外文化交流做出了巨大貢獻。中國的佛教文化已經傳到世界各地，同時中國的佛教界也積極參與國際佛教交流和合作，推動了中外文化交流和理解的進步。

總之，佛教在當代中國的現狀和價值非常豐富和多樣化。它不僅是信仰和宗教，更是文化、藝術、社會、心理和哲學等領域的重要組成部分，為中國社會的多元化發展做出了貢獻。同時，佛教也在不斷地與現代社會相互融合和交流，發揮着新的作用和影響。隨着科技的發展和信息的普及，佛教也開始逐漸走向線上，通過互聯網和數字平台為信眾提供更多的學習和交流機會，如百度百家、和訊佛教、大悲佛教等。這些平台提供了佛教經典、音頻、視頻、博客等資源，幫助人們更好地了解佛教，提高精神境界和素養。同時，佛教在當代中國的發展也面臨着一些挑戰和問題，例如一些商業化、迷信化、偏離佛教本質的現象，需要佛教界和信眾共同努力加以解決。

民間信仰

中國民間信仰源遠流長，與中國古代的神話、傳說、風俗、

文化和歷史密切相關。中國民間宗教信仰的歷史可以追溯到古代，最早的形式是原始宗教信仰，表現為對自然力量、祖先、鬼神的崇拜和供奉。隨着社會的發展和文明的進步，中國民間宗教信仰也逐漸演變和豐富。在漢代以後，道教、佛教等宗教逐漸傳入中國，與本土民間宗教信仰相融合和發展，形成了獨特的中國民間宗教信仰體系。同時，在不同的歷史時期和地區，中國民間宗教信仰也受到了政治、社會、文化等多種因素的影響和塑造，形成了豐富多彩的信仰內容和儀式形式。

在當代中國，中國民間宗教信仰仍保持着廣泛的傳承和影響。在人們的日常生活和精神世界中扮演着重要的角色。例如，中華民族傳統信仰中最古老、最為廣泛的信仰之一是崇拜天地神祇，這是中國農村最常見的信仰形式之一。此外，還有許多地方性的信仰和習俗，例如紅頭繩、驅邪祈福等，在民間流傳已久，深受人們喜愛。此外，一些名勝古跡、山川地貌等也成為人們信仰和崇拜的對象，例如武當山、黃山等風景區，每年都吸引大量信仰者前來朝拜和祈福。總的來說，民間信仰的形式包括但不限於神仙信仰、家庭祭祀、風水信仰、神龕信仰、驅邪祈福信仰，等等。

如今，中國民間宗教信仰面臨着一些挑戰和困境。隨着城市化和現代化的進程，一些傳統信仰和儀式逐漸失去了傳承和影響。同時，一些人對民間宗教信仰的真實性和合法性存在質疑，認為它們是迷信和無用的。然而，中國民間宗教信仰仍然具有重要的價值和意義。首先，它們是中國傳統文化的重要組成部分，是中國文化中的珍貴遺產。其次，它們在中國社會中扮演着特殊的角色，為人們提供了宗教和精神上的寄託和支持。此外，中

國民間宗教信仰還具有豐富的文化內涵和精神價值，例如尊重自然、敬畏神明、追求和諧等，這些價值觀對當代社會的發展和進步也有着積極的意義和影響。

總之，中國民間宗教信仰是中國傳統文化中不可或缺的重要組成部分，具有豐富的文化內涵和精神價值。雖然它們面臨着一些挑戰和困境，但在中國人心中，它們仍然具有重要的地位和意義。

綜上所述，在當代中國，宗教信仰的現狀和特點主要表現為以下幾個方面：一是宗教信仰的多樣性。如今，宗教信仰呈現出多元化的趨勢，包括佛教、道教、基督教、伊斯蘭教、天主教等。二是宗教信仰的復興。在改革開放以後，中國的宗教信仰開始復興。特別是佛教、道教和基督教在中國的傳播和發展迅速，呈現出快速增長的趨勢。三是宗教信仰的社會化。宗教信仰已經從傳統的個人信仰逐漸轉變為社會化的信仰，與社會經濟發展和文化多樣性相互作用，更多地關注社會公益和社會責任。四是宗教信仰的國際化。隨着中國與國際社會的聯繫和交流，宗教信仰也越來越國際化，吸引了越來越多的海外信徒和投資。

二、中國的民族共同體意識

中國的民族共同體意識有着深厚的歷史和文化背景。在中國歷史上，民族共同體意識始終是維護國家穩定和民族團結的重要因素。中國一直以來是個多民族社會，各民族之間的交流和融合也促進了民族共同體意識的形成。中國的傳統文化中，強調個體與集體的關係，強調家庭和社會的和諧，強調道德規範和義務。

這些都是民族共同體意識的重要構成部分。

個體與集體

中國傳統文化中，個體與集體的關係一直是一個核心主題。中國傳統文化強調個體應該以集體的利益為先，個體的幸福和利益應該服從於集體的利益。這種思想深深植根於中國社會的價值觀中，也成為了中國人思考和行動的指導原則之一。比如，在家庭中，父母往往會為了家庭的利益而放棄個人的需求和慾望，同時孩子們也會在很小的時候接受到家庭和社會的規範，以便更好地為家庭和社會做出貢獻。在教育中，學校和老師強調團隊合作和集體榮譽感，學生們也被教育要為了班級和學校的榮譽而努力學習。在社交中，人們非常重視面子和相互尊重，注重團結和合作，重視禮儀和敬意並且有着強烈的羣體意識和榮譽感。尊重長輩和領袖，強調家族的榮譽和地位，提倡集體的價值觀和行為標準，等等。

總之，中國傳統文化中個體與集體的關係是一種高度重視集體利益和社會和諧的思想。雖然在現代社會中這種思想可能會受到不同的挑戰和批評，但是它仍然是中國社會價值觀的重要組成部分。

家庭和社會的和諧

家庭是社會的基本單位，家庭的和諧關係被視為社會和諧的基礎，在很大程度上反映了中國社會的價值觀和道德標準。在中國，家庭與社會的和諧關係是緊密相連的。

首先，中國家庭與社會的和諧關係表現在家庭成員之間的互

動關係上。中國強調家庭成員之間的親情和互助精神，例如，兄弟姐妹之間的相互關愛和互助是家庭和睦相處的重要因素，這種親情關係也擴展到了其他家庭成員和鄰里之間。家庭成員之間的親情和互助關係被視為社會和諧的基礎。

其次，中國家庭與社會的和諧關係還表現在家庭與社會之間的互動關係上。中國社會強調家庭和社會之間的互相依存和互相支持關係。家庭的穩定和繁榮有助於社會的穩定和繁榮，而社會的穩定和繁榮也有助於家庭的穩定和繁榮。例如，家庭承擔着教育子女和培養人才的重要職責，這對社會的發展起到了積極作用；同樣地，社會經濟的繁榮和安定也為家庭各成員提供更好發展和履行個人社會職能的土壤。因此，中國家庭和社會之間的互相依存和互相支持關係被視為社會和諧的基礎。

中國有許多強調家庭與社會和諧的習俗和禮節。例如，婚禮、喪禮、生日等傳統節日都是圍繞家庭生活展開的，同時也是社會交往的重要場合。在這些場合，人們會根據不同的社會關係和身份進行相應的禮節，以達到和諧相處的目的。以婚禮為例，中國傳統婚禮通常由訂婚、納彩、請吉日、過大禮、接新娘、入洞房、拜堂、酬酢等環節組成，其中不僅有家庭成員之間的親情關係的表達，也有社會關係的考慮。在過大禮的環節中，新郎需要向新娘的父母行禮，以表示對新娘父母的尊重和感激；在接新娘的環節中，新娘需要與新郎家的親友進行互動，以拉近雙方家庭的距離。這些傳統婚禮的禮節和習俗不僅體現了家庭成員之間的情感，也能夠促進家庭和社會的和諧相處。

綜上所述，中國強調家庭與社會的和諧，這一觀念貫穿於生活中的方方面面，包括家庭生活、社交禮儀、教育觀念等。通過

強調家庭和社會的和諧相處，可以促進個人和社會的發展，也能夠維護家庭和社會的穩定和和諧。

道德規範和義務

中國強調道德規範和義務，這是一種基於家庭、社會和國家三者之間相互依存關係的文化價值觀。在這種價值觀中，每個人都有義務遵守道德規範，為家庭和社會做出貢獻。

在中國文化裏，道德規範被認為是維持社會和諧穩定的重要因素之一。人們要根據社會和道德規範去行事，這些規範不僅僅是法律規定，還包括傳統的道德準則和社會習慣。例如，在中國，尊重長輩、關心弱勢羣體、愛護環境、誠實守信等都是傳統的道德準則。這些準則的遵守可以建立起良好的人際關係，同時也有助於維護社會秩序。

在中國文化裏，每個人都有自己的義務和責任，包括對家庭、社會和國家。例如，家庭成員之間有着相互扶持的義務。孝敬父母是中國傳統文化中的一個核心價值觀，子女應該盡其所能來照顧和支持年邁的父母。社會方面，每個人都有義務為社會做出貢獻，可以通過參加志願活動、慈善捐贈等方式來為社會做出貢獻。國家方面，每個人都應該履行自己的公民義務，尊重法律，為國家的繁榮和穩定做出貢獻。

中國文化裏還有許多關於道德規範和義務的思想和實踐，如「仁愛」「孝道」「忠誠」「謙虛」等等。這些思想和實踐也在一定程度上影響了中國人的行為和價值觀。孝道是指兒女對父母的孝順和尊重，是一種基本的家庭倫理道德觀念。在中國，孝道被視為一種傳統的美德，幾乎是每個中國人都應該遵循的道德規範。

孝道可以表現為行動，如兒女在父母老年時照顧他們的身體和情感需求，同時也可以表現為思想，如對父母的尊重和感恩之情。

忠誠也是中國文化中的一個重要價值觀。忠誠是指對自己的信仰、價值觀和責任的忠誠，同時也包括對家庭、朋友、祖國和領袖的忠誠。在中國歷史上，忠誠曾經是皇帝和士人們的一種核心價值觀。現在，在現代社會中，忠誠仍然是一種重要的價值觀，被廣泛應用於各個領域，如政治、商業、工作等等。

謙虛也是中國文化中的重要價值觀之一。謙虛是指避免炫耀和驕傲，尊重他人和謙虛接受自己的局限性。在中國，謙虛被認為是一種美德，被廣泛地應用於日常生活和各個領域。中國人通常不喜歡誇誇其談或表現出太多的自信和自大，而更喜歡保持低調和謙虛的態度。

總的來說，中國文化中的道德規範和義務非常重要，這些思想和實踐對中國人的行為和價值觀產生了深刻的影響。孝道、忠誠和謙虛等等價值觀在中國文化中佔據了重要地位，這些價值觀仍然在中國的現代社會中得到廣泛的重視和實踐。

總之，在當代中國，民族共同體意識的現狀和特點主要表現在以下幾個方面：一是民族意識的增強。隨着中國經濟的崛起和國際地位的提高，中國人對民族的認同和自豪感不斷增強。二是公民意識的提升。在現代社會中，公民意識的提升也是民族共同體意識的重要表現之一，人們的素質不斷提高，道德行為意識不斷增強，人們對社會責任和公共事務的參與意識不斷提高。三是多元文化的融合。中國社會的多元文化在現代社會得到了充分的融合和發展，各民族之間的聯繫和融合也不斷加強。四是國際化的視野拓展。隨着全球化的發展，中國人的視野也越來越國際

化，對外交流和多元文化的認識也不斷加深。

三、當代中國宗教信仰與民族共同體意識之間的關係

宗教信仰和民族共同體意識在當代中國社會中互相促進，協同發展。

宗教信仰對民族共同體意識有積極影響。首先，宗教信仰可以增強民族認同感和自豪感。許多宗教信仰強調人與自然、人與社會的和諧，以及道德和精神上的自我完善，這些都可以促進個體和民族的認同感和自豪感。第二，宗教信仰可以強化社會道德和公共利益意識，可以增強個體和社會的公共意識和責任感。第三，宗教信仰可以促進多元文化的交流和融合。宗教信仰不同於民族文化的概念，但是宗教信仰與多元文化的融合也可以促進不同民族之間的交流和融合，有利於民族共同體意識的形成。

民族共同體意識的增強也可以促進宗教的發展。第一，民族共同體意識可以增強宗教信仰的社會性。民族共同體意識的提高可以促進宗教信仰的社會化，鼓勵宗教信徒參與社會公益和社會責任，進一步增強宗教信仰的社會性。第二，民族共同體意識可以促進宗教信仰的多元化。在多元文化的背景下，民族共同體意識的提高可以促進不同宗教信仰之間的交流和融合，有助於促進宗教信仰的多元化。最後，民族共同體意識可以增強宗教信仰的文化自信。民族共同體意識的提高可以促進中國宗教信仰的文化自信，有助於宗教信徒更好地傳承和弘揚中華民族優秀文化傳統。

第二節　核心價值觀與世界觀

　　中國當代核心價值觀和世界觀是指一系列反映國家和人民共同認知、信仰、觀念和道德準則的基本價值和世界觀，它們包括愛國主義、集體主義、法治精神、民主和平、自由平等、人文精神和誠信等。這些價值觀與中國的歷史和現實密切相關，反映了中國人民的共同價值追求和現代社會的需求。同時，它們也在不斷發展和變化，是中國發展道路上的精神支撐和指導思想。

一、集體信念與利益：愛國主義和集體主義

　　在當代中國，集體信念和利益一直是國家和社會穩定發展的重要支撐。其中，愛國主義和集體主義作為兩種重要的價值觀念，在中國人的生活中發揮着不可忽視的作用。

　　愛國主義是指個人對祖國的深厚情感和忠誠，包括愛國愛民、愛党愛國、愛家鄉愛文化等多方面的內容。在當代中國，愛國主義的理念被廣泛地傳承和弘揚，成為人民羣眾的共同信仰和行動指南。在重大國際事件和國家安全面臨威脅時，中國人民總是能夠緊密團結在一起，共同捍衛國家的尊嚴和利益。

　　集體主義也是中國重要的價值觀念之一。它主張個人在行為和思想上服從集體，將集體利益放在個人利益之上。在當代中國，集體主義也被廣泛地應用於社會治理和發展中。例如，在城鄉融合發展、生態文明建設、精準扶貧、抗擊新冠疫情等方面，都體現了集體主義的思想和精神，讓人們感受到國家和人民大家庭的溫暖和凝聚力。這種高度的集體信念和行動，體現了中國人

民團結一心、眾志成城的精神，進一步強化了國家和人民之間的連結。

二、社會公平與正義：法治精神和民主和平

社會公平與正義一直是人們追求的目標，這也是法治精神和民主和平這兩個重要的價值觀所倡導的。在當代中國，它們在推動社會公平和正義方面起到了重要作用。

首先，法治精神是指尊重和維護法律的權威性和統一性，使法律成為公平、公正和有效的制度保障。在當代中國，法治精神的重要性得到了廣泛認可，並得到了政府的大力推動和支持。例如，近年來，中國政府出台了一系列法律法規，如《民法典》《反家暴法》等，以保障公民的權益和維護社會公正。同時，中國政府也通過加強司法改革，提升法律的實施力度和效果，使得法律真正成為維護社會公平和正義的有力工具。

其次，民主和平則是指尊重個人權利、尊重多元文化、尊重各種社會團體和羣體的權益，在尊重和保護個體權利的同時，充分發揮各方面的智慧和力量，共同維護社會和諧。在當代中國，民主和平的理念已經被廣泛推崇，例如，在中國的政治制度中，多黨制和人民代表大會制度被視為保障公民權利和民主政治的重要制度。

社會公平和正義不僅僅是價值觀，還需要在實踐中不斷追求和實現。近年來，中國政府積極推動全面建設社會主義現代化國家，其中社會公平和正義是重要的目標之一。政府通過實施積極的就業政策、醫療保障政策、教育公平政策等，逐步縮小了城

鄉、地區、個人之間的差距，提高了整個社會的發展水平和公民的幸福感。

社會公平和正義是人們一直追求的目標，而法治精神和民主和平是實現這一目標的重要價值觀。在當代中國，政府和社會各界已經開始重視這些價值觀，並通過政策、法規、改革等方式來推動社會公平和正義的實現。然而，實現社會公平和正義仍然需要不斷努力和探索，需要不斷加強法制建設、提高民主意識和參與度，從而真正地實現法治精神和民主和平的價值觀。只有這樣，才能推動中國社會的持續發展，實現更加公平和正義的未來。

社會公平和正義的實現不是一個簡單的問題，它需要從各個角度來思考和解決。例如，在教育領域，需要加強教育公平的實現，減少教育資源的差距，讓更多的孩子有機會接受良好的教育。在就業領域，需要加強職業培訓和技能提升，讓更多的人能夠獲得更好的工作機會。在社會福利領域，需要加強社會保障制度的建設，讓更多的人享受到社會福利。

社會公平和正義的實現並不是一蹴而就的。在如今的中國社會，雖然政府已經出台了一系列政策和法規，但是在實踐中仍還存在一些問題和挑戰。例如，在某些地區和行業，由於利益分配不公、法律執行不力等原因，社會公平和正義的實現還存在一定的難度和挑戰。因此，需要在實踐中不斷探索、改革和完善，努力落實社會公平和正義的價值觀。同時，也需要重視法治精神和民主和平的建設，這不僅僅是政府的責任，也是每一個公民的責任。每個人都需要關注公共事務，積極參與社會事務的討論和決策，增強公民意識和責任感。同時需要尊重和維護法律和法規，

不斷提高法治意識，讓我們的社會更加法制化。

總之，社會公平和正義是每個人都應該關注和追求的目標。通過強化法治精神和民主和平的建設，社會公平和正義才得以被逐步實現，當代中國社會才會更加和諧、穩定、繁榮。

三、自我追求與提高：人文精神和自由平等

自我追求與實現是每個人都追求的目標，也是一個社會發展的基礎。在現代社會中，人們越來越重視人文精神和自由平等的價值觀，這對於推動社會的持續發展和進步起着重要的作用。

人文精神是指尊重人的尊嚴、人的自由和人的創造力，強調人的精神文化層面的追求和發展。在現代社會中，人文精神成為了許多人追求的目標，也是一種人類文明進步的標誌。例如，在文化領域，要重視文化多樣性和文化交流，推動世界文明的多元化和交流。在藝術領域，要推崇創意和創新，支持各種藝術形式的發展和推廣。在教育領域，要注重通過素質教育培養學生的人文素養，強調人文關懷和人文精神的發展。

自由平等是現代社會的基本價值觀之一，它強調每個人都應該享有平等的權利和自由，無論是社會地位、財富、性別、種族、宗教、政治信仰等方面都應該平等對待。自由平等的實現對於社會的發展和進步至關重要。例如，在政治領域，要推崇民主自由，讓人民有權利選擇自己的領袖和政策方向。在社會領域，要注重消除貧困和不平等，推動社會的平等和發展。

自我追求和實現的過程需要建立在人文精神和自由平等的基礎之上。在現代社會中，需要注重個體的自由和尊嚴，鼓勵個體

發揮自己的才能和創造力，實現自己的夢想和追求。例如，在創業領域，需要創造更好的創業環境，支持和激勵創業者的創意和創新。在教育領域，需要注重個體的多樣性和差異性，尊重每個人的興趣和潛能，幫助他們實現自我價值。

　隨着中國現代化進程的加速，越來越多的中國人開始注重個人追求和自我實現。人們不僅僅追求物質生活上的改善，還注重精神層面的提升和自我價值的實現。在這種情況下，人們開始注重自我意識、自我表達和個性價值，這種個人追求的力量也在不斷地推動社會的發展和進步。例如，中國的互聯網和電商產業的蓬勃發展，為人們提供了更多的消費選擇和自我表達的機會。越來越多的年輕人選擇用直播或拍攝短視頻的方式展現自己生活的點點滴滴或是自己有別於其他人的獨特之處，從而獲取大範圍的讚賞並轉化成收益。一些社會現象也突顯了中國人在追求自我實現方面的努力。例如，大學生就業難問題引發了很多關注，許多大學生開始選擇自主創業，追求自我實現和個人價值的實現。

　但是，自我追求也需要關注社會的整體利益和共同價值，避免個人追求和社會利益的衝突。例如，在環保領域，就需要注重生態環境的保護和可持續發展，避免個人追求和短期利益對生態環境造成的破壞和影響。在醫療領域，需要注重公共衛生和醫療資源的公平分配，避免個體追求和利益對整個社會的健康和福利造成損害。

　在實現自我追求和發展的過程中，還需要注重人際關係和社會互助。每個人都需要在社會中找到自己的位置，建立良好的人際關係，獲得社會的支持和幫助。例如，在社區領域，需要建立和諧社區，鼓勵居民之間相互幫助和支持，共同實現社區的發展

和進步。在志願者領域，需要鼓勵更多的人加入志願者行列，為社會做出貢獻，實現自我價值和社會價值的雙重追求。

綜上所述，自我追求和實現是現代社會的基本價值觀之一，它需要建立在人文精神和自由平等的基礎上，注重個體的尊嚴和自由，同時關注社會的整體利益和共同價值。在實現自我追求和發展的過程中，我們需要注重人際關係和社會互助，共同推動社會的持續發展和進步。

第三節　生態文明觀與人生觀

當代中國人的生態文明觀與人生觀是中國傳統文化、現代化進程和全球化趨勢相互交織、相互影響的產物。在中國，生態文明觀被視為一種新的發展理念和社會價值，而人生觀則是人們對自己、社會和自然的認知和態度。生態文明觀強調環境保護和可持續發展，人生觀強調自我實現、和諧共處和人文關懷。這些觀念的融合和發展，將為中國的可持續發展和人類的共同未來帶來積極的影響。

一、生態文明觀：理念和價值的驅動

近年來，隨着全球氣候變化的加劇以及人類對自然環境的過度破壞，生態文明建設已經成為全球關注的焦點。在中國，生態文明建設也得到了高度重視，被納入到了中國特色社會主義建設的五大發展理念之一。

（一）當代中國生態文明觀的內涵

生態文明觀是對人與自然關係的認識和評價，它關注生態系統的健康和平衡，以及人類與自然的和諧發展。在中國，生態文明觀被視為「21 世紀的哲學」，是中國特色社會主義的重要組成部分。它包含了以下幾個方面的內涵：

綠色低碳：這是生態文明觀的核心，即追求低碳、高效、環保的發展道路。中國提出了綠色發展理念，實行節能減排政策，大力發展可再生能源，推廣節能技術，加強環境保護等措施。

循環經濟：循環經濟是中國生態文明觀的重要組成部分，即通過資源的再利用，實現經濟發展與環境保護的協調。中國提出了「循環經濟發展戰略」，通過發展循環經濟產業，推動資源的回收再利用，實現經濟、社會和環境的可持續發展。

生態保護：生態保護是中國生態文明觀的基礎，即保護生態環境和生物多樣性，維護生態平衡。中國採取了一系列措施，包括實施生態修復工程、加強自然保護區建設、禁止非法捕撈等，有效保護了自然資源和生態環境。

環境治理：環境治理是中國生態文明觀的重要方面，即通過治理污染、改善環境，提高人民群眾的生活質量。中國採取了一系列措施，包括嚴格控制工業排放、推廣清潔能源、加強城市垃圾分類、推動水環境治理等，實現了環境質量的顯著改善。

美麗中國：美麗中國是中國生態文明觀的追求目標，即建設一個人與自然和諧相處、山清水秀、空氣清新、生態文明建設達到世界先進水平的美好家園。中國提出了「建設美麗中國」目標，推進生態文明建設，打造美麗中國。

（二）當代中國生態文明觀的實踐

當代中國積極推行生態文明建設，實踐生態文明觀。這一理念的核心是堅持人與自然和諧共生，促進經濟社會可持續發展。在中國政府的大力推動下，許多具有代表性的實踐案例湧現出來，涵蓋了多個領域。

國家林草局森林生態系統保護與修復工程

國家林草局在 2000 年啟動了「森林生態系統保護與修復工程」，旨在推進國土綠化和生態保護。截至 2020 年，該工程已完成森林覆蓋面積 1900 萬公頃，森林蓄積量增加 36.5 億立方米，土地退化面積減少 44.6 萬平方公里，林下經濟發展帶動了當地居民脫貧致富。該工程成為全球最大的人工造林項目之一，也為世界上其他國家的森林保護提供了經驗和啟示。

集約型生態農業

為了提高農業生產效率和降低對自然資源的消耗，中國近年來大力推行集約型生態農業。以黑龍江省為例，該省在 2012 年開展了「黑龍江省綠色食品生產行動計劃」，在保證農產品品質和安全的前提下，通過推廣高效農業生產技術，增加農業生產效益，為當地農民增收致富提供了重要支持。

綠色能源

為了減少對傳統化石燃料的依賴，中國大力推動綠色能源的發展。中國近年來已成為全球最大的新能源投資國，也是全球最大的光伏電池、風力渦輪機等綠色能源設備生產國之一。在中國各地，已經興建了多個以太陽能、風能、水能等綠色能源為主要能源的生態型社區和綠色城市。

生態城市建設

生態城市是指以生態學原則為基礎，利用先進技術和科學管理手段，促進城市環境、經濟、社會和文化等多維度的協調發展，達到人與自然和諧共生的一種城市模式。生態城市建設的目標是減少對環境的影響、提高生態系統的服務功能和生態效益、增強城市的抗災能力、提高居民的生活質量等。

國際合作

中國還致力於推動全球環境保護合作。中國作為世界上最大的發展中國家，積極參與全球環境治理，為全球生態文明建設做出了重要貢獻。2015 年，中國和法國聯合發起了「氣候變化巴黎協定」，並在 2016 年正式簽署，成為全球第一個批准該協定的國家。2017 年，中國主辦了第一屆「一帶一路」國際合作高峰論壇，將綠色發展列入「一帶一路」建設的五大支柱之一，推動沿線國家實現可持續發展。

能源轉型

中國在推進能源轉型方面取得了重要成就。中國大力發展可再生能源，通過建設風電、光電、水電等新能源電站，不斷提高可再生能源佔比。根據國家能源局發佈的數據，2018 年中國可再生能源佔比達到 13.8%，其中水電、風電、光電等新能源佔比超過 7%。此外，中國還大力推進煤炭清潔化利用，實施大氣污染防治行動計劃，推廣清潔能源和能源節約技術，有效降低碳排放，減少了對環境的污染。

總的來說，中國生態文明建設的實踐成果是顯著的。雖然中國的生態環境問題還存在一些挑戰，但中國政府一直在不斷加

強環境治理和生態保護，致力於實現人與自然和諧共生的發展理念，為全球生態文明建設做出了積極貢獻。

當代中國生態文明觀的建設是中國特色社會主義建設的重要組成部分，也是中國走向綠色、低碳、可持續發展的重要保證。通過加強環保意識、推進綠色發展、加強生態保護、推進節能減排和加強國際合作等方面的努力，中國生態文明建設將不斷取得新的進展和成果，為世界生態文明的建設盡中國之力。

生態文明是人類文明發展的必然趨勢和方向，是人類未來的希望所在。中國的生態文明建設正朝着可持續、綠色、低碳的方向邁進，中國將繼續堅定不移地推進生態文明建設，不斷旅行為人類創造共同的美好未來的偉大承諾。

二、人生觀：認知與態度的轉變

人生觀是人們對於人生的理解、價值取向和行為準則的總和。在中國，人生觀一直是中國傳統文化的重要組成部分，強調個人的修養和人與自然、人與社會的和諧相處。然而，在當代中國，隨着社會的快速變革和人們的認知態度的轉變，人生觀也正在經歷着一些新的變化和調整。

隨着信息時代的來臨，人們的認知態度在不斷發生變化。一方面，人們對於自我和外部世界的認識更加深入和全面，更注重個人主觀體驗的表達和滿足。另一方面，社會的不斷發展和多元化也使得人們的人生觀更加多元化和開放，注重個性化、多樣性和包容性。這種認知態度的轉變也反映在人們對待生命和死亡

的態度上，更多地關注生命的意義和價值，而非僅僅是其存在與否。以下是一些典型的當代中國人認知轉變案例。

中國青年的人生觀

在當代中國，年輕人更注重自我實現和自我表達，強調個性化和多樣性。例如，在文藝、音樂等領域，許多年輕人選擇自由職業和創業，追求自我實現和創造力的發揮。

生命教育的實踐

近年來，生命教育在中國的教育體系中得到了越來越多的關注。生命教育強調人生的意義和價值，鼓勵學生通過反思和自我實踐來探索自我和人生的意義。例如，一些學校在開設生命教育課程的同時，也鼓勵學生參加志願者活動和社會實踐，以加深對人生和社會的認識和理解。

多元化的教育和工作選擇

隨着教育水平的提高和社會的發展，越來越多的人開始嘗試不同的教育和工作選擇。例如，有人選擇去國外留學，學習不同的文化和知識，有人選擇在非傳統領域工作，如科技創新和文化創意產業等。

科技進步對生活的影響

隨着科技的進步，人們的生活方式和認知態度也在發生着變化。例如，智能手機和社交媒體的普及，使人們更加注重社交和信息交流，而不是傳統的面對面交流和親密關係。同時，人們也更加注重健康和環保，例如選擇健康飲食、低碳出行等。

當代中國人人生觀認知態度轉變，反映了中國社會和人民在不斷進步。

三、生態文明觀與人生觀的聯繫與實踐

生態文明觀和人生觀相互依存、相互促進、密不可分。生態文明觀強調人與自然的和諧共處、生態環境的保護和恢復，這些都是為了更好地保障人類的健康和生存。人生觀則強調個體的自我實現、社會的和諧發展和人文關懷，這些都需要有一個良好的生態環境和可持續的發展基礎。

生態文明觀和人生觀也在不斷演變和進化中。隨着科技的進步和社會的發展，人們對於生態環境和個人價值的認識也在不斷變化。例如，新一代青年更加注重環保、注重社會責任和關愛他人。

當代中國人的生態文明觀和人生觀是多元化、開放性的，為中國未來的可持續發展和人類的共同未來帶來積極的影響。作為一個人口大國，中國一直在致力於實現可持續發展和生態文明建設。近年來，中國政府出台了一系列的政策和舉措，推動綠色發展、低碳經濟和生態文明建設。例如，實行最嚴格的環保法律法規、推動清潔能源的發展、加強環境監管等。同時，中國還積極參與國際合作，共同應對全球氣候變化等環境問題。

隨着社會的發展和人們觀念的變化，越來越多的企業開始注重社會責任和環保事業。在中國，一些大型企業已經開始實行綠色發展、節能減排等措施，同時也在進行公益活動和社會投入，為社會發展做出積極的貢獻。例如，中國的茅台酒廠在 2013 年提出了「綠色茅台、生態茅台、科技茅台、文化茅台」四大戰略，其中綠色茅台是通過實施節能減排、生產過程中資源的回收再利用、構建環境保護體系等措施，推進生態文明建設。此外，茅台

酒廠還在文化建設方面積極探索，將企業文化與傳統文化相結合，弘揚中華文化。

生態文明建設需要全社會的參與和共同努力。在中國，公眾參與的形式多樣，例如環保志願者、社會組織、媒體、公眾輿論等，都在不同的領域為環保事業貢獻力量。同時，公眾也越來越意識到自己的環保責任和義務，例如垃圾分類、能源節約、環保出行等，這些都是生態文明建設中不可或缺的一部分。

生態文明觀和人生觀已經成為了推動可持續發展的重要理念和動力。通過建設生態文明，可以為人們創造更好的生活環境和質量，提升人民的幸福感和滿足感，從而推動人們的人生觀的轉變，以更加尊重自然、關注社會、弘揚人文的態度來看待自己的生命和命運。同時，人們的人生觀的轉變又可以促進生態文明建設的深入發展，推動人們更加關注生態環境和社會責任，為可持續發展做出更大的貢獻。在未來，中國將繼續秉持生態文明觀和人生觀，推動可持續發展和生態文明建設，為全球環保事業和人類的共同未來做出積極的貢獻。

第八章

當代中國
科學人文文化

當代中國的科學人文文化是一個多元、開放並且不斷發展的概念。它承襲中國千年的文明歷史，又在時代的發展中激流勇進，不斷迭代。它涉及許多方面，包括科技創新、文化產業、教育體系、哲學思想、倫理道德等等。

　　在新時代中國，科技創新成為推動中國經濟和社會發展的重要引擎。中國政府大力支持科技創新，通過加強科研投入、促進產學研合作、推動知識產權保護等措施，積極打造「中國製造2025」和「創新驅動發展戰略」等國家戰略，不斷提升中國在全球科技創新領域的地位。

　　文化產業已成為當代中國經濟增長的重要引擎，逐漸成為一個朝陽產業。中國政府鼓勵文化創意產業的發展，通過扶持文化企業、優化文化產業生態等措施，推動文化產業成為支撐經濟發展的重要力量。

　　中國教育體系不斷改革創新，從傳統的應試教育轉向以素質教育為導向。隨着中國經濟的快速發展和迫切的轉型需要，人才培養成為一個越來越重要的議題。中國政府推出了一系列人才政策，鼓勵創新創業和人才引進，提高教育質量和教育公平，培養更多的高素質人才。

中國哲學思想源遠流長，孔子、老子、莊子等諸多思想家留下了豐富的哲學遺產。當代中國哲學思想在傳承傳統的基礎上，也在不斷創新發展。中國哲學思想注重人的內心世界和精神追求，強調人文關懷和社會責任。倫理道德是中國傳統文化的重要組成部分，它深刻影響着中國人的生活方式和行為規範。當代中國的倫理道德在傳承傳統的基礎上，也在自我更新中發展。中國的倫理道德強調個體責任和社會責任的平衡，追求共同體利益的實現。

中國科學技術發展和文化繁榮相互促進，形成了獨特的科學人文文化。隨着中國的經濟和科技的快速發展，越來越多的人開始重視科學文化的重要性，不斷加強科學文化的推廣和普及。在科學人文文化的推廣方面，中國也積極參與國際文化交流與合作，不斷擴大其在國際舞台上的影響力，如合作共建「一帶一路」。

總之，當代中國的科學人文文化兼具傳統文化的厚重與現代科技的創新，它不僅是中國經濟社會發展的重要支撐，也是推動全球文化交流和合作的重要力量。未來，隨着中國經濟和科技的不斷發展，中國的科學人文文化將繼續發揮重要的作用，為世界的文化多樣性和人類的文明進步做出更大的貢獻。

第一節　科學人文的發展歷史與現狀

科學人文精神，不僅包括了追求真理、創新和進步，更包括了尊重歷史、傳承文化的重要價值觀。正是在這樣的精神指引

下，中國的科學文化才得以蓬勃發展。在中國悠久的歷史歲月裏，先輩們用自己的聰明才智，創造出了很多偉大的科學技術和文化藝術。從古代的四大發明，到現代的高鐵、5G 通信等科技成果，中國的科學技術取得了如星夜般輝煌的成就。而在人文領域，中國的詩詞歌賦、書法繪畫等文化藝術也一直是世界上獨具特色的文化符號。中國科學家和人文學者們秉承科學人文精神，探索未知、勇攀高峰，不斷推動着中國的科學文化進步。

一、古代：從腳踏實地到仰望星空

中國自古以來就崇尚科學和人文文化。在古代，中國人注重腳踏實地、勤奮刻苦的精神，同時也推崇追求自然真理的思想。這種既腳踏實地又仰望星空的科學人文文化，在古代中國得到了廣泛的推崇和發揚。

（一）古代中國的科學文化

古代中國的科學文化，是中國五千年文明的重要組成部分，對中國古代社會的發展、繁榮、歷史進程和全人類的文化遺產都產生了深遠的影響。

中國古代科技的發展歷程可以追溯到距今三千多年前的商代，其中著名的成就包括製陶、冶鑄、紡織、製作青銅器等。隨着時代的變遷，古代中國的科技不斷發展，漢代時期發明了紙張、編鐘、造船技術等，唐代時期創造了活字印刷術、火藥和指南針等，宋代時期發明了火槍、天文儀器、海圖、造紙術等。

古代中國的科學成就在數學、天文、地理、農業、醫藥等領

域都有所突破，具有重要的歷史地位。

數學：中國古代的數學成在世界數學史上有重要地位，早在公元前 11 世紀，中國的商朝時期就已經有了十進位數的記數法，這是全世界最早的十進位記數法之一。古代中國的數學家還發明了算盤，使計算更加便捷和精確。另外，古代中國還創造了天元術，用來計算圓周率，提出了勾股定理，證明了勾股定理的正確性，這些成就對於數學發展都有着深遠的影響。

天文：中國古代天文學研究的成果包括對天象的觀測和記錄，創立了天干地支紀年法、二十八宿、十二地支等。中國古代科學家觀察天空並發現了數百顆恆星、行星、彗星和流星。他們開發了各種工具來進行天文觀測，如日晷、水平儀、經緯儀等，並編寫了許多天文學著作。其中最著名的是《天文學大成》和《慎衡曆》。中國古代天文學的發展成就在世界上佔有重要地位。

地理：中國古代的地理學主要研究內容是區域地理、行政地理和地圖製作，代表著作有《山海經》《水經注》等。中國古人發明了各種方法來測量地球的大小和形狀，也創造了眾多地圖製作的技術和方法，並且製作了世界上最早的地圖之一，如《大明一統志》和《偉業補遺》等。此外，中國古人還開創了許多領域的研究，如河流和海洋的水文學和測量、山脈的地質學、地震學等。

農業：古代中國的農業成就也同樣引人矚目。中國自古以來就是農業文明的代表之一，早在公元前 8 千年，中國就有了稻作農業的歷史。古代中國農民發明了許多耕種工具，如耒耜、犁、鋤、鐮刀等，使得農業生產得到了很大的提高。古代中國還開展了大規模的水利工程，如修建了灌溉渠道、水利灌溉工程等，使得農業生產更加高效和可持續。

醫藥：中國古代醫學有着悠久的歷史和豐富的理論體系，其中以《黃帝內經》和《傷寒雜病論》為代表的經典醫書對世界醫學產生了重要的影響。中國古代醫學的病理學理論包括八綱、九候、十二經絡、五臟六腑等，為中醫辨證論治提供了重要的依據。李時珍的《本草綱目》被譽為東方醫學巨典，是中國醫藥寶庫，以論藥材為主，《本草綱目》糾正了前人的許多錯誤之處。它不僅是一部藥物學著作，還是一部具有世界性影響的博物學著作。

古代中國的科學文化有着獨特的特點，包括1）儒家、道家、墨家等思想貫穿於中國古代科學文化發展歷程，中國式的科學哲學思考，使古代中國科技發展具有不同於西方科學的獨特性。2）基於實踐的研究方法：中國古代科學文化的特點之一是始終以實踐為基礎，推崇經驗主義，反對理論主義。通過多年的觀察和實驗，總結出了大量的經驗和知識。3）長期的傳承和沉澱：中國古代科技發展歷程長達幾千年，是一個不斷發展和沉澱的過程，形成了自己的獨特傳統和文化體系，為後世的科技發展提供了良好的基礎和參考。

總的來說，古代中國的科學文化在歷史上佔有重要地位，不僅對中國的發展產生了深遠的影響，同時也對全球的文化遺產做出了重要的貢獻。

（二）古代中國的人文文化

古代中國的人文文化是中國文化的重要組成部分，涵蓋了哲學、文學、藝術、歷史、法律等方面，反映了中國人民的價值觀念、生活方式和審美趣味，具有深厚的歷史底蘊和豐富的文化內涵，在當今世界仍然有着重要的意義和價值，成為中華文化的瑰

寶和世界文化的寶庫。

哲學：古代中國哲學是中國文化的核心，包括儒家、道家、墨家、法家、兵家等多個流派。儒家的思想體系主張仁愛、禮教、忠誠、孝道等，強調人倫關係和社會道德；道家主張追求自然的真實和本真，強調個體修行和思辨；墨家主張兼愛、非攻、尚實，強調公正和實用；法家主張法制治理，強調法律的權威性和約束力；兵家主張以兵法治國，強調軍事策略和戰爭技巧。

文學：古代中國文學包括詩歌、散文、小說等多種形式。《詩經》是中國最早的詩歌總集，共收錄 305 篇，主要反映了周代社會生活和人際關係。唐詩盛行時期，李白、杜甫、白居易等眾多詩人成為代表，他們的詩歌以情感豐富、意境深遠、文筆優美著稱。宋代則興起了以歐陽修、蘇軾、辛棄疾為代表的文學家羣體，他們的散文以清新淡雅、文筆流暢而著稱。明清時期則興起了長篇小說，如《紅樓夢》《水滸傳》《西遊記》等。

藝術：中國的傳統藝術形式包括繪畫、書法、戲曲、音樂等。古代中國的繪畫主要以山水畫、花鳥畫、人物畫等為主，以墨、筆為主要工具。書法則是中國特有的藝術形式，中國古代最具代表性和影響力的書法家有王羲之、顏真卿、柳公權等。戲曲是中國傳統文化的重要組成部分，包括京劇、豫劇、崑曲、黃梅戲等多個流派，具有極高的藝術價值和文化意義。古代中國音樂以器樂、民歌、宮廷音樂等為主要形式，包括絲弦樂、簫、笛、鼓等多種樂器。宮廷音樂是唐代以後在宮廷中演奏的音樂，代表了古代中國的高雅音樂。

歷史：中國歷史悠久，包括了上古、夏、商、周、秦、漢、三國、晉、南北朝、隋、唐、五代十國、宋、元、明、清等多個

歷史時期。《史記》《資治通鑑》等歷史著作是中國歷史的重要記錄和研究資料，這些著作涵蓋了中國古代政治、經濟、文化、軍事等多個領域的內容。

法律：古代中國法律主要包括《禮記》《尚書》等禮儀法律著作以及《韓非子》《墨子》等法家著作。這些著作對中國法律制度的發展和演變具有重要的影響，例如漢代實行的律令制度，唐代實行的科舉制度，明清時期的六法等都是中國古代法律制度的代表。

中國的科學人文文化源遠流長，歷經千年的發展和變化，不斷地創造和傳承着許多優秀的傳統文化和科學成果。這些成果不僅對中國自身的發展和進步起到了重要的推動作用，也為世界科學和文化領域做出了重要的貢獻。

二、近代：第一批覺醒的人在挫折中前行

在近代，中國的科學人文文化經歷了一段充滿挫折的時期。在 19 世紀末和 20 世紀初期，中國面臨着各種挑戰和危機，包括外國侵略和分割，民族危機，社會動盪，以及國家政治和文化的滯後等等。在這段被稱為「半殖民地、半封建社會」的特殊歷史時期，中國處於西方列強的侵略和壓迫下，經濟和政治的落後導致國家和民族的危機。而在第二次世界大戰以後，中國又經歷了解放戰爭，等到新中國成立後，中國百廢待興，戰後破碎的國家經濟和落後於西方的現代化進程也給科學人文的探索帶來了挑戰。

在這種風雨飄搖的歷史大背景下，許多中國知識分子開始思考和尋求新的思想和文化方向，擺脫當時西方列強的威脅，並且

推動實現中國的現代化和民族振興。他們為中國的科學人文文化做出了重要的貢獻，也為中國的未來發展奠定了堅實的基礎。

近代中國思想和文化的一個重要發展趨勢是傳統知識與現代科學的融合。這種融合的思想和實踐可以追溯到明末清初的中國傳統學術思想，如「傳統與新學並行」「中西合璧」等等。在這種思想的影響下，一批中國知識分子在繼承和發展中國傳統文化和哲學的基礎上，也開始關注和研究西方現代科學和技術。

以中國著名的科學家、教育家嚴復為例。19世紀中葉，他從海外留學歸國後，提出了「中西合璧」「古今並賢」等思想，認為中國傳統文化和現代科學可以相互融合，為中國的現代化和振興提供有力支持。他在自己的科學研究和教育實踐中，也積極探索和應用這種思想和方法，如在教學中採用中西合璧的方法，將西方科學和技術知識與中國傳統文化和思想相結合。嚴復在自己的教育實踐中，提倡科學教育應該以實驗為基礎，注重培養學生的觀察和實踐能力。

在文化領域，魯迅是一位代表性的人物。他通過文學作品揭示了中國社會的黑暗面，並呼籲民眾要擁抱現代文明，抵制封建思想和壓迫。他的代表作品《阿Q正傳》《狂人日記》等，在當時的中國社會引起了廣泛的關注和共鳴，成為中國文學史上的經典之作。魯迅是中國現代文學的奠基人之一。他的作品不僅影響了一代又一代的讀者，而且對中國的文化建設產生了深遠的影響。

在自然科學領域，也湧現出不少先驅。一批科學家開始嘗試走出傳統的束縛，探索現代科學和文化的道路。例如，被譽為「近代數學之父」的華羅庚，他在日本留學期間，深入學習了西方數學知識，並將其引入中國。他創立了中國現代數學的基礎，為

中國的科學發展打下了堅實的基礎。錢學森被譽為「中國火箭之父」。在 20 世紀 50 年代，中國的科學技術水平落後於西方，錢學森認為只有發展火箭技術才能提高國家的科技實力。他帶領團隊攻克了多項技術難關，成功地研製出了中國第一枚導彈和第一顆衛星，成為中國現代科技發展的重要里程碑。

近代中國的科學人文文化在西方列強的壓迫和侵略下，經歷了一段無比艱難的時期。然而，正是這段時期孕育了一批傑出的科學家和文化人，面對困境和危機，先驅者們並沒有放棄，而是在挫折中勇敢前行。他們深知科學和文化對國家和民族的重要性，不斷地追求進步和創新，為中國近代科學文化的發展付出了艱苦卓絕的努力，為中國現代化發展澆築了堅實的根基。

三、現代：乘時代之風高歌遠行

改革開放以後，中國經濟進入了高速發展時期。隨着人類社會步入二十一世紀，世界經濟蓬勃發展，中國在國際社會中扮演了越來越重要的角色。而中國科學人文文化也不斷地發展和變革，並創造出了許多傑出的成就和輝煌的歷史。

1. 科學文化與社會發展的緊密聯繫

中國的科學文化傳統源遠流長，從古代的《周髀算經》《孫子算經》等算術經典，到《天工開物》《續修四庫全書》等工程學著作，再到現代的《瞬間的永恆》《中國天眼》等科普讀物，中國科學文化一直在不斷發展和創新。隨着時代的變遷，中國的科學文化也逐漸走出了自己的路子。

現代社會中，科學技術的快速發展已經成為社會進步的主要推動力。中國在科技領域也取得了許多重大成就，如「嫦娥」探月工程、量子通信、深海探測等。與此同時，中國的文化也在不斷地變革和發展。傳統文化在現代社會中的地位更加突顯，豐富多彩的文化元素也為中國的社會發展注入了新的活力。例如，中國的京劇、書畫、茶道等傳統文化藝術在國際上受到越來越多的關注和喜愛。同時，新興的文化形態，如電影、音樂、網絡文化等，也在中國不斷發展和創新，為中國的文化產業注入了新的生命力。

2. 中國科學人文文化的現代化

在科學人文文化的現代化過程中，中國也不斷尋找着適合自己的道路。一方面，中國在接納並吸收外來文化方面取得了很大的成就。例如，西方的科學技術、哲學思想、藝術表現方式等都在中國得到了廣泛的應用和發展。另一方面，中國也在不斷地加強自身文化的研究和傳承，致力於保護和弘揚自己的文化傳統。

在中國，科學人文文化已經成為了人們日常生活中不可或缺的重要組成部分。

中國探月工程：中國探月工程自 2007 年啟動以來，歷經數次試驗，終於在 2013 年成功將「嫦娥三號」送上月球，並成功進行軟着陸和巡視探測任務。2018 年，「嫦娥四號」成功着陸月球背面，這是人類歷史上首次在月球背面實現軟着陸和探測。

高速鐵路：中國高速鐵路建設始於 20 世紀 80 年代，經過多年的艱苦努力，已經成為全球最發達的高速鐵路系統之一。

北斗衛星導航系統：北斗衛星導航系統是中國自主研製的衛星導航系統，自 1994 年開始研製，是全球四大衛星導航系統之

一。目前，北斗系統已覆蓋全球大部分地區，提供精度高、穩定可靠的導航服務。

文化創意產業：中國文化創意產業已成為中國經濟的新動能。中國的文化創意產品不僅受到國內消費者的青睞，還在國際市場上獲得了廣泛的認可。例如，中國的京劇、豫劇等傳統藝術形式，以及傳統的工藝美術品如中國結、扇子等，都成為了文化創意產品的代表。

中國在國際舞台上扮演着越來越重要的角色。2008 年，中國成功舉辦了北京奧運會，成為歷史上首個主辦夏季奧運會的發展中國家。2022 年初北京再次承辦了冬奧會，北京也因此享有了「雙奧之城」的美稱。2010 年上海世博會也是一次盛大的國際盛會。

中國積極參與全球事務，推動構建人類命運共同體的理念受到國際社會的廣泛認可。

三、總結當下，展望未來

中國改革開放以來，在科學技術和人文領域都取得了巨大進展，展現了獨特的中國特色和時代精神。

在科學領域，中國通過大力發展科技教育和科技創新，成為了世界上最具有研發實力和科技投入的國家之一。中國在多個領域取得了突破性的成果，例如高速鐵路、5G 通信、大飛機等。

在人文領域，中國推動了一系列文化復興和人文交流倡議，如中國非物質文化遺產保護等，旨在促進全球文化多樣性和交流。同時，中國也在全球範圍內推廣中華文化和中文教育，增進

國際友誼和文化交流。

　　中國當代科學人文精神展示了中國人民在現代化進程中勇擔時代使命的精神風貌。通過科學技術和人文交流，中國逐漸融入世界。同時，中國的科技創新和文化復興，也為全球發展注入了新的動力和活力。

　　展望未來，中國將不斷推動科技創新和研發投入，為全球技術進步提供更多的動力和機遇。在人文領域，中國將繼續推廣中華文化和中文教育，促進世界各國的文化多樣性和交流。同時，中國將加強與其他國家的合作和協調，推動全球治理體系的改革和完善。

　　在多元化和全球化的時代，中國當代科學人文精神的發展，展現了中國人民的自信和責任，也為全球發展注入了新的能量和希望。

第二節　科學人文精神的構成

　　當代中國科學人文精神既源於傳統文化的積澱，又融合了現代科技、文化、哲學等多種元素，展現了中國特色的思維方式和價值取向。這一精神的構成包括但不限於對科學的追求與創新、對人文的關懷與尊重、對文化的傳承與創新，以及對生命與自然的敬畏與保護。這種精神在當代中國的社會、經濟、文化等各個領域中具有重要的意義和作用，不斷推動着中國的現代化建設和國際交流，為人類文明的發展作做出了貢獻。

一、創新精神與人文關懷

在當代中國，人文精神是一種重要的力量，它包括了許多方面，而其中創新精神和人文關懷可以看作是人文精神的內核。創新精神是當代中國發展的重要動力，而人文關懷則是中國人民的傳統美德，體現了中國文化的深厚底蘊。

（一）創新精神

創新是當代中國發展的重要動力，也是中國人文精神的重要組成部分。中國的創新精神體現在多個方面，如，科技創新，文化創新和創業創新等。

科技創新：自改革開放以來，中國大力發展科技事業，不斷加大研發投入和技術創新力度，湧現出一批批優秀的科學家和科技企業。例如，華為、阿里巴巴、騰訊等企業已經成為世界知名的科技巨頭，而中國在 5G、人工智能等領域的研究也領先於全球。華為、中興等中國公司在 5G 技術領域取得了重大進展，成為全球主要的 5G 技術供應商之一。此外，中國在高鐵、太陽能等領域也有着重大進展，如 CRRC 在全球高鐵市場佔有率達 50% 以上，中國在 2019 年成為全球太陽能發電裝機容量最大的國家。

文化創新：文化創新是中國創新精神的重要方面之一。中國通過對傳統文化的傳承和創新，不斷探索出新的發展方向。例如，中國的電影、音樂、遊戲等文化產業蓬勃發展，中國電影市場規模已經超過美國成為全球第一大市場。2017 年，科幻電影《流浪地球》在全球取得了巨大的成功，成為中國電影史上的一大里程碑，同時也開啟了中國科幻電影的新時代。此外，隨着全球

範圍內對中國傳統文化的興趣增長，中國的傳統文化創意產業也在逐步發展。

創業創新：中國的創新精神也體現在創業創新方面。自改革開放以來，中國逐漸建立起市場經濟體制，創新創業的氛圍也在逐漸形成。例如，中國的互聯網行業不斷發展壯大，不少年輕人選擇加入互聯網創業，成為了中國創新創業的重要力量。阿里巴巴、騰訊、字節跳動等公司已成為全球範圍內最有價值的企業之一。這些公司在電子商務、社交媒體、在線遊戲等領域推動了創新，使中國成為世界上最大的互聯網市場之一。

創新精神的核心在於不斷探索和突破現有的邊界和限制，不斷尋求新的解決方案和方法。在當代中國，創新精神的體現不僅僅局限於科技和經濟領域，還涉及到文化、社會和人文領域。創新精神讓中國在面對日益複雜和多變的現實挑戰時，具有更強的適應能力和競爭力。創新精神強調思維的靈活性和創造性，可以推動社會和文化的發展和變革。同時，創新精神也強調合作和共贏，可以促進社會的和諧和穩定。因此，創新精神的推廣和發揚，有助於增強中國人的自信心和自豪感，提升國家的軟實力，推動中華民族的偉大復興。

（二）人文關懷

中國人的人文關懷也是中國人文精神的重要組成部分。中國人講究互幫互助，崇尚分享，致力於推動家庭和諧、社會和諧、共同富裕、共同發展。中國人文關懷在當代社會生活中發揮着積極作用，社會各界對人文關懷高度重視和積極行動。

「希望工程」：自 1989 年以來，中國青少年發展基金會開展了

「希望工程」，通過向貧困地區的孩子提供資助、教育和培訓等各種幫助，提高他們的生活和學習水平，幫助他們實現自己的夢想和人生價值。至今，希望工程已經纍計幫助了超過 2500 萬名貧困地區的學生，資助金額超過 60 億元人民幣。

「中國扶貧基金會」：中國扶貧基金會是一個致力於減輕貧困地區人民負擔、改善貧困地區羣眾生活的公益組織，通過籌集資金、向貧困地區提供幫助等方式，為貧困地區的羣眾提供精神和物質上的支持。截至 2020 年底，中國扶貧基金會已資助了各類扶貧項目 291 個，涉及貧困地區 20 個省、市、自治區，纍計資助金額近 10 億元人民幣。

「光明行」：中國殘疾人福利基金會發起的「光明行」活動，旨在關愛視力障礙者和殘疾人，通過提供免費手術、義診、康復訓練等多種形式的幫助，幫助他們獲得更好的生活和工作條件，提高他們的生活質量。截至 2021 年底，「光明行」活動已經為約 30 萬名視力障礙者和殘疾人提供了手術、義診、康復訓練等多種形式的幫助。

文化傳承：中國傳統文化是人文關懷的重要組成部分，許多文化公益組織和愛好者致力於傳承和弘揚中華優秀傳統文化，如古建築保護、傳統工藝復興、非遺保護等。截至 2021 年底，中國已經有 39 項非物質文化遺產被聯合國教科文組織列入世界非物質文化遺產名錄，保護和傳承工作取得了顯著成效。

總之，當代中國人文精神的內核是創新精神和人文關懷。創新精神是推動中國經濟、科技、文化快速發展的重要力量，人文關懷則是為社會公平、正義和人類命運共同體建設提供了重要支撐。只有二者相得益彰，才能推動中國走向更加繁榮富強的未來。

二、開放包容與社會責任

　　隨着中國經濟的發展和國際影響力的不斷增強，建立更好的中國人文精神環境已成為一項重要的任務，其中開放包容和社會責任是兩個重要的關鍵詞。

　　開放包容是建立更好的人文精神環境的必要條件之一。有了開放包容的環境，不同的文化、思想和信仰才可以自由交流和交融，從而促進人類文明的發展。中國自古以來就是一個兼容並包的國家，擁有着豐富的歷史文化和多元的民族文化。如今，在全球化的背景下，中國在經濟、文化、科技等方面的崛起已經引起了全世界的關注。中國應該積極地融入世界，學習和借鑒其他國家的文化和制度，推進文化多元化的發展。同時，中國應該也要讓其他國家了解和接受中國的文化，為人類文明的發展做出自己的貢獻。

　　社會責任是建立更好的人文精神環境的另一個重要條件。在中國，隨着經濟的發展，一些社會問題也日益突出，許多人面臨着貧困、教育、醫療等方面的困難。因此，社會責任感成為企業、組織和個人所必須具備的品質之一。社會責任不僅體現在對員工的關心和對顧客的服務質量，還應該體現在對社會的責任和義務上。中國有許多企業和組織已經認識到了這一點，並積極地承擔着社會責任。中國政府鼓勵和支持志願者和非政府組織的活動，包括扶貧救災、環境保護、文化傳承等等，從而促進社會和諧，同時也激發人們的社會責任感和愛心精神。

　　總之，建立更好的中國人文精神環境需要政府、企業、個人的共同努力。政府應該制定更多的文化政策，並鼓勵多元化和包容性的文化發展。企業應該承擔社會責任，為人文精神的發展貢

獻力量。個人應該擁有創新精神和人文關懷，以實現自我價值和對社會的貢獻。只有當政府、企業、個人各司其職，才能形成合力來更快更好地實現中國夢的偉大目標。

三、知識教育和實踐探索

當代中國的社會變革和經濟發展帶來了新的機遇和挑戰，也給當代中國人文精神的發展提出了更高的要求。在這種背景下，知識教育和實踐探索成為了推進中國人文精神的重要途徑。

（一）知識教育的重要性

知識教育是培養當代中國人文精神的重要途徑之一。中國自古就有「讀書為先」的傳統，這種傳統至今仍然是中國人重視知識教育的根源。在當代中國，知識教育不僅是提升個人素質和競爭力的重要手段，更是提升國家整體實力和國際競爭力的重要途徑。

在當前經濟社會發展的背景下，知識經濟已成為經濟發展的主要形式之一。知識經濟的核心在於知識創新和人才創新，因此知識教育也成為推動經濟發展和社會進步的重要動力。當前，中國正在加快推進創新驅動發展戰略，這就要求當代中國人必須具備創新思維和創新能力，而這正是知識教育所要培養的核心能力。

知識教育對於培養當代中國人文精神具有重要作用。首先，知識教育可以讓人們認識到世界的多樣性和複雜性，提升人們的文化素養和國際視野。其次，知識教育可以培養人們的人文關懷和社會責任感，讓人們認識到自己作為社會成員的責任和義務。

最後，知識教育可以幫助人們提高思辨和批判能力，培養人們獨立思考和創新精神，從而推動人類文明的發展。

（二）實踐探索的重要性

實踐探索也是培養當代中國人文精神的重要途徑之一。在當代中國，實踐探索已成為提升個人素質和實踐能力的重要手段，同時也是推動社會進步和創新的重要途徑。通過實踐探索，人們可以深入了解社會和生活，鍛煉自己的實踐能力和團隊協作能力，積累豐富的經驗和資源。在當代中國，實踐探索已經被廣泛應用於各個領域。

科技創新與人文關懷的結合。隨着科技的發展，越來越多的科技企業開始關注人文關懷，將社會責任和社會價值放在更加重要的位置上。例如，華為公司開展的「華為互聯網社會責任白皮書」，通過這項實踐，華為公司強調科技創新和人文關懷的結合，注重社會責任和社會價值的實現，推動科技與人文的融合，為人類社會的可持續發展作出了貢獻。

大眾創業、萬眾創新和科技教育。大眾創業和萬眾創新是當代中國的一項重要戰略，旨在促進創業和創新的發展，培養創新型人才，提高國家競爭力。為了實現這個目標，科技教育的發展至關重要。例如，北京市開展的「北京市科技教育工程」，通過這項實踐，北京市注重科技教育的全面發展，注重基礎科學和應用科學的融合，培養創新型人才，為大眾創業、萬眾創新和國家競爭力的提升打下堅實的基礎。

美育教育和文化傳承。美育教育和文化傳承是培養創新型人才的重要途徑。例如，中國美術學院開展的「國畫傳統材料與技

法教育，通過這項實踐，中國美術學院注重傳統文化的傳承和創新，注重美育教育的實踐和體驗，培養學生的藝術才能和創新能力，為中國傳統文化的傳承和發展作出了貢獻。

社會公益和志願服務。社會公益和志願服務是培養社會責任感和公民意識的重要途徑。例如，騰訊公司開展的「騰訊公益」，注重社會責任和社會價值的實現，推動科技與公益的結合，為社會公益事業的發展做出了貢獻。

生態文明和可持續發展。生態文明和可持續發展是當代中國人文精神的重要組成部分，也是應對全球性挑戰的重要途徑。例如，阿里巴巴集團開展的「綠色物流」，注重生態文明和可持續發展的實踐和體驗，推動科技與環保的結合，為生態文明和可持續發展貢獻了一份力量。

總之，當代中國人文精神的實踐探索是多方面的，涉及到科技創新與人文關懷的結合、大眾創業、萬眾創新和科技教育、美育教育和文化傳承、社會公益和志願服務、生態文明和可持續發展等多個領域。這些實踐探索體現了中國人文精神的內在價值和外在意義，同時也推動了中國社會的不斷進步和發展。

第三節　科學人文與中國經濟發展

一、科技創新是中國經濟發展的重要支撐

隨着中國經濟的快速發展，科技創新成為支撐中國經濟發展的重要力量。科技創新不僅能夠提升產業競爭力，也能夠提高社

會生產效率和人民生活水平。

（一）科技創新在中國經濟發展中的重要性

科技創新是提高產業競爭力的重要途徑。科技創新不僅可以提高企業的生產效率，還可以促進產品升級換代，提高產品附加值。華為作為中國最具影響力的通訊設備製造商之一，其積極推動 5G 技術的研發和應用，使得其在國際市場上更具有競爭力。通過不斷的技術創新，華為成功地打造了一款全球領先的 5G 商用芯片，成為全球 5G 產業鏈中的重要一環，使得其在全球市場中的份額不斷提高。

科技創新對經濟增長的帶動作用不可忽視。科技創新的發展可以促進新產業的興起，同時也可以推動傳統產業的轉型升級，使經濟發展具有更為廣闊的空間和更多的發展機會。例如，在中國大力推動新能源汽車產業的發展過程中，國內的電池技術、電機技術等方面取得了重大突破，極大地推動了新能源汽車產業的發展。

科技創新有助於提高勞動生產率和人民生活水平。科技創新不僅可以提高產業的生產效率，也可以使得人們的生活更加便捷和舒適。例如，在智能家居領域，科技創新推動了傳統家居的升級換代，實現了人們對家庭生活的自動化、智能化、便捷化的需求。在中國，智能家居的市場規模不斷擴大，行業發展潛力巨大。

（二）中國科技創新的現狀及其發展趨勢

中國政府高度重視科技創新，在加大投入、改革機制、優化環境等方面採取了一系列措施。這些措施的推動下，中國科技創

新水平不斷提升，成為中國經濟發展的重要支撐。

　　一方面，中國在基礎研究方面取得了一系列重大突破。例如，中國科學家在 2016 年成功實現了量子通信衛星「墨子號」的發射，這標誌着中國成為了世界上第一個實現量子通信衛星長距離、高速傳輸的國家。此外，中國在高速鐵路、核聚變、海洋能等領域也取得了重要進展。

　　另一方面，中國在應用研究方面也在全球範圍內處於領先地位。例如，中國的移動支付技術已經成為全球範圍內的領先者，支付寶和微信支付在全球的使用率和支付規模均處於領先地位。中國的電商巨頭阿里巴巴也在技術創新方面持續投入，在人工智能、雲計算等領域處於領先地位。

　　作為中國科技創新的重要推手之一，政府在人才培養、科技創新等方面的投入也越來越大。2019 年，中國政府宣佈啟動「千人計劃」，計劃引進全球一流科技人才，以推動中國科技創新和經濟發展。同時，政府也加大了對科研機構、高等院校等科技創新主體的經費投入和政策支持，以提高科技創新的能力和水平。這些政策措施的實施，為中國科技創新提供了更為有力的支持，也為中國經濟發展提供了更加穩健的基礎。

　　在科技創新領域，中國正在逐步走向自主創新的道路。近年來，中國科技企業在 5G 技術、人工智能、物聯網等領域取得了重要進展。例如，華為公司在 5G 領域處於全球領先地位，阿里巴巴和騰訊等企業在人工智能領域也有着舉足輕重的地位。這些企業的成長和發展，不僅為中國經濟發展提供了動力，也為世界科技創新注入了新的活力。

　　總之，科技創新是中國經濟發展的重要支撐。中國在科技創

新方面取得的一系列成就和進展，不僅有助於提高經濟的質量和效益，也有助於推動中國經濟的高質量發展。未來，隨着中國科技創新水平的不斷提升和新興產業的快速發展，中國定會在全球科技領域發揮越來越重要的作用。

二、文化產業是中國經濟增長的重要引擎

隨着中國經濟和社會的發展，文化藝術產業已經成為了中國經濟增長的重要引擎，得到了飛速的發展。

（一）中國文化藝術產業的現狀

中國文化藝術產業經歷了從無到有、從小到大、從弱到強的發展歷程。特別是改革開放以來，中國文化藝術產業得到了迅速的發展，取得了豐碩的成果。其中表演藝術、文化創意和數字內容產業成為了增長最快的子行業。

品牌價值提升：中國的文化藝術品牌在國際上的知名度和影響力逐漸提高。比如，茅台酒、李寧體育等品牌在全球範圍內得到了認可和讚譽。這些品牌不僅代表了中國文化的精髓，也代表了中國企業的實力。

行業集羣形成：在中國文化藝術產業中，一些區域形成了特色鮮明的產業集羣。比如，杭州西湖文創產業園、上海虹口濱江文化創意產業園、成都東郊記憶產業園等。這些產業集羣通過集中力量發展一些特色行業，形成了規模效應，有利於提升中國文化藝術產業的整體競爭力。

重大文化活動舉辦：中國每年都會舉辦一些重大的文化活

動，比如春節聯歡晚會、北京國際電影節、中國國際動漫節等。這些活動不僅可以吸引國內外觀眾的關注，也可以為文化藝術產業的發展帶來巨大的經濟效益。

（二）中國文化藝術產業的前景

中國文化藝術產業的發展已經呈現出前所未有的良好勢頭，這也預示着中國經濟的轉型升級和文化軟實力的提升。中國文化藝術產業已經成為了中國經濟增長的重要引擎，並對中國文化產業的未來發展產生了深遠的影響。

一個產業的蓬勃發展離不開政府政策的有力支持。隨着「文化強國」建設的不斷推進，中國政府也越來越重視文化藝術產業的發展。2016 年國務院發佈的《關於加快發展文化產業促進文化消費的若干意見》中提出，要推動文化與科技、金融、旅遊等產業融合發展，培育壯大文化創意產業、文化旅遊產業等新興產業，加快構建多層次、全方位的文化產業體系。這些政策的實施為文化藝術產業的發展提供了強有力的政策保障和支持。

旺盛的市場需求給文化產業帶來無限的增長空間。隨着中國經濟的發展和人民生活水平的提高，人們對文化藝術產品的需求也越來越高，其中影視娛樂、動漫遊戲、音樂等子行業的市場規模均在不斷擴大。隨着互聯網、移動支付等新技術的應用，文化藝術產業的消費模式也在不斷升級，市場需求將繼續保持旺盛態勢。

在政策支持和市場需求的推動下，中國文化藝術產業的創新成果也不斷湧現。以影視產業為例，中國電影市場已經成為全球第二大電影市場。在影視技術、場景設計、創意劇本等方面，中

國影視產業也取得了許多創新成果。同時，中國的舞台藝術、音樂、美術等領域也在不斷湧現出新的作品和新的藝術家，為中國文化藝術產業的發展注入了新的活力。作為中國文化藝術產業的重要組成部分，中國動畫產業崛起迅速，中國動畫製作公司也開始在國際市場上嶄露頭角，如製作了電影《大護法》和電視劇《西遊記之大聖歸來》的光線傳媒公司，已成為了全球最大的動畫製作公司之一。

中國的文化旅遊產業發展迅速，各種文化旅遊產品和服務也隨之興起，包括文化主題游、文化演出和文化體驗等。此外，中國的網絡文學、音樂和影視等數字文化產業也正在崛起，並成為中國文化藝術產業的重要組成部分。

總之，中國已經開始採取積極的政策措施來支持文化藝術產業的發展，並將其納入到國家發展戰略中。隨着中國經濟的不斷發展，文化藝術產業將繼續成為重要的經濟增長點，同時也將為中國社會的文化發展做出重要貢獻。

三、傳統文化對經濟可持續發展的影響

中國傳統文化和倫理道德一直都是中國人民生活的重要組成部分，不僅對個人修身養性、道德觀念的培養有着深遠的影響，也對經濟可持續發展具有積極的影響。

信用文化的傳承和發揚

中國文化強調信用和誠信的價值觀。例如，中國社會信用體系建設的推進，離不開對「信用」這一傳統文化價值的傳承和發

揚。據國家市場監管總局發佈的數據，2019 年全國工商行政管理部門共開展市場監管活動 5.5 億餘次，處罰案件 71.5 萬件，行政處罰金額超過 224 億元。在這一過程中，信用記錄的建立和使用，不僅提高了社會信用體系的覆蓋率和有效性，也讓誠信經營成為了一種有力的競爭優勢。

共同體意識的培養和發揮

中國文化強調家庭和諧、鄉鄰和睦的價值觀。例如，中國在鄉村振興戰略中，強調發揮鄉村社區的作用，促進農民自治、社區自治和基層民主建設。據國家統計局發佈的數據，截至 2020 年末，全國農村社區數量達到 67.5 萬個，基層農村自治組織覆蓋率達到 96.3%。這些數據表明，共同體意識的培養和發揮，可以促進社區的互動、協作和發展，為農村經濟的可持續發展提供了有力的支持。

和諧發展的引領和推動

中國文化中強調天人合一、陰陽調和的價值觀。例如，中國在可持續發展戰略中，強調推動經濟、社會和環境的協同發展，實現和諧發展。據國家統計局發佈的數據，2019 年中國節能減排工作取得了顯著成效，其中，二氧化硫、氮氧化物和化學需氧量排放量分別下降 4.6%、3.7% 和 3.4%。這些數據表明，和諧發展的引領和推動，可以促進經濟的可持續發展、社會的可持續發展和環境的可持續發展。

中國傳統文化和倫理道德對現代社會的生態環境建設也產生了積極的影響。傳統文化中的生態觀念強調人與自然的和諧共

生，重視自然的生態平衡和環境保護。例如，中國傳統文化中的
「天人合一」「天人相應」等思想強調人與自然的密切聯繫，主張
尊重自然、保護自然，將人類與自然視為一個整體，推崇節約資
源、回歸自然的生活方式。這種生態文化思想在現代社會建設生
態文明、推進可持續發展中仍具有重要的指導意義。

以生態環境保護為例。近年來，中國政府提出了生態文明建
設的理念，推動建設美麗中國。在實踐中，中國傳統文化中的環
保意識得到了強調和運用。例如，京津冀地區的生態修復工作，
就是在借鑒中國傳統文化中的「天人合一」「天人相應」等生態觀
念的基礎上，開展的一系列工程。此外，「垃圾分類」理念，也是
在傳承中國傳統文化中的節約資源、重視環境的理念基礎上發展
而來。

總之，中國傳統文化和倫理道德對於社會經濟的可持續發展
有着多方面的積極影響。中國傳統文化中重視節儉、勤儉節約的
傳統，能夠促進資源的合理利用，有助於避免浪費和不必要的消
費，進而減少環境負擔。中國傳統文化中強調誠信、誠實守信的
價值觀念，有助於營造誠信社會，降低交易成本，促進商業信用
的建立和商業活動的穩定進行。中國人的倫理道德觀則能促進社
會公平正義的實現，從而減少貧富差距，實現中國經濟可持續發
展的目標。

第九章

當代中國教育

第一節　中國教育傳統的延續和發展

一、以人為本的教育理念

中國傳統教育既有源遠流長的歷史跨度，也有百家爭鳴的學術廣度。在中國上下五千年的悠久歷史長河裏，中國教育始終隨着時代潮流的變化而發展，孕育出了無數博古通今、聲名赫赫的聖賢、大儒、文士和學者，其中最有代表性的就是「至聖先師」孔子。

中國古代教育思想最早的文字記載可以追溯到殷周時期，當時的統治者把教育的政治功能放在首位，把教育作為治民安人、移風易俗的工具。《學記》中說：「建國君民，教學為先、化民成俗，其必由學」。董仲舒也說：「教，政之本也。」統治者最初將教化與刑法作為維護社會秩序的雙刃劍，對於普通民眾的教育，往往以訓導、教誨為重。從歷史記載來看，最初的教育形式顯然並未向基層普及，商周時期所設國學（分大學和小學）以「禮、樂、射、御、書、數」為主要學習內容，但平民百姓難以進入官學學習，因此官學也僅限於貴族教育，而春秋戰國時期「百家爭

鳴」，其教育產物「稷下學宮」集結了諸子百家的「領頭羊」，其高度也非常人能企及。直到周朝衰微，孔子提出「有教無類」的教育理念，私學的創辦打破了「學在官府」的桎梏，中國的「人本」教育才開端。

「有教無類」的教育理念是中國教育思想的巨大進步。孔子提倡教育平等，不論學生何種家境、年紀、出身，都可以被其收為門徒，接受教育。孔子認為人人都有平等接受教育的權利。孔子的弟子三千，大多來自魯、齊、晉、宋、陳、蔡、秦、楚等不同國家，跨越了地理的阻隔與民族的壁壘，打破了當時的「地域歧視」和文化差異，為世界教育的公平性做出了最初的努力。經過漫長的歷史變革和教育改革，中國的官學與私學體系不斷發展，相互補充、完善，形成了較為穩定的官學、私學相結合的教育模式，如蒙學、私塾、鄉塾與書院的設立大大緩解了「官學衰落」的教育壓力，形成較為穩定的人才供給模式。這些與官學（太學、府學、州學、縣學）互相補充的基層教育機構，演變成穩定的基礎教育模式與基礎課程體系，奠定了中國全民教育的基礎。

「因材施教」是孔子在教育實踐中總結出的寶貴經驗。司馬遷在《史記》中稱其「弟子三千，賢者七十二，達者三人」，其中就體現了學生們發展層次的不同，證明不同學生的學習天分與個人稟賦相差甚遠，只有個性化的教育才能適應不同學生的發展需求。在中國的教育模式中，老師往往需要面對不同層次的學生，學生們不同層次的認知力和理解力意味着對同一知識的差異化接受，老師的教學方法自然也需要「因人而異」。事實證明，孔子實行「因材施教」的教學方法使「愚者」（高柴）成為有德之士，

「魯者」（曾參）成為大儒，「野人」（子路）成為君子，「辟人」（子張）成為「顯士」。這些「循循善誘」與「誨人不倦」的教育典型案例，至今都仍在啟發着中國甚至世界的教育，成為中國教育的基本功和核心目標。

此外，孔子提出「性相近也，習相遠也」，這個命題揭開了古代人性教育理論的序幕。孔孟的「性善論」與荀子的「性惡論」雖然存在對人性認知的矛盾，但都同樣強調了後天的教育對人性與個人發展的重要影響。孔子明確闡述了對弟子為學的基本要求：「志於道，據於德，依於仁，游於藝。」（《論語．述而》）所謂「道德」成為天下學子的第一課，而「道」「德」「仁」也成為君子品行修養的基本要求，雖然孔子的思想經歷了歷朝歷代的教育改革，「道德」先行依舊是中國教育發展的底色，即使在今天仍如此，為人與治學的和諧統一依舊是對求學、為學之人的最基本也是最嚴格的要求。

當今中國的基礎教育是面向所有民族與全體國民的教育，通過教育的系統化與法制化不斷提高基礎教育水平，不斷改善人民的受教育觀念。2006 年 6 月，中華人民共和國全國人民代表大會常務委員會修訂通過了《中華人民共和國義務教育法》，凡具有中華人民共和國國籍的適齡兒童、少年，不分性別、民族、種族、家庭財產狀況、宗教信仰等，依法享有平等接受義務教育的權利，並履行接受義務教育的義務。「九年義務制教育」不收學費、雜費的理念解決了許多家庭的「燃眉之急」，也打破了教育普及過程中所遇到的理念偏見，使得中國的基礎教育能夠獲得更廣大的羣眾基礎。

二、「投牒自應」的科舉制度

中國古代的科舉制度是由選士制度發展而來的，而中國最早的選舉制度可以追溯到西周的「鄉舉里選」制，《大英百科全書》認為這是世界上最早的選舉制度與考試制度。隨着西周的「禮崩樂壞」，自春秋戰國起，世卿世祿制度逐漸被破壞，而「士」階層的崛起使由舉薦考核為核心的古代選士制度逐漸完善，其受益的對象日益擴大。漢代所用的察舉制使地方到中央的各級部門都有了舉薦賢才的權力，並對人才舉薦的形式、過程與註冊都有詳細的要求，然而這種「舉孝廉」而輕考試的人才選拔機制在把控人才文化水平與保證察舉公正度方面留下了很大的漏洞。魏晉時期採取的「九品中正制」使豪門世族操縱察舉的局面有所緩解，但在各州郡設置的「中正官」擁有給天下文士劃分品級的職能，這依然成為了「寒門」與「勢族」的分水嶺。隋文帝廢除「九品中正制」，轉而設立「州都」負責舉薦人才（但不再有權為人才劃分等級），又下令「置進士、明經二科」以選才任能，「投牒自應」不為出身、地位、財富等因素左右的科舉考試制度初見其形。在唐朝，科舉制度的創立主要有兩個標誌，一是唐高祖規定了「自舉」和「自進」的合法性，使貧民、寒門子弟得以自己報名考試；二是明確規定了各級考試的參與資格與每年舉辦考試的固定時間，使科舉的形式得以穩定延續。

科舉制度對古代教育發展、學校建設與社會「選士」都有深遠的影響，對中國文化、中華民族的精神面貌與中國人的行為方式也都有不可磨滅的影響。在漫長的封建社會階段，科舉考試為中國文化的豐富發展做出了巨大的貢獻，無數偉大的政治家、思

想家、文學家、教育家、史學家孕育於此。科舉制度自誕生以來所產生的磅礴力量不僅使「天下文人皆為之皓首」，也使「天下英雄入吾轂中」（唐太宗《唐摭言》）。這說明，科舉制度與個人的發展與國家的發展始終緊密相連。

首先，科舉制度為天下學子營造了一個相對公平的選舉環境，即使歷朝歷代仍有考生結朋黨，考官營私舞弊等現象，但開放的報名系統與成績的公示制度，以及層級遞進的考試制度大大降低了科舉舞弊的可能性。在明代，考生必須通過五級的科舉考試，即地方縣、府的童試（通過者稱童生），府、州學院的院試（通過者稱秀才），各省貢院舉辦的「秋闈」——鄉試（通過者稱舉人），京師禮部舉行的「春闈」——會試（通過者稱進士）。這一等級繁多的考試體系為民心的穩定、國家的統一、社會的人才供給做出了卓越的貢獻。此外，這一層級明確的考試制度仍沿用至今，對當今的學校建設與升學考試有很大影響，如小升初、初升高（中考）、高升本（高考）的國家統考都在每年固定的時間舉行，是舉國關注的大事。而由此形式還發展出了一系列社會面統一報名、每年固定時間考試、考試結果受國家教育部門監管的職業、能力評定的社會考試，如國家公務員考試、教師編制考試等等。自封建社會發展而來的文官取士之路，經過無數代中國人的努力，逐漸打破了出身、貧富、貴賤等外因組成的「天塹」，使每一個有能力有志氣的中國人都有途徑得以發展自我的才能。

當然，科舉制度在中國古代也是一個矛盾的存在，其對當今中國教育的影響也無法斷言其功過。科舉制度對克服門第取人、品行取人的偏頗有裨益，也在古代高度中央集權的制度下較好地調動了地方和個人的積極性。然而千百年間封閉的文化環境助長

了「萬般皆下品，唯有讀書高」的社會風氣，滋生了追名逐利的惡習，也使中國古代的教育最終走進教條化、刻板化的死胡同。而對當今社會的發展而言，擁有堅實的學科基礎、廣闊國際視野、創新創業能力是對人才的多元化要求，而科舉傳統長久以來給中國人灌輸的「學而優則仕」的學習路徑阻礙了人的全面發展。近年來，中國不斷推動應試教育改革與素質教育推廣，使「德智體美勞」全面發展等學生培養理念深入人心，也不斷強調要以面向未來的開放的眼光看待教育工作，使學生培養更符合社會發展需求與時代精神。

三、「書院精神」與大學教育

書院，是中國古代教育史中的一朵「奇葩」，在中國歷史的長河中幾經盛衰，歷經國難的風雨與改革的思潮。作為一種特殊的辦學模式，書院誕生於古代官學衰落和私學不興的歷史背景下，成為宋朝之後的讀書人、知識分子的學術研究之所與精神寄託之所。就古代書院的社會職能而言，其與當代大學有異曲同工之處。

書院的概念最初出現在唐朝，當時最為著名的麗正書院和集賢書院都是官方考訂、校勘圖書之所，其部分功能有如現在的圖書館，是官方藏書之所，除此之外，在唐朝書院中組織工作的一批學士和儒學大師還兼有「顧問應對」職能，對重大的國事活動與政策制定提供一些專業幫助。自宋代起，書院就成為學問家的重要陣地，中國人所熟知的宋明理學、心學皆孕育於書院，也在書院講學中不斷完善並向外傳播。書院繼承文化，傳播思想的能

力有賴於當時活字印刷術的發明，書院得以自主刻書、印書，朱熹所作的《四書章句集注》最初就是在書院中流傳的教案。而自宋朝以後，「書院本」逐漸成為中國古代重要的出版力量，也是除官方出版機構外又一具有權威性的出版社。

當然，書院最本質的職能自然是教書和育人，但與官學或其他私塾不同的是，書院追求教學與研究的結合，其作為書院這一特殊形式的依仗便是它一貫堅持的獨立學術與自由講學。自由的講學形式在書院的教育歷史上可謂是濃墨重彩的一筆，其中包括許多在現代教育家看來依舊值得學習的教學法，如問答法、講述法、會講辯論法、閱讀指導法、因材施教法、循序漸進法、啟發誘導法。可見，中國古代教育不乏開放創新的思維，強調學思結合，融合「學、問、思、辨、行」的教育環節充分調動學生的主觀能動性，堅持讓學生在教學過程中居於主體地位。在書院講學中，講究學生與老師「亦師亦友」的關係，與「教學相長」的目的，致力於營造一種和諧互助、互相啟發的研究氛圍。在當今的大學教育中依然能夠找到古代書院的影子，當代大學不僅繼承了古代書院的部分社會職能與治學精神，還沿襲着部分古代書院的管理制度。

作為古代教育改革的產物，書院具有一整套十分完善、成熟的管理制度。首先是教學設施的完備，講究「學在講堂，習在齋舍」。王安石在倡導經世致用的教育改革中還提出了分齋教學，這可等同於當代大學內的分科教學與走班上課的概念，而藏書豐富的書樓也成為教學與學術研究的保障。其次是制定了一系列關於考試、圖書借閱、經費等方面的管理制度，並設置如山長、講

書、堂長、齋長等行政職位來保證書院的組織化、規範化，甚至還引導學生參與書院的管理以求書院內部環境的和諧清明，這樣具有創新性的學校管理制度也可類比為如今大學內建立的完整的行政系統與學生部門。

書院有別於以科舉取士為直接目的建立的學校，尤其重視學生道德的完善與人格的高潔，這一點體現在古代各大書院的「學規」之中。其中最具代表性的當為朱熹為白鹿洞書院制定的《白鹿洞書院學規》。朱熹明確規定了五教之目（父子有親、君臣有義、夫婦有別、長幼有序、朋友有信），為學之序（博學之，審問之，慎思之，明辨之，篤行之），修身之要（言忠信，行篤敬，懲忿窒慾，遷善改過），處事之要（正其義不謀其利，明其道不計其功）和接物之要（己所不欲，勿施於人，行有不得，反求諸己）。此外，古代書院還格外注重校園環境對學者的薰陶，所以精於學術、底蘊深厚的書院往往都處於山林幽靜之所，其門楹、堂聯與書齋的名字都具有深厚的教育意義，比如顧憲成、高攀龍主持的東林書院就有流傳千古的「風聲雨聲讀書聲，聲聲入耳；家事國事天下事，事事關心」的對聯。而這樣的「學規」與教育標語在當代的大學校園中也隨處可見，尤其是對「學規」的傳承最為完整，許多中國優秀的高等學府都有着底蘊深厚的校訓，其多出自中國傳統的經史子集之中，比如清華大學的校訓是「自強不息，厚德載物」（出自《周易》），東南大學的校訓是「止於至善」（出自《禮記·大學》）等。這些傳承至今的古代書院精神證明了中國傳統教育的優良品質，也為當代的大學教育提供了豐厚的思想寶藏。

第二節　精英教育與大眾教育

一、精英教育

「精英教育」是一個複雜的命題，要解釋它需要先從社會學、教育學等角度進行剖析，但提到「精英教育」，普通中國民眾也能講得頭頭是道，大家腦海中總會迅速跳出一系列名詞，比如「財富」「地位」和「家庭教育」等，而在應屆學生家長的眼中，精英教育是一種教育選擇，可能代表着孩子更「光明的未來」，也能成為家長更「有能力」的象徵。

目前，中國的各級學校一般分為公立和私立，公立學校由政府教育機關統一管理，自然實行的是大眾化教育，而私立學校則由資本控制，往往呈現兩極分化現象，一類擁有並不成熟的管理體系與不穩定的教學效果，這一類學校往往不被家長視為最優選，而另一類私立學校就是大眾眼中的精英學校，甚至民間稱其為「貴族學校」，因為它有特定的教育門檻，保證最優質的教育資源和教育設施，並展現出有別於公立學校專注考試的辦學理念。對此，2015 年拍攝的英國紀錄片《交換學校：階級分化》（*School Swap: The Class Divide*）在介紹英國私立學校沃敏斯特（精英學校）時反覆提及類似概念，比如其高昂的學費、悠久的校史、優秀的師資與完善的設施。紀錄片展現了大眾眼中的精英教育的一貫形象，但也從更理性的角度剝離了大眾對精英教育的一些刻板印象。其中，沃敏斯特的校長提到，精英教育和大眾教育最根本的區別不在於階級分化而在於教育理念。精英教育並不強調成功的必要性，而將重點放在面對失敗的態度上，鼓勵學生總結得

到的教訓，繼續去嘗試。在實際生活中，精英教育絕不能武斷地等同於「貴族教育」，普通大眾對精英教育的刻板印象（由財富基礎與物質享受定義）也需要被打破。精英教育不是物質追求，不等於特權意識，精英的產生從來離不開艱苦的歷練。精英教育不是指單純通過考試分數來培養「考試型」人才，而是以綜合素質提高來衡量學生的培養目標。

在中國，重視能力和綜合素質的培養，解除以「分數論英雄」的單一評價模式是精英教育與大眾教育最重要的區別，而培養主導或是引領社會發展的精英人才成為精英教育的教育目標。根據此教育目標，就可以從職業導向的社會認知模式來理解「什麼是精英教育」。在中國電視行業，不乏頗具關注度與國民度的求職類節目，比如「心動的 offer」。這一面向新時代 95 後、00 後求職的節目甫一開播就受到社會各界的關注，主要原因是它向公眾展示了所謂「年輕精英」的求職經歷，對普通求職者起到了模範作用。至今為止，「令人心動的 offer」已經連續播出了四季，而這四季包括了對律師行業、醫學行業和建築設計行業求職者的全景式分析，能夠登上電視平台成為萬千求職者學習的目標，顯然這些行業的從業者被普遍認為是精英。而在對這些年輕精英的能力考較中，有幾點被重複提及，其一就是名校畢業的履歷（成為精英的必要前提），其二是面對高壓考核和殘酷規則的適應能力，其三是辯論能力和談判能力，其四是獨立面對並解決難題的能力。從這些固定「科目」的考較中，可以很輕易地觀察到「精英」是被如何定義的。除了職業化和階級化，精英也被認為是金字塔頂尖的一羣人，他們必然擁有頂尖的專業能力。而這類人所接受的教育不僅是傳統的「傳道授業解惑」，他們的學校還要能夠為培

養學生的綜合素質（比如道德感、情商）和綜合實力（比如語言能力、辯論能力、抗壓能力等）提供有益的學習環境和課程設計。

如果只從表面風度與生活方式上去理解「精英」，精英教育也就成了對物質時尚與潮流的追捧。其實，精英培養不是一些事關精英的技能培養，譬如會品紅酒、會打高爾夫，精英意識應該首先是社會責任、人文精神、科學素質，其次才是個性氣質修養。在中國，精英教育遠遠不是局限於物質資源的享受或社交禮儀的培養，而要重視其對學生品質的培養、創新性的培養和潛在能力的挖掘。

二、大眾教育

在紀錄片《交換學校：階級分化》中，精英學校的對立面是普通公立學校。在英國等資本主義國家，精英教育的質量顯然遠勝於大眾教育，但大眾教育不能草率地自降為平民教育。就像紀錄片中公立學校的校長所言：「教育是打破不平等的關鍵」。公立學校更為大眾化的教育是為了滿足更多不同人羣的教育需求，給予更多不同家庭背景、不同受教育水平的人更優質的教育。在紀錄片中，公立學校的校長指出，公立學校面臨的教育問題遠比私立學校的複雜，首先就是許多底層家庭對教育的重視度不夠，進而帶來的配合度下降，而能夠將孩子送入私立學校學習的家長大部分會更重視教育；其次，公立學校的學生可能擁有不同的移民背景，其讀寫能力往往參差不齊，而私立學校的學生大部分都擁有廣泛的閱讀量和優秀的讀寫能力；此外，公立學校的教育資源相對有限，在許多情況下老師無法顧及到每個學生的學習情況，

而私立學校嚴格的錄取準則與優秀的師資成為大部分學生的學習保障。

在社會主義的中國，大眾教育才是教育的根本，因為絕大多數的公民從小就會進入公立學校的體系，一路升學直到工作。可以說，在中國，大眾教育才是人民的教育。在中國社會主義建設的進程中，大眾教育的推廣體現在人民生活的方方面面。新中國成立之初，全國 5.5 億人口中 80% 是文盲，農村的文盲率更高達 95% 以上。但再窮也不能窮教育，從 1949 年到 1969 年，新中國通過 4 次大規模的掃盲運動，先後有 1 億多中國人摘掉了文盲的帽子。如此大規模並卓有成效的掃盲運動，創造了人類歷史上的奇跡。在中國現代化建設的初期，在城市中還興起了夜校機構，為普通工人羣體創造了合適的學習環境，有效提升了工人的素質，促進了中國工業的現代化。

新中國的掃盲運動一步到位，把義務教育提升到發達國家的教育水平。當今中國，大眾教育也即「九年義務制教育」，這是由法律規定的，政府財政支持的、適齡兒童和青少年都必須接受的，國家、社會、家庭必須予以保證的國民教育，其實質是國家依照法律的規定對適齡兒童和青少年實施的一定年限的強迫教育的制度。義務教育具有強制性、免費性、普及性和世俗性的基本特點。中國九年義務制教育不僅是以社會普通大眾為教育對象的教育，還旨在培養公民的基本素質，其所開設的課程以免學雜費的公益形式走進了千家萬戶，影響力遍及大山深處，是真正意義上的大眾教育。高中階段不包括在義務教育中，因為高中教育的目的不是產生基礎性的教育結果，而是人才的雙重選擇 —— 就業導向或升學導向，這就是基礎教育階段之後的大學教育和職業教

育。在中國，顯然不是每個學生都能進入高中就讀（這在世界上的發達國家也是常態）。如今，職業高中、職業大學的建設越發成熟，有更多的學生能夠通過專科教育走上合適的職業道路，也有更多的學生通過在職業學校的努力而有機會進入大學接受更高層次的教育。

如今，在全球化的浪潮中，中國的教育制度吸收、借鑒了世界各國優秀的教育理念，將大眾教育的範圍逐漸擴大，形式也逐漸創新。特別是在職業教育領域，一大批優秀的職業教育學校成為教育新星冉冉升起，使職業教育不再單純地作為普通升學教育的「備胎」而存在。當今中國面臨着激烈的國際競爭，「科教興國」「科技強國」的理念與社會需求正促使職業教育走上專業化的高質量辦學道路，許多地區的職業學校創辦者都向德國等職業教育強國學習，組建職業教育園區，引進前沿技術培養高質量的應用型人才，引領區域科技產業的發展。職業教育的現代化不僅體現了中國對大眾教育的重視，還體現了區域經濟發展中產業轉型為其帶來的創新力量。在新時代的中國，教育在大眾化、公平化、專業化的道路上不斷探索，努力為社會主義建設供給更多人才。大眾教育體現了以人民為中心的中國特色社會主義教育理念，實實在在地做到「大眾教育是大眾自己的教育，是大眾自己辦的教育，是為大眾謀福利的教育」。

三、精英教育與大眾教育的融合

在中國，精英教育和大眾化教育存在着較大的差異，一是學校的辦學機制不同，二是升學的進路存在差異，三是課程內容和

教育理念不同。但在教育不斷現代化的進程中，精英教育與大眾教育也在不斷融合，以適應當代中國社會發展的人才需求。

（一）精英教育注重學生的個人能力，為了適應所學知識的廣度和深度，奉行精英教育的學校往往會忽視廣大的學生羣體而挑選金字塔尖的那一批「尖子生」。而大眾教育為了滿足大眾的受教育需求，傾向於不斷擴大招生範圍，重視學生基數的「大」，而忽視學生所受教育的「精」。精英教育會更注重「導師」的作用，採取導師制，而大眾教育更注重整體素質與能力的平均化培養。在當代大學教育體系中，精英化的「導師制」與大眾化的通識教育不斷融合，在精英教育和大眾教育的教學模式中取長補短，致力於培養更全面、更專業的學生。

（二）精英教育階段強調高等教育的功利性、生產性、工具性，高等教育的目的是培養「高精尖」技術人員和主導各個領域的專家，主要是傳授知識、技術和培養能力，學校成為生產專一性很強的「產品」的生產機器。而大眾化教育的價值取向發生了新的轉變，重視塑造人的心智和個性，注重人才的全面素質培養和創造性能力的養成，人文和道德素質教育成為教育重點之一。現在的大學教育的各個階段可以視為精英教育和大眾教育的不同程度的體現，本科教育培養的學生直接成為社會經濟發展各個領域中的高級勞動者和技術實踐者，研究生教育成為專業性強、層次高、注重知識深度與技術研究能力的專家型人才的培養教育。根據不同的職業需求，大學生們可以選擇不同的學習道路。

（三）隨着教育行業的不斷發展，與全球化趨勢的日益明顯，當代的精英教育與出國留學的關係越來越緊密。這不僅是現代教育與國際接軌所帶來的思想潮流，還是中國社會發展的客觀需

要。現代化的精英教育越來越重視培養具有國際視野、能適應全球化的競爭壓力和能夠主動參與國際事務的新型人才。而大眾教育越來越希望跨越應試教育的藩籬，將素質教育的理念在基礎教育階段進行更廣泛的推廣，使中國教育所培養的人才更具創造力和創新性。雖然精英教育與大眾教育的培養目的不同（一個是為了培養少數的社會領導者，另一個是為了培養良好的跟隨者），但隨着國際競爭的愈發激烈，中國國家發展戰略對人才培養提出了更高要求，整體勞動力素質的提升更有利於中國大力發展現代化產業，而精英教育與大眾教育之間的互補有利於創造更科學有序的人才結構與和諧穩定的工作環境。

　　以中國的數學教育為例，培養精英和做好「科普」必須兩手抓，中國的精英教育也必須大眾化。我國毋庸置疑是一個奧數強國，在國際數學奧林匹克競賽上，中國隊已連續登頂 23 次，但是有專家表示：「數學研究不是奧數，奧數也不是數學研究。數學強國不是一兩個獎就能確定的」。同樣的，奧數強國也不等於數學強國，相比起西方的現代數學研究歷史，中國的現代數學研究歷史要短得多，因此，中國的教育必須通過長時間的磨練，將近些年湧現出的數學精英轉化為更多的數學研究者。隨着中國高等教育的大眾化，數學教育也隨之走向大眾化。但大眾化並不代表平庸化，提升公眾的數學素養與培養精英人才之間並不矛盾。恰恰相反的是，數學教育的大眾化能夠切實有效地提升人羣中數學天才的比例，有許多偏遠地區的數學人才可以在數學教育的大眾化進程中被發現，許多擁有數學天賦的普通人也可以在國家的教育重視下不被家長和學校忽視。

　　在中國，精英教育與大眾教育的融合是大勢所趨，大眾教育

的發展使中國的基礎教育不再固守普遍的教育職能，經濟的發展也使大眾對基礎教育提出了更高的要求。精英教育的大眾化與大眾教育的精英化是中國教育的未來方向，但這並不意味着精英教育會喪失其原來的專業度和先進性，而是更加適應中國人才培養的需要，同時，大眾教育也能夠在保持其羣眾基礎的前提下，提高辦學質量，優化辦學理念，向全面推進素質教育的方向發展。

第三節　中國式教育的國際化

一、中國式教育中的「引進來」

　　早在中國古代，中國式教育就不斷引入外國教育理念或外國思想文化，以豐富課程內容，實現中國式教育與中國人才培養的與時俱進。中華文化自古以來便具有很強的包容性，擅長對外來文化和思想「去其糟粕，取其精華」。自明朝後期，中國就開始了西學東漸的浪潮，以來華西人、出洋華人、書籍、以及新式教育等為媒介，以香港、通商口岸以及日本等作為重要窗口，西方的數學、哲學、天文、物理、化學、醫學、生物學、地理、政治學、社會學、經濟學、法學、應用科技、史學、文學、藝術等大量傳入中國，對於中國的學術、思想、政治和社會經濟都產生重大影響。在晚清救亡圖存運動中，倡導「師夷長技以制夷」（學習西方軍事技術與製造業），資產階級維新派提出救國方案，以康有為、梁啟超為代表的維新派通過光緒皇帝進行倡導資產階級改良運動，學習西方，提倡科學文化，改革政治、教育制度，發展

農、工、商業等。這些不徹底的政治改革雖然都失敗了，但為當時僵化的中國社會帶來的思想啟蒙的新風，特別在教育上帶來了新的改革，創辦了許多新式學堂，打破了封建社會教條化的教育制度，為新中國的成立奠定了人才基礎。

晚清出現的新式學堂主要有三種類型：第一類是由外國教會創辦的學堂，它們出現最早。第二次鴉片戰爭之後，外國教會取得更多的傳教特權，興起了辦學熱潮，教會學校數量與日俱增，辦學水平也有提高，不僅興辦了一些中學，而且還出現了少數大學。教會學校的宗旨是「使學生能成為社會上和教會裏有勢力的人物，成為一般人民的先生和領袖」，以便用基督教征服整個中國。基於此種目的，教會學校便把宗教、科學知識、四書五經及英語當成基本教學內容。

第二類是由清政府興辦的新式學堂，始於 1862 年創設京師同文館。在洋務運動期間，清政府共舉辦了 20 餘所這類學堂，以培養外語人才、軍事人才和技術人才。這些學堂雖然還沒有完全擺脫封建傳統教育的窠臼，但都程度不同地採取了西方近代學校的某些體制教法，開設了一些自然科學、外語之類的課程，傳播了一些域外新知。1901 年「新政」以後，清朝教育制度發生根本性變化。隨着科舉制的廢除，近代教育體制逐步建立起來，新式學堂在全國各地普遍設立。清末的新式學堂，既不同於舊式私塾，又不同於中日甲午戰前的洋務學堂，近代色彩更加鮮明。清政府在 1902 年頒發的《欽定中學堂章程》對所開課程作了規定：「修身第一，讀經第二，算學第三，辭章第四，中外史學第五，中外輿地第六，外國文第七，圖畫第八，博物第九，物理第十，化學第十一，體操第十二。」儘管此期的清朝官方教育以「中體西用」

為宗旨，但近代學科知識的比重大大增加了，官方學堂亦是傳播西學的重要途徑。

第三類是由資產階級改良派、革命派及各種民間團體創辦的新式學堂。創辦新式學堂是中日甲午戰爭後新興資產階級所從事的一項重要活動。改良派和革命派對此都很重視，並付出了實際努力。這些機構在介紹西學、傳播維新變法思想方面，起了重大作用。維新派在湖南長沙設立的時務學堂，採取中西學並重的方針，分經學、子學、史學和西學幾科，不僅教授自然科學，而且還宣傳了西方的進化論、民權說，培養出蔡鍔、林圭等人才。辛亥革命期間，革命派也辦了許多學校，以培養「革命之健兒」「建國之豪傑」。愛國學社、愛國女校、大通師範學堂等便是其中的著名者。這類學堂辦學宗旨比較開明，沒有官方學堂的種種限制，「重精神教育以自由獨立為主」，在教學內容上，西學重於中學；成為培養革命人才的重要場所。

毛澤東在《同音樂工作者的談話》中曾經指出：「學外國不等於一切照搬。向古人學習是為了現在的活人，向外國人學習是為了今天的中國人。」在近現代中國教育的發展中，許多大學的創辦和教育學都是基於西方教育理論而發展的。在建立當代中國教育體系的過程中，新時代的大學書院不斷借鑒西方優秀的教育理論與課程體系，以中國傳統教育的教學環境內化西方文化知識，用以培養擁有兼具中西理論、可以與世界接軌的學生。近年來，中國教育界越來越重視國學研究與本民族文化振興，對新時代的中國學生提出了更高的要求，即兼具民族性與世界性。

除此之外，當代中國式教育中的「引進來」不僅在於對國外優秀教育理念與思想文化的引進，還在於吸引海外留學的優秀

人才回國發展，為中國社會發展與教育現代化添磚加瓦。在中國近代發展史中，科教興國，科技報國的理念深入人心，無數前輩們的光榮事跡也起到了榜樣作用，如錢學森、鄧稼先、錢偉長、華羅庚、郭永懷、朱光亞、王希季、張文裕、王承書等諸多科學家，他們均在新中國成立之初，急需科學技術人才之時，毅然回國，獻身祖國建設。

二、中國式教育的「走出去」

中國式教育「走出去」的歷史可以追溯到唐朝，當時萬國來朝的大唐氣象造就了經濟、文化、學術的繁榮，許多國家派遣學生、學者和官員來中國學習優秀文化，這批人學有所成之後，自然將在中國所學知識傳回自己的家鄉，促成中國式教育的傳播。當時，唐代以泱泱大國氣度，為外國留學生專門設置「賓貢進士」考試制度，許多「外國友人」在中國的教育制度下表現出色，通過科舉考試在朝為官：

阿部仲麻呂，19 歲那年被推薦為遣唐留學人員，搭乘日本第九次遣唐船赴華。仲麻呂在學習中國文化上具有較好的基本功，不久就被批准入國子監太學學習，畢業之後便考中進士。他迅速獲得了朝廷的器重，唐高宗還賜給他中國名字 —— 晁衡。開元十九年（731 年），仲麻呂擢任門下省左補闕（從七品上），職掌供俸、諷諫、扈從、乘輿等事。之後不斷加官進爵。仲麻呂在唐做官五十四年，歷仕唐玄宗、肅宗、代宗三朝，深受厚待，興達公爵。大曆五年（770 年），七十三歲的仲麻呂逝於長安。唐代宗追封其從二品潞州大都督。

崔致遠，字孤雲，號海雲，諡號文昌。朝鮮新羅區王京（今韓國慶尚北道慶州）人。唐咸通九年（868 年），12 歲的崔致遠就拜別家人，隻身一人赴華留學。崔致遠銘記父親的教育，勤學苦讀，於唐僖宗乾符年間（874 年）進士及第後，留在中國為官很多年，在當地享有「東國儒宗」、「東國文學之祖」的美譽。他一生文藝創作不斷，他的作品《桂苑筆耕》被收錄於《四庫全書》中。

李彥升，大食人（唐宋時對阿拉伯人的專稱），長期居住中國。當時任職汴州知州、宣武軍節度使盧鈞意外發現李彥升說的中國話規範流暢，在與其深入溝通交流後，盧鈞了解到李彥升是隨經商船隊來華，出身望族，對中國文化有較深的研究。大中元年（847 年），盧鈞特意向唐宣宗引薦李彥升。唐宣宗派人審核後，恩准李彥升參與科舉考試。結果李彥升一舉上榜，而當年全國考生中只有 22 人考中進士。潁川人陳黯就以此事寫就《華心說》一文，對李彥升給予高度肯定。

除此之外，興盛於宋朝的書院教育，也隨着中國經濟貿易的繁榮和中國理學思想的傳播而向東亞諸國「揚帆起航」。書院可以說是東亞世界文化交流的象徵，極大地促進了儒學尤其是朱子學的世界性傳播。

日本的民間院校一般叫做「私塾」，形式延續自中國的書塾和書院。著名的懷德堂內就曾懸掛朱熹的白鹿洞書院揭示，講堂內也多懸掛有關朱子學的對聯，由此可見日本的傳統教育深受中國書院的影響。日本私塾學堂設立的總數，在江戶時期前期非常少，在寬政年間逐漸增多，在文化、文政年間及幕末的十九世紀前葉，其總數迅速增加。這個時代是日本「教育爆發」的時代，從大城市到地方小鎮都設立教學機構，從上層的武士到底層的商

戶、農民都普遍接受過文化教育，許多平民從出生就學漢學，因此參加幕府政治的人才也非常多。

朝鮮的書院，以中宗三十六年（1543）修建的白雲洞書院為開端，此後逐漸增加，在朝鮮王朝中後期，尤其是1690年前後開辦的數目最多。記載於高宗隆熙二年（1908）刊行的《增補文獻備考》中的書院就有378所，而這只是官方註冊的信息，事實上假如將奉祀先賢的祠宇書院也包括在內，該數量能達到千所以上。

自十五世紀後，越南因為科舉制的傳入與其本土化的完備，也陸續開設了許多民間院校，尤其是阮朝的十九世紀之後，民間院校在城市及鄉村都獲得了非常普遍的推廣。

如今，基於當代國家發展中中國文字與中國文化的傳播需要，孔子學院應運而生。孔子學院是當代中國通過中外合作的模式建立的非營利性教育機構，致力於適應世界各國（地區）人民學習漢語的需要，增進世界各國（地區）人民對中國語言文化的了解，加強中國與世界各國教育文化交流合作，發展中國與外國的友好關係，促進世界多元文化發展，構建和諧世界。孔子學院所提供的服務包括：開展漢語教學；培訓漢語教師，提供漢語教學資源；開展漢語考試和漢語教師資格認證；提供中國教育、文化等信息諮詢；開展中外語言文化交流活動。各地孔子學院充分利用自身優勢，開展豐富多彩的教學和文化活動，逐步形成了各具特色的辦學模式，成為各國學習漢語言文化、了解當代中國的重要場所，受到當地社會各界的熱烈歡迎。

在海外，孔子學院逐漸成為普通民眾了解中國文化最直接也是最權威的途徑，也成為中國文化與世界交流的「本地化」的窗口，在加深外國民眾對漢字、漢語與漢文化的了解的同時，縮短

了國際交流的地理距離和心與心之間的文化隔閡。孔子學院以孔子為代表的傳統儒家文化作為教育的基礎,傳承了中國式教育的精髓,並把這一模式通過與當地文化的融合傳播於民。

三、「引進來」與「走出去」結合

2018 年 9 月,習近平總書記在全國教育大會上強調,要擴大教育開放,同世界一流資源開展高水平合作辦學。改革開放四十多年來,中國教育在「引進來」的同時大踏步地「走出去」,通過引進優質教育資源,合作培養高層次人才等舉措,包容、借鑒、吸收各種文明的優秀成果,加強人文交流,增進民心相通。

在融合中外模式,開放辦學的領域,中國湧現出了許多優秀的國際學校和中外合作辦學單位。在蘇州獨墅湖科教創新區,有一座沒有圍牆的大學,它與街區和城市融為一體,展現了物理概念上的開放,這就是中英合作創辦的西交利物浦大學。這所學校不僅沒有物理意義上的圍牆,在理念和資源上也沒有圍牆。西交利物浦秉持國際化辦學理念,不設固定的班級,不設班主任職位,堅持外教教學,採取全英文授課。「開放辦學,是要更好地為我所用。」經過多年的努力,西交利物浦大學已經成為中外合作辦學的一張名片。除此之外,中國還有許多優秀的中外合辦大學,比如肯恩大學與溫州大學合辦的溫州肯恩大學,由紐約大學和華東師範大學合作創辦的上海紐約大學,由諾丁漢大學與浙江萬里學院合作創辦的寧波諾丁漢大學和由武漢大學與杜克大學合作創辦的崑山杜克大學。這些由國際一流大學與國內高校合作創辦的國際學校,均經中華人民共和國教育部批准,為中外合作大

學聯盟成員。這些新型的與國際接軌的高校不僅為中國的高校教育模注入了新的教育能量，還為中國的現代化建設輸送了許多具有國際視野、具有國際競爭力的人才。

在全球化程度日漸加深的今天，除了這些優秀的中外合辦的高校外，中國湧現出了一批辦學優良的國際高中與外國語學校，如北京師範大學附屬中學國際部、深圳國際交流學院、南京外國語學校、上海世界外國語中學、廣州外國語學校等。為了迎合時代的國際化潮流和國家現代化建設的人才需求，中國教育的國際化逐漸向基礎教育階段推進，許多雙語幼兒園、與國際高中配套的小學部和初中部應運而生。這些國際學校也逐漸擺脫形式化、表面化的「國際」理念，逐漸從國人眼中「華而不實」「名不副實」的教育機構形象，轉變為當今學生和家長所信賴的優質教育資源和教育模式。

在中外合作辦學如火如荼的當今社會，中國式學習方法和教學理念的「走出去」也頗受關注，近些年來，隨着中國話語在全球化舞台上的持重，中國教育模式的國外試點工作與中國教材的國際推廣也更加順利地推進。早在 2015 年 8 月，由英國 BBC 策劃拍攝的紀錄片《中國式教育 —— 我們的孩子足夠堅強嗎》就曾引發中西方教育界熱議。英國的博航特中學邀請中方老師進入學校，進行為期一月的教學，以最終的考核成績對中式教育與英式教育的教學效果進行直觀的比較。在紀錄片中，中國式教育走進英國博航特中學後的第一項改革就是延長教學時長，早於七點的早課與晚間的課外補習延長了學生們的學習時間，有效彌補了課堂教學的不足。其次，中國老師不斷強調紀律和規範的重要性，他們認為準時上課、注意課堂紀律等基本的行為規範能夠鍛煉學

生的規則意識，而每週的升旗儀式也不是一個形式化的儀式，而是一個培養學生集體意識的過程，有利於學生在進入社會之後學會與他人和諧共處。除此之外，中國老師所強調的班級觀念更注重團結和「有教無類」，比起英國學校習慣於按成績排名分班，中國式教育習慣於同一班集體中不同層次的學生，因此中國老師從不放棄任何一個學生，也鍛煉了學生的耐挫力。中式教育與英式教育的做大區別在於競爭性，中國式教育充斥着大大小小的考核和比賽，中國學生從基礎教育時期便已經習慣於階段性的重大考核與不斷湧現的形式各異的挑戰，這是英國學生難以想像也難以適應的，但在國際競爭日益激烈的當今世界，英國教育需要向中國教育學習以擺脫「落後」的困境。在紀錄片中，博航特的校長 Neil strowger 認為在中國學習的核心是服從，其目的是為了塑造模範公民，對此，參與交換項目的中國老師表示，中國學生學習的目的是為了國家發展，中國式教育充滿團結與國家力量，而英國教育恰恰需要這樣的國家力量。在紀錄片的結尾，在中國老師為期一個月的教學後，中國班的各科成績平均分均超過英國班，這可以視作中國式教育在英國學校的勝利，也可以視作中國式教育走向國際的重要亮相。

在教育國際化的當今世界，中國式教育的優勢一再被關注。在 2017 年 3 月 14 日，英國哈珀‧柯林斯出版集團與上海世紀出版集團正式簽訂協議，斥重金翻譯出版 36 種上海基礎教育數學教材，中國教材開始陸續進入英國小學。除了把基本的貨幣符號從人民幣改為英鎊外，其他內容都被「原封不動」翻譯成英文，保持中式教材的「原汁原味」。該出版社總經理 Colin Hughes 表示，與英國當前的課本相比，中文原版教材的要求的確要高得

多。同時，英國還開始推廣「上海掌握教學模式」，後者作為一項為期 4 年的課程，已由英國教育部於 2016 年 7 月斥資 4100 萬英鎊支持。事實上，此前在英國約有 400 所英國小學採用經過改編的中國數學教材，這套教材是由華東師範大學出版社出版的數學教材，英方幾經改編後才決定使用。另外，英國引進中國數學教材引發了國際效應，美國、阿聯酋、肯尼亞和馬來西亞等很多國家也在積極地與中國方面接觸，據華東師範大學出版社的倪明表示，他們在美國等其他幾個國家也在就中國教材的改編出版事宜進行過談判。在全球化的背景下，中國式教育的國際化是大勢所趨，而「引進來」和「走出去」的同時邁進能夠使中國教育在保持自身優勢的前提下更好地接納其他國家的優秀教育思想，避免走入固步自封或全盤西化的歧途。

第十章

當代中國文化
的國際影響力

第一節　推陳出新向世界傳播中華優秀文化

一、優秀文化的有效甄選

推陳出新向世界傳播中國文化，首先要確保被傳播的中華優秀文化是「新」的，是跟得上時代發展的，是能夠被不同民族、不同國家的人認可的。在篩選優秀中國文化時，除了文化的時代價值，其是否能夠在多樣化的社會形態與國家文化中「落地生根」也需要受到關注。

在 21 世紀的中國，完全延續傳統的儒家思想來治理社會顯然是行不通的，而就個人發展而言，大多數人也無法做到儒學所設立的做人標準，但中國社會以儒家思想為核心發展出了許多符合時代特徵的為人和處事的標準，其中最為膾炙人口的就是社會主義的核心價值觀：富強、民主、文明、和諧，自由、平等、公正、法治，愛國、敬業、誠信、友善。「富強、民主、文明、和諧」，是中國社會主義現代化國家的建設目標，也是從價值目標層面對社會主義核心價值觀基本理念的凝練，在社會主義核心價值觀中居於最高層次，對其他層次的價值理念具有統領作用。「自

由、平等、公正、法治」，是對美好社會的生動表述，也是從社會層面對社會主義核心價值觀基本理念的凝練。它反映了中國特色社會主義的基本屬性，是中國共產黨矢志不渝、長期實踐的核心價值理念。「愛國、敬業、誠信、友善」，是公民基本道德規範，是從個人行為層面對社會主義核心價值觀基本理念的凝練。它覆蓋社會道德生活的各個領域，是公民必須恪守的基本道德準則，也是評價公民道德行為選擇的基本價值標準。社會主義核心價值觀基於對優秀儒家文化的傳承和發展，但也「取其精華，去其糟粕」，如中國儒家文化中的「三綱」就是糟粕，「仁義禮智信」卻依舊是當代社會需要遵守的道德準則。

由於中西文化的差異性較大，在傳播中國優秀文化的時候需要關注有關人類情感共性和能夠切實解決西方社會問題的內容。

中華文化的底色是道德教化，西方文化的底色是智性培養。作為中華思想文化主體的儒家文化本質上是一種社會德教，它的規訓作用根植於每一個中國人的成長過程。它講究「仁愛」，從愛親人推而愛他人愛集體愛萬物；它講究「忠恕」，其實就是對他人的尊重和寬容，所謂「己所不欲，勿施於人」。這種強調文明禮貌、以寬和為主、講究將心比心的行為準則，能夠很好地彌補當前功利化、個人主義盛行的弊端。在政治、經濟和軍事領域，儒家文化並不樂於強調技能、技術的卓絕，而是提倡為這些領域設置所應遵守的基本道德。如政治領域的「民為邦本，本固邦寧」，經濟領域的「見利思義，取之有道」，軍事領域的「仁者無敵」、「哀兵必勝」。儒家也看重智慧的培養，但是「智」是由「仁義」「道德」約束的，就如孟子所說「是非之心，智也」，智就是知仁知義。近代西方科技發展迅速，但是在急速發展的智性社會中道德

問題頻發，比如有關核武器的濫用、克隆技術的道德隱患等都是至今無解的問題，而這些「潛在危機」必須要通過道德教育加以規範。可以說，中國德性文化為全球發展提供了一道安全保障。

中華文化崇尚多元融合，西方文化崇尚二元對立。費孝通指出：「中華民族的格局是多元一體。各民族多元起源，其多元文化不斷向中原地區匯聚，又不斷從中原地區向四周輻射，往返積累，隨形成融合型的人口眾多的華夏族（後稱為漢族）和圍繞在它周邊或雜居其中的眾多少數民族。」這樣的和諧共融的民族關係有賴於中華文化的包容性。中國當代的民族政策也總是從相互尊重與相互學習的角度出發，而非彼此對立、相互取代。在西方文化的發展歷史中，主流思維方式注重二元對立和鬥爭，中世紀的極端宗教主義甚至導致了長達兩個世紀的宗教戰爭，而實際上，基督教信奉的《新約》，猶太教信奉的《舊約》與伊斯蘭教信奉的《古蘭經》皆出同源，但卻在後世的發展中漸行漸遠，甚至到了激烈衝突的地步。而在中國歷史上，儒教、道教、佛教這三種思想在發展過程中卻漸行漸近，甚至形成了「三教合一」的文化特性，其中的中國智慧值得世界思考。

中華文化強調天下一家，西方文化強調國家至上。「在中華傳統裏，家—國—天下是連續性的羣體生存空間，彼此只有小與大的差異，沒有鴻溝阻隔。家是個人成長生活的領域，國是保護家的羣體共同體，天下是世界上所有族羣生活的地方。」中國人與生俱來的天下觀，其實就是國際觀，所謂的「四海為家」和「普天之下」本質都是指自然環境下的整個人類與其居所。中國自古以來就總是以仁愛、和平的態度對待周邊的國家，即使面對衝突，中國人的態度也是「化干戈為玉帛」。當代中國奉行獨立自

主的和平外交政策，提出了和平共處五項原則，堅持與鄰為善、以鄰為伴，致力於推動世界各國之間的和平、發展、合作、共贏。西方的政治制度起源於希臘城邦制，即在特定的區域內實行城邦制，將人分為享受城邦民主的公民、奴隸和外鄉人，其本質是不平等的。在之後的西方歷史中，不論是君主專制、君主立憲制、三權分立還是民主共和國的國家觀都是局限於一國之內。至於如何對待別的國家和民族，近代西方主流政治家和思想家大都持有羣族相爭、強者為王的觀點，甚至形成西方中心論，這種國家至上、民族優越的文化帶來了種族主義、殖民主義、霸權主義乃至法西斯主義，使人類飽受戰火，使文明走向覆滅。在當前經濟全球化的世界，國家之間互相依存，需要團結一致應對經濟危機、生態危機與社會危機，中國「天下一家」、「文明和諧」的理念才是人類命運共同體所需要的最新的國際觀。

二、多樣化的文化展現形式

隨着時代的發展，文化的表現形式日新月異，已經不僅僅局限於文字的記錄，中華優秀文化歷經幾千年的發展傳承，已經融化於中國人的衣食住行之中。近年來，中華文化復興和文化輸出使中國文化日益以多元化的方式鮮明地呈現在世界面前，一大批中國傳統手工藝特別是非遺產品「出圈」，受到了國際友人的歡迎。

2020 年 1 月，來自中國的多項非遺作品亮相意大利弗洛倫薩。許多中國非物質文化遺產傳承人們親手所做的藝術品被帶出國門，在遙遠的大洋彼岸綻放它們特有的中華風情，比如栩栩如

生的泰山皮影人物、融入敦煌元素的古樸優雅的藍印花布、具有地方傳統特色的榮昌摺扇、精美的廣靈剪紙、古韻悠然的水墨山水畫和令人盪氣迴腸的書法作品。或許人們猜不到，這次展出中國民間非遺藝術的活動主辦方竟然是國內網遊《夢幻西遊》電腦版的製作方。

近年來，中國的遊戲開發商已經把目光投向了一座五彩繽紛的藝術創作資源庫 —— 中國傳統文化，並發行了數款與博物館聯名和具有古代歷史背景的網絡遊戲。這款國產網遊《夢幻西遊》的 PC 版，將會展示大量的非遺文化作品和古代藝術瑰寶。從 2019 年 10 月起，它就與敦煌博物館和中央美術學院進行了合作，將有關敦煌的傳統文化、藝術元素融入到這款遊戲之中，讓玩家可以通過沉浸式的角色體驗逐漸了解敦煌的歷史。

短視頻的發力緊隨其後。2019 年，在抖音平台上，一項名為「非遺合夥人」計劃的項目被隆重推出。其中，被納入活動範圍的國家級非遺項目就有 1275 項，覆蓋率達到 93%，有關視頻的點擊量和獲讚數達到 31 億次。在「非遺抖起來」的平台欄目中，用戶可以看到與非遺有關的各種信息：從對非遺基礎知識的詳細介紹，到對非遺文化傳承人的採訪，再到各種平時難得一見的非遺作品的創作流程。許多喜歡玩短視頻的中國年輕人和許多喜好中國文化的外國用戶都對這場非遺網絡盛會讚不絕口。

傳承和傳播「兩翼齊飛」。更好地保護、利用中國非物質文化遺產，需要不斷與時俱進地探索。網絡時代的非遺傳承，也需要數字化和網絡手段。2022 年 8 月印發《「十四五」文化發展規劃》，強調將着力建設「具有強大感召力和影響力的中華文化軟實力，不斷鑄就中華文化新輝煌，為建成社會主義文化強國奠定

堅實基礎」。建築、壁畫、彩塑……藉助網絡平台和數字技術，遠在東方的中國藝術作品如今令世界觸手可及。線上「數字敦煌」項目，將不可移動的敦煌石窟變成了可移動數字資源。隨後，「數字敦煌」資源庫英文版上線開放，踏「雲」走向世界。敦煌研究院文物數字化研究所所長俞天秀表示，「數字敦煌」訪問用戶已涉及 70 多個國家，訪問量超過 1680 萬次。

在翻譯了 2000 餘首中國古詩詞、出版了近 30 本與中國文化相關的書籍和譯著的美國作家比爾‧波特看來，「中華文明源遠流長，能給世界其他文明提供豐富的滋養，是一座取之不盡的寶藏」。藝術作品的輸出從另一個層面拉近了世界人民與中國文化的距離。烏鎮戲劇節自 2013 年創辦以來，吸引了無數國際目光，許多戲劇愛好者和戲劇研究者齊聚烏鎮，互相切磋、互相學習，形成了一個國際化的戲劇交流圈子。在歷年的戲劇節演出中，不乏對中國傳統劇目進行現代化的改編和創新，如《桃花扇》和《桃花源記》，不僅賦予了中國傳統戲劇新的生命，還將中國傳統文化中蘊含的中國情感與中國精神以現代化的語言傳遞給全世界。

此外，中國電視節目和電影的輸出正以更親民的方式走進世界居民的生活。2023 年 1 月 15 日起，在國際上享譽已久的中國科幻小說《三體》拍成了電視劇並在國內外上映。在央視電視劇頻道、騰訊視頻、咪咕視頻等平台播出，迅速受到觀眾追捧，熱度值打破歷史最高紀錄，有超過 31 萬觀眾打出 8.5 的豆瓣高分。同時，《三體》依託騰訊視頻的海外站 WeTV，以及騰訊視頻的 Youtube 官方頻道，在 WeTV 和 YouTube 等海外平台同步上線播出，也收穫了海外觀眾的強烈反響和熱烈好評。至 2 月 12 日，《三體》在 YouTube 官方頻道，觀看人數已超過 500 萬，累計觀看

時長超 120 萬小時。《三體》在收穫好評的同時，也有一些不和諧的聲音。《紐約時報》一篇劇評稱，中國版《三體》是「一部忠於原著的平庸之作，除科幻粉絲羣體之外，該劇似乎並未在美國掀起漣漪。演員沒有很出彩的表現，整體製作質量（包括布景、表演、音樂），低於一般優質劇集等」。意識形態的不同，導致文化噪音的存在，並不影響《三體》在海外的熱播。《三體》引發了各種評論，從而吸引更多的觀眾去欣賞，這本就是成功作品的體現。《三體》不懼差評，更是中國影視作品文化自信的表現。《三體》在騰訊視頻海外平台 wetv 北美地區播出時，每日均為站內播放量最高的內容。在 youtube 全球播出平台，近 42% 的觀眾來自北美地區。從口碑看，《三體》的海外評分不斷上漲。在國外主流影視劇評分網站 IMDb 上，拿到了 7.9 分的不俗成績，其中單集最高評分達 9.9，多集評分超過 9 分，劇集質量獲得海外觀眾認可。對科學和未來的想像，是全球觀眾的共識。

　　相對於其他題材，科幻題材作品更容易獲得世界性認同。另外如電影《流浪地球 2》在歐美、澳大利亞、新西蘭等海外市場的 398 家影院上映，向世界展現中國科幻片奇觀，收穫了廣大海外觀眾的喜愛。《流浪地球 2》作為中國科技電影的翹楚，不僅在拍攝過程中經歷了複雜的國際演員的協調和溝通，在海外上映的過程中還與國際電影市場不斷磨合，堅持中國電影的原創性，不落入模仿漫威電影的怪圈，堅持輸出中國文化與中國民族精神。

三、文化宣傳的推陳出新

　　近年來，隨着中國政府對文化產業的重視，對文化自信的強

調，中國人民也普遍認識到中國文化軟實力的重要性。中華優秀文化的傳播漸漸從單一的國家層面的輸出（不論是傳統紙媒還是電視新聞）轉變為網絡平台國民化的主動表達，以及外籍在華人士的積極表達。越來越多來自民間的創作者，通過互聯網作品自發地向世界弘揚傳統文化

　　無論是抖音平台推出的非遺文化專欄，還是那些像「李子柒」「滇西小哥」一樣通過向大眾展現現代版田園牧歌式生活而走紅的主播，都在網絡上以一種自然的、無國界的方式向全世界展示中國文化的精神內核與東方意蘊的生活美學。這些在網絡平台飛速傳播的視頻在很多國家和地區，都引起了年輕人對中華傳統文化的濃厚興趣，也讓越來越多的年輕人願意細緻入微地了解中國的文化和藝術。而湖北長江雲新媒體集團推出的「文化頌中華」短片，直接面向來自世界各地在中國居住的年輕人，邀請他們以非遺傳承為主題進行創意拍攝，嘗試通過文化傳播和網絡傳播的雙重角度講述中國傳統文化。其中包含戲曲、皮影、古箏和武當武術等各種非遺技藝在內的 10 部短片（如《「洋」貴妃》、《問道武當》和《高山流水》），以生動有趣的畫面與深厚的文化內涵脫穎而出，觀看人數高達 4000 多萬。

　　新媒體技術所具有的實時性和交互性，能夠突破地域限制，讓各地民眾都能夠通過互聯網終端對某一事件或某一人物進行實時交流，這樣才能夠使中華文化的傳播更具有深度，獲得更多外國民眾的認可，建立更多的戰略合作夥伴關係，從而真正推動中華文化走向世界。

　　在中華優秀文化的海外傳播中，中外留學生的「文化使者」身份需要得到充分運用。在全球化背景下，中國留學生遍佈全

球，他們不僅在國外學習優秀的知識和文化，越來越多的年輕人還自發向周圍的同學、老師傳播中國理念和中國文化，勇做文化溝通的「橋樑」，堅持維護中國的利益。比如，許多留美年輕人走上街頭，以街頭表演的形式將中國古典音樂和民族舞蹈展現給當地民眾，激起外國民眾對中國傳統藝術的直觀享受；還有許多中國留學生自發穿起漢服，在「世界時尚中心」法國巴黎的街頭漫步，以「栩栩如生」的方式宣傳漢服之美。這種走進外國民眾生活，「看得見，摸得着」的宣傳方式受到了國內、國外的一致好評。世界各國的在華留學生也是中外文化溝通的主體，他們的語言和行為跨越地理和文化的隔閡，以「家鄉人」能夠理解的語言和方式讓世界人民正確了解中國文化。

　　隨着中國經濟的發展、中華民族的崛起，中國以及中國文化以一種全新的面貌走進世界人民的視野。當代中國的產業轉型使發展具有中國特色的第三產業成為一種新的趨勢，每個地區、省市都致力於挖掘獨有的文化特色，尋找自己獨一無二的文化定位。作為近年來文化傳播力度劇增的城市，長沙以「深夜食堂」的美名出圈，激活了城市的夜經濟。相較於傳統的美食宣傳和景點宣傳，近年，湖南藉助「娛樂」的力量（湖南衛視）使娛樂新城的形象深入人心。此外，不論是湖南本土奶茶品牌「茶顏悅色」的全面走紅，還是電影《長沙夜生活》的高調上映，都讓全國的目光聚焦於長沙，也吸引了許多來華旅遊的外國友人。長沙的城市宣傳證明了在互聯網時代，人氣就是「王道」，而為了迎合當代年輕人的飲食文化，長沙市政府斥資打造了一條「嗦粉街」，在這條街上人們可以盡情享用湖南各個地區的特色米粉，使「米粉」成為長沙的新「品牌」。其實，許多城市都將城市文化融入

城市生活的細節，比如南京地鐵通道內以《紅樓夢》為主題的壁畫設計，以及無錫展示在許多公共空間的「玉飛鳳」城市標識與太湖風光的短視頻。如今，許多市民都自覺擔當起了維護城市形象、宣傳城市文化的角色，由此而得名的城市宣傳標語「好客山東」可謂膾炙人口，淄博燒烤則成為最生動的驗證。

第二節　中國故事與中國智慧的世界價值

一、個人的「修身」成長

中華優秀文化對中國人的影響是深遠的，中華精神根植於中華兒女的靈魂，表現於中國人的性格和言行舉止。中華文明延續了幾千年，孕育了無數人傑，流傳下來許多富有價值的中國故事，人們也代代傳承了許多中國智慧，這對當代中國的發展乃至世界的發展來說都是一筆寶貴的財富。

中國故事與中國智慧對全人類的個人成長都有借鑒價值，因為不論是自我教育還是學校教育，往往都需要以史為鑒、引經據典和舉一反三，人們需要吸取前人的教訓並學習前輩的經驗來度過成長的難關。成長是一個世界性的命題，也是全人類必經的生理和心理變化的過程，而中國文明幾千年的智慧中飽含了對「做人的標準」和「做人的智慧」的闡述。首先，從世界性的角度而言，中國文化強調在個人成長中人的平等與人的自尊。中華文明所鑄成的中華精神，可以用《易傳》三句話表述：自強不息、厚德載物、剛健中正。它所代表的民族性格，蘊含了自強自立、包

容利他和剛毅勇敢。孔子說:「剛毅木訥近仁」「質直而好義」。曾子說:「士不可以不弘毅。」孟子將大丈夫氣概概括為:「富貴不能淫,貧賤不能移,威武不能屈。」中國人褒揚獨立不移的品格,嚮往在相互尊重的基礎上使每個人和家庭過上有尊嚴的生活,追求國格人格的平等。此外,《論語》還包含了許多為人處世的智慧。比如「以直報怨,以德報德。」孔子不贊成老子提出的「以德報怨」,因為用善行回報惡行對行為端正的人來說是不公平的,也不是所有人都有如此境界來感化他人,只有以公正無私的態度對待惡劣的行為才是最好的維護個人利益的辦法。在法制化國家,面對邪惡人人都應學會運用法律武器保護自己,在個人成長的過程中「直道而行」,這和孔子思想是一致的。

以儒家思想為主流文化的中國,有一套完善的個人成長體系。其精華就在於「修身、齊家、治國、平天下」,這四個階段是中國人自我成就的完整歷程,缺一不可。因此,解決成長的困境要先從修身入手,從古至今社會上下「壹是皆以修身為基礎」,進而齊家,治國,平天下。從自身道德修煉出發,以家族和諧為媒介,以天下太平為自我成就的終極目標,是孔孟的儒學思想中一以貫之的價值觀。這一儒家社會的發展體系始終把自我修行,也就是道德教育放在第一位,為個體素質的提升和社會的和諧發展打下了堅實的基礎。而這條由下向上、由小向大的個人發展道路,體現出華夏文化講究「腳踏實地」的思想本質,這不僅激勵着一代一代的中國人向上攀登實現更美好的藍圖,還盡力維護着社會的穩定與和諧。

對當代青年而言,堅定「修身、齊家、治國、平天下」的成長道路可以不茫然、不動搖、不沮喪,也為探索自身價值指引了

方向。從宏大的人生觀與世界觀來看，張載的橫渠四句「為天地立心，為生民立命，為往聖繼絕學，為萬世開太平」，闡述了一個有志向的人應該去為世界做的事，意思就是天地無心但是人要有頭腦，要為人民選擇一個好的命運，要繼承和發揚前輩們的優秀學說，還要為世界和平貢獻自己的力量。在中華文化中，「修身」的至高境界是「止於至善」，而在儒家學說中對個人成長最重要的描述就是「君子論」。

1914 年冬，梁啟超曾在清華大學做過《論君子》的演講。他認為中國的君子類似於英國的 gentleman（即紳士），其國民教育以人格養成為宗旨。事實上這兩者有同有異，同在皆注重人格尊嚴，異在英國紳士有貴族氣質、中國君子雖平民可成。梁啟超論君子之義，以《易傳》乾象「天行健，君子以自強不息」、坤象「地勢坤，君子以厚德載物」兩句概括，乃是精髓之論。他對清華學子的期望是：將來「為社會之表率，語默作止，皆為國民所仿效」，因此要「崇德修學，勉為真君子」「異日出膺大任」「做中流砥柱」。梁啟超演講之後，清華大學將「自強不息」「厚德載物」定為校訓，沿用至今。

「觀乎人文，已化成天下」（《易傳》）。就是強調一個健全的人生應該是一個文化的人生、道德的人生。如果有人認為人生就是吃喝玩樂，那他只經歷了一個生物的生命，動物的生命。人生主要體現在有文化的追求、有道德的意識。儒家的核心就是怎麼做人、怎麼做事。後來莊子概括為「內聖外王之道」，「內聖」就是提高內在的精神境界，「外王」的廣泛意義就是要做一些有利於社會的事業，來擴大自己的人生價值。儒家的宗旨就是通過人文的教化和修養，使人成為文明人，進而使社會成為文明社會。

二、社會的和諧發展

　　儒家學說最常運用在處理社會關係和國際關係中的智慧就是協調。中國人擅長行「中庸之道」，這絕不是「沒有主見」「碌碌無為」或「牆頭草」，而是「中和理性」的概念，具有持中、穩健、包容、調和的特色。中和理性的思想有利於抑制極端主義（包括國家極端主義與民間極端主義），破除冷戰思維。中國相信「萬物並育而不相害，道並行而不相悖」、「天下同歸而殊途，一致而百慮」，以中庸為至德，堅持「執兩用中」，反對極端化思維和行動。

　　在中國，多元通和的文化特徵使得儒家、道家和佛教的思想相互融合，最終形成了中國人為人處世和國家治理之中多元化理念的體現，有利於創建更穩定、和諧的社會。佛教作為一門「出世」的學說，往往作為一種「退路」成為中國人精神的支撐，儒家文化和道家文化的互補是為人、施政、社會發展的主旋律，而儒釋道三教合一的文化結構則是中華民族長久穩定、發展、繁榮的祕訣。

　　儒家文化和道家文化作為動力型文化和調節型文化，在國家治理中發揮了互補的功效，比如在國家穩定的時候，儒家的「積極入世」思想推動着國家的發展；而經歷戰火之後，道家的「無為而治」使國家得以休養生息。因為儒家的治國智慧是「仁政」和「德治」，它需要仁人志士的「以天下為己任」「天下興亡，匹夫有責」和「修身齊家治國平天下」。而道家提出了「治大國若烹小鮮」的治國理念，比喻治大國應當無為。中國幅員遼闊，擁有約 960 萬平方千米的陸地面積，1.8 萬多千米的海岸線，海域總面積約 473 萬平方千米，而作為世界上最大的發展中國家，中國擁有 14 億多的人口總數。自古以來，為了更好地治理這個龐大的

國家，領導者往往採取「穩中求進」「穩扎穩打」的發展政策，以求各個省市、地區和諧、均衡發展，避免產生過大的貧富差距和社會福利差距。中國人民幾千年來繼承的儒家理念，都傾向於「居中」「穩健」的行事作風，在要求敢闖敢拚、創新創業的新時代，中國人也從不忽視從小家到大家的和諧穩定，促成了中國「和合」為主的社會面貌。

儒家文化和道家文化又代表着羣體文化和自適文化的互補。儒家重視個人對社會貢獻與世俗世界的「建功立業」，推崇鞠躬盡瘁、死而後已。道家更多關注自我，追求身心的舒適，追求一種明哲保身、自得其樂的生活。而大多數中國人多以兩種理念的調和處事，特別是知識分子多有儒道互補的性格，能進能退，所謂「達則兼濟天下，窮則獨善其身」，就是要把握好進退的時機避免身心的損耗。儒家往往突顯人的羣體性，就如范仲淹在《岳陽樓記》中表達的「先天下之憂而憂，後天下之樂而樂」的理念，最能體現儒家把社會關懷當作個人價值追求的傾向。而莊子講的「逍遙遊」「順性安命」都是從個體的自適、安寧和幸福出發的。對個人發展而言，中國人很少走極端，也很少因為一時的得失而抑鬱，因為老子告訴世人「禍兮福之所倚，福兮禍之所伏」，福和禍是可以相互轉換的，人不會永遠得意也不會永遠失意，因此大多數人都能保持一個良好的心態。儒家使人積極向上，而道家使人沉靜內斂，可以說，儒家是進取的智慧，道家是退守的智慧，兩者共同維護社會的和諧和國家力量的積極向上。

在當今社會，中國的優秀傳統思想依舊以口耳相傳的形式活在每一代中國人的記憶中，融化於每一次不經意的家庭教育或社會教育，內化為中國人和平、穩健、向上的精神品質，又外化為

中國社會的道德風貌。在全球化的變革中，中國的發展道路、發展智慧越來越受到世界各國的重視，特別是許多歷史相似的發展中國家開始借鑒中國發展的成功案例，走上了具有本國特色的發展道路。近年來，中國智慧越來越受到國際人士的重視，其善於協調複雜的人際關係、化解社會衝突的特點使越來越多的國家開始接納「中國方案」。中國「和諧共生」的傳統思想，促進了世界發展理念的多元共生，加強了中國與世界各國、地區之間的良性互動與合作發展。

三、世界的和平穩定

「中國是一個多民族多宗教國家，在信仰上從世界三大宗教（佛教、伊斯蘭教、基督教）到國家民族宗教（敬天祭祖教和道教），再到民族民間宗教（薩滿教、東巴教、畢摩教等），再到具有原始信仰特徵的各種神靈崇拜民俗，各種層次類型的宗教應有盡有，彼此相安共處，很少由於信仰不同而引起族羣衝突，這在世界大國之中是極為罕見。」這不能不歸功於主流思想儒學對「和」的重視，其主張和而不同、多元和諧、兼收並蓄，從而形成文化寬容祥和的氛圍。儒家以和為貴的思想深入人心，滲透到整個民族的血脈骨髓之中，成為一種民族性格和民族傳統，即使在封建體制下也無法掩其光芒。在中國歷史上，封建王朝的統治講究「為政以德」和「禮主刑輔」，對外交流注重「講信修睦」、「化干戈為玉帛」，在國力最強盛的時候也沒有發動對外侵略戰爭，而是表現出了和平大國的氣象。

中國早在漢唐之時就開闢了陸上和海上絲綢之路，從來傳播的

都是和平與友誼，所行之事是商業貿易和文化傳播，沒有發生掠奪和戰爭。與世界上一些國家武力輸出宗教相反，以玄奘為代表的中國人不遠萬里赴印度學佛經，引進另一種文明，而促進本土文化的創新和發展。明代鄭和率領當時世界一流的船隊出使南洋各國，宣揚中國文明，在各地秋毫無犯，體現出了和平外交的優良傳統。在當代，中國向來堅持獨立自主的和平外交政策，提倡和平共處五項原則：互相尊重主權和領土完整、互不侵犯、互不干涉內政、平等互利、和平共處。和平共處五項原則作為處理國際關係的準則，成為中國處理一般國際關係的準則，並被國際社會普遍接受，為推動建立公正合理的新型國際關係作出了重大貢獻。

「禮之用，和為貴」，大國之交，更當以和為貴。在和平與發展的時代主題下，全世界人民所共同期待的，無非「和」字。從新中國建立之初提出的「和平共處五項原則」，到習近平提出的「親、誠、惠、容」的周邊外交理念，中國文化始終秉承着「以和為貴」的理念，時刻彰顯着大國的責任與擔當。正如習近平所說：「當今世界，人類生活在不同文化、種族、膚色、宗教和不同社會制度所組成的世界裏，各國人民形成了你中有我、我中有你的命運共同體。」在國際社會日益成為一個「人類命運共同體」的新形勢下，「和」必將是世界各國的相處之道，也必將成為推動世界發展的永恆支撐。目前，我國建交國總數達到 181 個，同世界各國和地區組織建立夥伴關係 113 對，「朋友圈」不斷擴大，全球夥伴關係網絡越織越密。中國樂於與世界各國展開友好交流，善於以「天下一家」的視角看待不同民族、種族間的關係。2022北京冬奧會和冬殘奧會的成功舉辦，讓國際社會看到了一個更加自信、更加強大、更加包容的中國，藉此機會，中國也與世界各

國開展了全方位、多領域、多層次的交流合作。

　　「和而不同」是中國儒家學說為世界文化貢獻的又一中國智慧。按照儒家「和而不同」的理念，和諧本身即包含着差異與矛盾，甚至包含着「相反」的因素，例如爭議、討論、互相批評、學術爭鳴，只要以文明的方式進行，便可形成動態的和諧。中國所倡導的「命運共同體理論」不是要求世界各國向中國看齊，而是希望大家以一種和平的眼光平等看待當前人類所共同面對的危機。中國不僅反覆申明反對霸權主義與永不稱霸，還積極參與聯合國的維和事業，努力調停跨國衝突，承擔大國責任。今年三月，沙特和伊朗的北京對話受到世界矚目，這一談話促成了沙伊兩國的復交，為實現中東和平安全奠定了基礎。中國以和平、公正的姿態促成了兩國對話，協助聯合國維護世界和平與地區穩定。不論問題多尖銳，中國永遠本着相互尊重的精神進行平等對話，永遠把各國人民的命運放在首位，弘揚獨立自主的精神，倡導地區之間的團結協作，維護世界範圍內的和平安全。該對話也成功為化解國家間矛盾分歧樹立了典範。

第三節　「一帶一路」與人類命運共同體

一、政治互信 — 創造穩定的發展環境

　　所謂「古絲綢之路」，就是從古代中國開始，連接着亞洲、非洲、歐洲的古代商業貿易路線，它被細分為兩個部分，一條是陸上絲綢之路，一條是海上絲綢之路。絲綢之路建設之初是為了

運輸中國古代出產的絲綢之類的商品，後來古絲綢之路逐漸演變成勾通東方與西方的文化走廊。古代的絲綢之路不僅傳遞着中國的絲綢與瓷器，塞北的葡萄、東亞的奇珍與東南亞的珠寶都是通過古絲綢之路傳入中國，而歐洲的音樂和藝術也通過絲綢之路漸漸融入東方的文脈。在古代，陸上和海上絲綢之路相互勾通，支脈錯節地將各個國家連結在一起，搭就一張文明與文化的網，將中國與亞歐大陸的經濟文化納入一個特殊的人文區域。張騫出使西域、甘英到訪大秦、馬可波羅遊歷中國、鄭和下西洋，這些航海和旅行史上的偉大成就，為不同種族、不同民族、不同國家之間的文化交流打下了堅實的基礎。從某種意義上來說，古絲綢之路就是一扇反映人類文明活動的窗戶。

「一帶一路」（The Belt and Road）是習近平於 2013 年 9 月和 10 月分別提出建設的「新絲綢之路經濟帶」和「21 世紀海上絲綢之路」的簡稱。「一帶一路」倡導利用中國與有關國家已有的雙邊或多邊合作關係，依託現有的、切實可行的區域合作平台，以古代絲綢之路為歷史標誌，高舉和平與發展的大旗，積極發展與沿線國家（地區）的經濟合作夥伴關係，共同努力，攜手創建一個政治互信、經濟互助和文化融合的利益共同體、命運共同體和責任共同體。

《推動共建絲綢之路經濟帶和 21 世紀海上絲綢之路的願景與行動》由國家發改委、外交部、商務部於 2015 年 3 月 28 日聯合發佈。截至 2022 年 12 月 7 日，中國已經和 150 個國家、32 個國際組織簽署了 200 餘份關於合作共建「一帶一路」的文件。

而人類命運共同體（A Community with a Shared Future for Mankind）是繼「一帶一路」合作倡議後，中國提出的又一項事關

全人類發展的合作倡議，旨在追求本國利益的同時兼顧他國合理關切，在謀求個體發展中促進各國（地區）共同發展。人類只有一個地球，各國同處一個世界，世界人民需要聯合起來共同應對危機、迎接挑戰。

2011 年度《中國的和平與發展》白皮書指出，要用「命運共同體」的新思維，為全人類的福祉、共同的價值觀尋求新的方向。在 2012 年 11 月召開的中共的十八屆全國代表大會上，提出了構建「人類命運共同體」的理念。習近平在與外國代表團會面時說：國際社會日益成為一個你中有我、我中有你的「命運共同體」，面對世界經濟的複雜形勢和全球性問題，任何國家都不可能獨善其身。

當今世界正面臨着百年未有之大變局，政治多極化、經濟發展全球化、文化多元化以及全球信息化的趨勢是無法迴避的，在這個過程中，各個國家、地區之間的聯繫愈發緊密，但同時也面臨着許多共同的挑戰。糧食安全，資源短缺，氣候問題威脅着全人類的生存大計，而網絡安全、人口爆炸、環境污染、傳染疾病、跨國犯罪等全球性的非傳統安全問題也日益突出，對地球村的秩序建設與生存和諧構成了嚴峻的挑戰。不管人們身處何方、信仰如何、是否願意，事實上都是同一個命運共同體中的一分子。人類命運共同體這一全球化的概念包含着人類共同的價值觀，包括相互依存的國際權力觀、共同利益觀、可持續發展觀和全球治理觀。

中國始終奉行獨立自主的和平外交政策，遵守「和平共處五項原則」，本着「相互尊重」、「求同存異」的理念同其他國家進行友好交往。中國在推動「一帶一路」合作倡議的過程中，不斷

用實際行動向全世界展示，中國永遠堅持「世界和平」的初中，絕不侵犯他國領土主權。在爭取與其他國家政治互信的過程中，中國展現出了積極主動、富有責任意識和奉獻精神的大國姿態。中國在國際社會中發揮了重要作用，在過去 30 年裏，中國向全世界派出了超過 50,000 名維和人員，奔赴 20 多個國家和地區，參加了將近 30 次的聯合國維和任務。中國積極參與構建全球管理體系，堅持捍衛國際法律的公平與公正，傳在維和行動中傳播「共商、共建、共享」的規範訴求，與全世界一起推動人類命運共同體的構建，實現持久和平、普遍安全、共同發展、開放創新的共同訴求，還人類一個清潔美麗、和善和諧的世界。

中國在面對全球化進程中的挑戰和競爭壓力時，依舊努力承擔起一個大國在環境保護、生態建設方面的責任，積極落實《聯合國氣候變化框架公約》和《巴黎協定》。2022 年 11 月 11 日，中國《聯合國氣候變化框架公約》國家聯絡人向《公約》祕書處正式提交《中國落實國家自主貢獻目標進展報告（2022）》，報告反映了 2020 年中國提出新的國家自主貢獻目標以來的進展，體現了中國推動綠色低碳發展的決心與積極應對全球氣候變化的努力。中國是全球第二大經濟體，也是全球最大的發展中國家，在參與全球環境治理、全球氣候治理以及應對氣候變化的過程中，都主動擔當起一個大國的責任，展現了為全人類未來奉獻的精神。中國是禮儀之邦，中華民族是講文明禮貌的民族，一向反對霸權主義和利己主義，在國際事務中，中國總是首先強調責任，而不是利益。中國的友好、守信，逐漸得到了其他國家的承認，使得「一帶一路」倡議和「人類命運共同體」理念能夠獲得越來越多的國家的認可。

二、經濟互利 — 造福沿途百姓

「一帶一路」倡議和「人類命運共同體」的價值觀是相互成就的，「一帶一路」經濟帶的發展使沿線國家加入到「經濟互利」的圈子中來，拉近了國家與國家之間的距離，也使沿線國家百姓可以享受到經濟全球化的紅利。以全世界共同發展為前提，中國不斷援助「一帶一路」沿線國家的基礎建設，並從教育、衛生、科技等各個方面對他國施以援手。2023 年 1 月，中國援建了非洲疾控中心總部項目，該項目旨在改善非洲居民衛生和社會福利，從此，非洲大陸擁有了首個具備現代化辦公設施、實驗設備和完善的醫療設施的疾控中心，經濟全球化真正造福了非洲國家的百姓。

中國為實現聯合國發起的「2030 年可持續發展」的目標，成立了可持續發展大數據國際研究中心，致力於在全球經濟發展中落實可持續發展的計劃。中國自主研發的可持續發展科學衛星 1 號順利發射升空，並於 2022 年 9 月正式向全球開放數據服務。這是全球首顆專門服務於聯合國 2030 年可持續發展議程的科學衛星。可持續發展是我國乃至全世界各個國家都非常關注的問題，尤其是在環境問題日益嚴峻的今天，解決可持續發展實踐中的難題成為造福全人類的關鍵之舉。為了更好地落實全球可持續發展的工作，建設一個能夠全面捕捉全球環境與生態系統變化，並將其數據化的監測系統勢在必行。中國研發的可持續發展科學衛星 1 號為全球可持續發展提供了數據支撐，有效減少了人類活動與全球化經濟發展對生態環境造成的破壞，減輕了後續環境治理的壓力。在 2023 年度聯合國水資源大會期間，該研究中心向聯合國

贈送了七套與水有關的數據產品，為全球更好地實現涉水可持續發展目標提供了數據支持。

2023 年 3 月 13 日，在十四屆全國人民代表大會常務委員會一次會議的閉幕式上，習近平主席站在歷史和時代的高度，從中國與世界的共同利益、全人類的前途命運出發，強調了要在強國建設、民族偉大復興的新篇章中認識到人類命運的休戚與共，並再次提出「我們要努力推動構建人類命運共同體」。在雙邊領域，中國已同 10 餘個國家提出構建雙邊命運共同體。從地區層面看，中方已經提出並推動構建了上海合作組織、中非、中阿、中國—太平洋島國等 10 個命運共同體。從國際角度看，中方已經提出並推動構建了網絡空間、核安全、人類衛生健康等 8 個命運共同體。和平、發展、公平、正義、民主、自由的全人類共同價值觀越來越深入人心，人類命運共同體的理念也在全球人民心中落地生根。

2023 年是中國提出「一帶一路」倡議十周年。這十年來，「朋友圈」不斷擴大，纍計 150 多個國家、30 多個國際組織簽署了合作文件；倡議拉動近萬億美元投資規模，形成 3000 多個合作項目，為沿線國家創造 42 萬個工作崗位，讓將近 4000 萬人擺脫貧困……十年來，「一帶一路」合作不斷取得新的成果，展現出強大韌性和旺盛活力。在中共二十大報告中，習近平表示：「我們經過接續奮鬥，實現了小康這個中華民族的千年夢想，我國發展站在了更高歷史起點上」，同時，我國在脫貧攻堅戰中的全面勝利，也為世界消除貧困貢獻了中國力量。此外，在減貧、脫貧方面，中國纍計向 160 多個國家和國際組織提供幫助，堅持「授人以魚不如授人以漁」，從職業教育、農業、林業等多個領域出發，

支持發展中國家更好實現脫貧目標。巴布亞新幾內亞單一民族党領袖彼得努姆多次訪問中國農村，看到不少地區都走上了現代化農業產業園建設之路，對科技力量與脫貧工作的結合感觸很深。2018 年，巴布亞新幾內亞將中國的農村產業發展模式引入本國，共建農業產業園，並以此為平台促進農業產業、職業教育、基礎建設等多方面的合作發展，為國家帶去了新的經濟動力和脫貧希望。中國堅持將「精準扶貧」等切實有效的中國扶貧理念傳遞給世界，為全球貧困治理與實現 2030 年可持續發展議程提供中國經驗。

「一帶一路」倡議是中國發起、各方共建、世界共享的優質公共產品，也是構建人類命運共同體的具體實踐。一個國家是否強盛，一個社會是否繁榮，往往都要看生活其中的人民幸不幸福，中國矢志不渝，以「一帶一路「經濟帶為媒介，向世界各國傳播「以人為本」「關注民生」的中國理念，中國身體力行地向世界展示了中國方案的可行性，吸引越來越多的國家加入建設美好「地球村」。

三、文明、文化互補和諧

在共建「一帶一路」過程中，除了政治互信和經濟互惠，文化的互補和諧也為此做出了貢獻。「一帶一路」國家遍佈歐亞大陸，彼此之間有不同的語言體系、民族傳統和宗教文化。中國從獨立自主的和平外交政策出發，以「天下一家」的天下觀，尊重、包容各國的文化差異，以積極的人文交流豐富「人類命運共同體」的內涵。

近年來，中國與中東歐國家的藝術交流合作取得了突出成果。中國與希臘、捷克、愛沙尼亞等中東歐國家簽署了電影合拍協議，其中，中國與捷克合拍的電影《熊貓與小鼴鼠》深受兩國孩子喜愛。中國動漫作品也深受中東歐國家民眾的青睞。在動畫電影領域，根據《中國電影海外網絡傳播力研究報告（2018—2020）》顯示，中國動畫電影在海外的海外傳播表現突出，播放量節節攀升，如《哪吒之魔童降世》《雪人奇緣》《羅小黑戰記》《姜子牙》《飛奔去月球》《動物特工局》的海外傳播力都在年度前五之列。中國動畫的「走出去」少不了將國外優秀動畫製作「請進來」。作為中國的「動漫之都」，杭州已連續五年舉辦康城電視節中國（杭州）國際電視內容高峰論壇（MIP China），該論壇拓寬了中國動漫發展的國際視野，開拓了中國動漫的海外市場，拉動了國內動漫經濟增長，也加深了與「一帶一路」沿線國家的文化產業合作。近年來，以中國傳統文化為基底的動漫電影頻頻入圍國際動畫節，《大魚海棠》《新神榜：哪吒重生》《白蛇：緣起》《姜子牙》等動畫作品，向世界展示了中國古典文學之美、中國書畫藝術之精與中國傳統文化之意蘊深遠。中國動漫產業的海外繁榮帶來的不僅是經濟效益，還讓許多國家正確認識中國文化，理解中國精神，進而促成不同文明、不同文化之間的協調發展。

　　博物館作為人類文明見證物的重要收藏機構，正在成為「一帶一路」沿線國家文明交流互鑒的前沿陣地。2021 年 5 月，國際博協藏品保護委員會第十九屆大會在中國舉辦，1500 多名來自世界各國的藏品保護專家在大會上進行了深入的交流，中國在文物保護方面取得的進展和成績獲得了許多國外專家的認可，中國博物館所展現的多元、包容的工作理念也獲得了專業人士的肯

定。近年來我國展開了 40 餘項中外合作考古項目，其中包括與「一帶一路」沿線國家的聯合考古工作。2019 年中國與肯尼亞的多家文博機構組成了舊石器聯合考古隊，在肯尼亞博高利亞湖遺址進行考古發掘，該考古結果印證了東非大裂谷博高利亞湖周邊舊石器時代中期文化的存在，共同探索人類起源的奧祕。從人類起源的探索中，體悟人類文明發展過程中的艱辛、合作、溫情，由此了解未來人類發展的方向，促進各國對「人類命運共同體」這一概念的認同，也為「一帶一路」政治、經濟的發展添加人文色彩。

「一帶一路」連接歐亞大陸地區，民族宗教文化非常複雜，涵蓋了儒家、佛教、印度教、伊斯蘭教、基督教等多種文明體系，這些文明體系衍生出的思維理念差別巨大。中國要順利推進「一帶一路」，需要學習異國文化，尊重異國文化，運用恰當合理的方式去談合作、談共贏。

儘管中國與絲路沿線國家擁有豐富的歷史記憶，與很多國家建立起了穩定的人文交流合作機制，但與發達國家的合作相比，東南亞、南亞、中東、中亞等地區與中國的人員往來規模仍然十分有限。中國要重視人員互訪、信息交流、文化傳播和媒體介紹等在塑造中國良好形象中的重要作用，以文化教育、智庫合作、特色旅遊、青年交流等多種渠道擴大人文交流。這其中有三個方面需要引起重視。一是引導和配合企業參與到非經濟領域的合作中，特別是人文交流中，以「親誠惠容」的經濟理念與正確的義利觀規範好中國企業在「一帶一路」沿線國家的行為，力促其承擔起建構中國形象、傳播中國文化的使命。二是探索建立中外智庫交流合作的長效機制。智庫在人文交流中發揮着巨大作用，可

以影響議程設置，傳播政策理念。中國同歐美智庫交流密切，但同亞洲絲路國家的智庫溝通合作滯後。因此需要積極探索同各國學者交流合作的長效機制，在人文交流合作中更具主動性、策略性和有效性。三是有效發揮媒體在正確引導輿論、傳遞民情、表達中國態度方面的作用。特別是尋求與國外媒體的良性互動，加強公關合作，力求講好中國故事，提升中國形象，減少誤讀、誤判、誤報的情況。

結　語
Conclusion

　　當代中國文化豐富多彩，創新頻仍，要在一本小書裏介紹清楚，是不可能的。因此，本書主要結合青年讀者的閱讀習慣，擷取當代中國文化的一些基本元素，以比較通俗的語言，介紹當代中國文化的發展史和相較於中國傳統文化出現的一些新變化及其原因。本書不是傳統意義上的當代中國文化史，而是以當代中國文化熱點為焦點，以點帶面，突出「新」和「變」，突出當代中國文化的主旋律。

　　文化是民族的血液，是維持文化肌體健康運行的基本保障。中華文化悠久的歷史與光明的未來是相輔相成、一體並進的。因此，作為中國文化發展歷程中的一個重要階段，1949 年以來當代中國文化的發展既有中華文化的一般規律，也帶有鮮明的時代特色，所以，了解這段文化，對準確理解中國歷史、中國共產黨歷史和中國社會的變遷，都是必要且迫切的。相信這本書能給大家提供一個相對獨特的視角，以便以後更深入全面地了解當代中國。

　　本書的完成是集體智慧的結晶，各位作者按照統一體例和要求完成初稿後，由我統一修訂。各章分工如下：

第一、二章　董佳蘭；

第三、四章　擺雪；

第五、六章　沈詩朝；

第七、八章　趙盛；

第九、十章　陸歆予。

本書難免掛一漏萬，錯漏之處，還請方家指正，以俟後續進一步完善。

孫宜學

2023 年 6 月 1 日

同濟大學

當代中國文化

孫宜學　等著

責任編輯　俞　笛
裝幀設計　鄭喆儀
排　　版　林筱晨
印　　務　劉漢舉

出版　　中華書局(香港)有限公司
　　　　香港北角英皇道 499 號北角工業大廈一樓 B
　　　　電話:(852)2137 2338　傳真:(852)2713 8202
　　　　電子郵件:info@chunghwabook.com.hk
　　　　網址:http://www.chunghwabook.com.hk

發行　　香港聯合書刊物流有限公司
　　　　香港新界荃灣德士古道 220-248 號
　　　　荃灣工業中心 16 樓
　　　　電話:(852)2150 2100　傳真:(852)2407 3062
　　　　電子郵件:info@suplogistics.com.hk

印刷　　美雅印刷製本有限公司
　　　　香港觀塘榮業街 6 號 海濱工業大廈 4 樓 A 室

版次　　2024 年 1 月初版
　　　　© 2024 中華書局(香港)有限公司

規格　　32 開(210mm×145mm)

ISBN　　978-988-8861-06-4